MARTA MORAIS DA COSTA

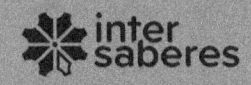

inter
saberes

SÉRIE LÍNGUA PORTUGUESA EM FOCO

História do livro e da leitura no Brasil

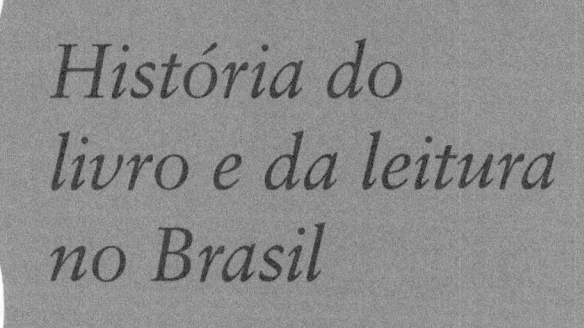

inter saberes

Rua Clara Vendramin, 58 • Mossunguê • CEP 81200-170 • Curitiba • PR • Brasil
Fone: (41) 2106-4170 • www.intersaberes.com • editora@intersaberes.com

Dr. Alexandre Coutinho Pagliarini;
Drª. Elena Godoy; Dr. Neri dos Santos;
Mª. Maria Lúcia Prado Sabatella • conselho editorial

Lindsay Azambuja • editora-chefe

Ariadne Nunes Wenger • gerente editorial

Daniela Viroli Pereira Pinto • assistente editorial

Giovani Silveira Duarte • prepaparação de originais

Fábia Mariela De Biasi; Palavra do Editor;
Tiago Krelling Marinaska • edição de texto

Luana Machado Amaro • design de capa

ArtKio e marekuliasz/Shutterstock • imagem de capa

Raphael Bernadelli • projeto gráfico

Andreia Rasmussen • diagramação

Luana Machado Amaro • equipe de design

Regina Claudia Cruz Prestes • iconografia

Dados Internacionais de Catalogação na Publicação (CIP)
(Câmara Brasileira do Livro, SP, Brasil)

Costa, Marta Morais da
    História do livro e da leitura no Brasil / Marta Morais da Costa. -- Curitiba : Editora Intersaberes, 2023. -- (Série língua portuguesa em foco)

    Bibliografia.
    ISBN 978-65-5517-171-6

    1. Livros - Brasil - História 2. Livros - História I. Título II. Série.

22-134707   CDD-002.09

Índices para catálogo sistemático:
1. História do livro 002.09
Cibele Maria Dias - Bibliotecária - CRB-8/9427

1ª edição, 2023.

Foi feito o depósito legal.

Informamos que é de inteira responsabilidade da autora a emissão de conceitos.

Nenhuma parte desta publicação poderá ser reproduzida por qualquer meio ou forma sem a prévia autorização da Editora Intersaberes.

A violação dos direitos autorais é crime estabelecido na Lei n. 9.610/1998 e punido pelo art. 184 do Código Penal.

sumário

apresentação, xi

organização didático-pedagógica, xiv

      um História dos livros e das bibliotecas, 17
    dois O livro e a sociedade, 75
     três A história do livro no Brasil, 133
 quatro Leitura e bibliotecas na história do Brasil, 219

considerações finais, 285

linha do tempo, 291

referências, 303

bibliografia comentada, 311

respostas, 313

sobre a autora, 317

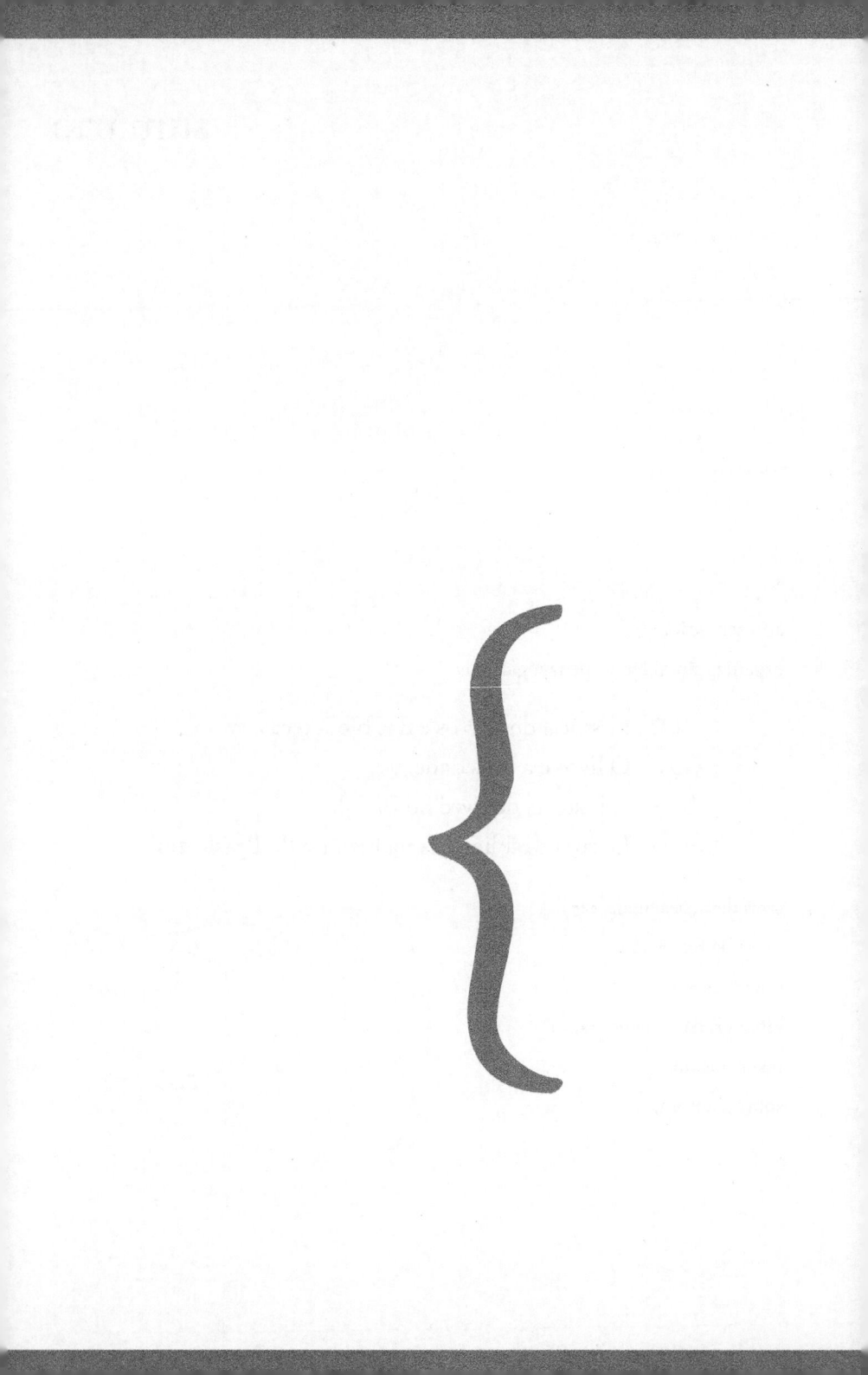

Ao Edison, a vida inteira.
À minha mãe e sua presença.
Aos meus filhos e seus amores.
Ao Guilherme e à Beatriz, esperanças.

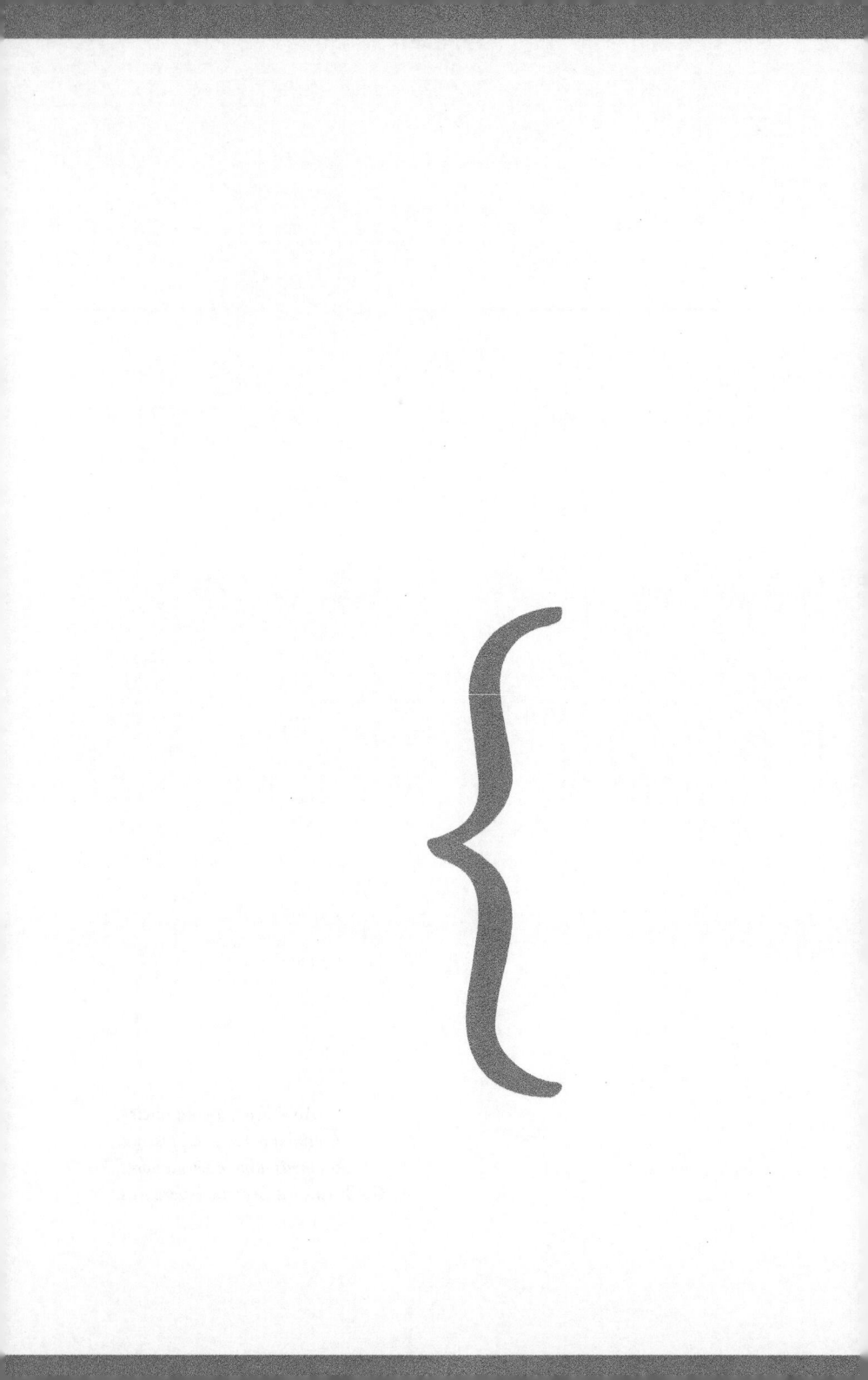

{

> *A leitura não se previne contra o desgaste do tempo (esquecemo-nos dele e de nós próprios), ela não conserva ou conserva mal o que adquiriu e cada um dos lugares por onde ela passa é repetição do paraíso perdido.*
>
> Michel de Certeau

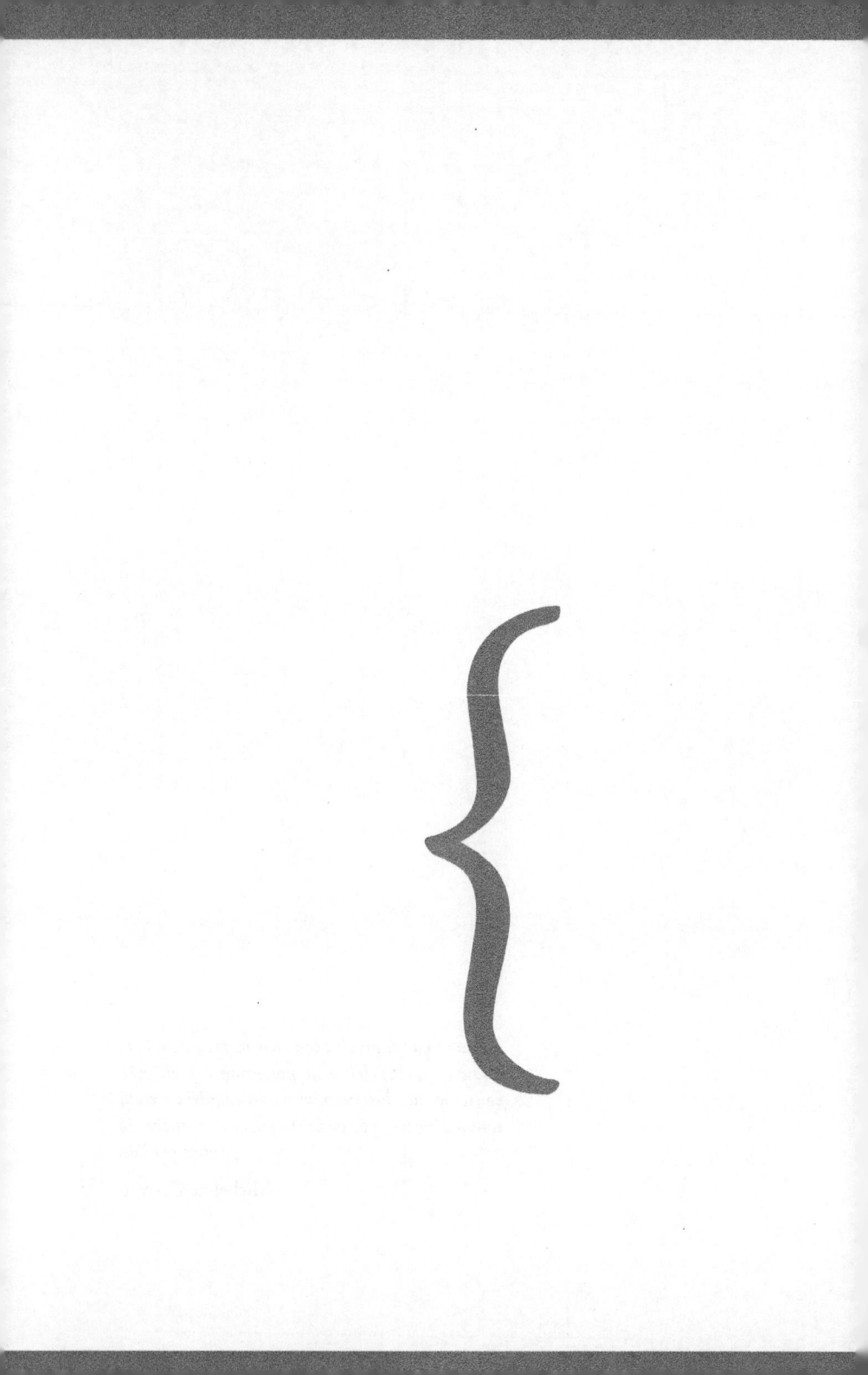

{

apresentação

⁋ NESTE LIVRO, OBJETIVAMOS apresentar informações, aspectos técnicos e teóricos sobre o livro e a leitura; construir linhas do tempo da história do livro no mundo e no Brasil; desenvolver ideias a respeito dos leitores e de sua formação; analisar a importância da leitura para a sociedade e para os leitores, individualmente; e apresentar referências para o aprofundamento dos estudos nos quesitos tratados.

De início, convém esclarecer o que se entende por *história do livro*, segundo o que estabelece a revista *Book History* (citada por Belo, 2002, p. 37): "abrange toda a história da comunicação escrita: a criação, a disseminação, os usos do manuscrito e do impresso em qualquer suporte, incluindo livros, jornais periódicos, manuscritos e outros objetos impressos de vida efêmera". E os domínios da ciência que darão conta dessa história estão na "história social, cultural e econômica da autoria, publicação, impressão, artes gráficas, direitos de autor, censura, comércio e a distribuição de livros, bibliotecas, competências de leitura e escrita, crítica literária, hábitos de leitura, teoria da recepção literária" (Belo, 2002, p. 37).

A organização dos capítulos deste livro obedece à direção do aspecto mais abrangente para o mais restrito, no âmbito do mesmo assunto e na totalidade; ela vai das origens para a atualidade. Essa viagem no tempo tem o intuito de criar balizas que apontem para a evolução dos objetos que possibilitam a leitura e constroem essa entidade chamada *leitor*, à qual pertencemos todos os que nos dedicamos ao estudo e à cultura.

Acima de tudo, o livro que agora está em suas mãos e ante seus olhos foi escrito com a crença de que a leitura é uma ação de observação e de pensamento, nascida das funções cerebrais do homem e apropriada pela cultura para trazer conhecimento de mundo e de si mesmo, de modo a construir sentidos para a história e para as ficções criadas pela imaginação e para humanizar a vida. Entrelaça-se, portanto, uma rede de palavras-conceitos em que entram a concretude e a abstração, a realidade e as utopias, a ciência e a dúvida, a história já estabelecida e a que estamos a construir, o trabalho e o ócio, o que se vê e o que se imagina.

Este livro é de história e de histórias, de livros e de leitores, de fatos e de versões, de eus solitários e em sociedade. De livros e *liber*-dade.

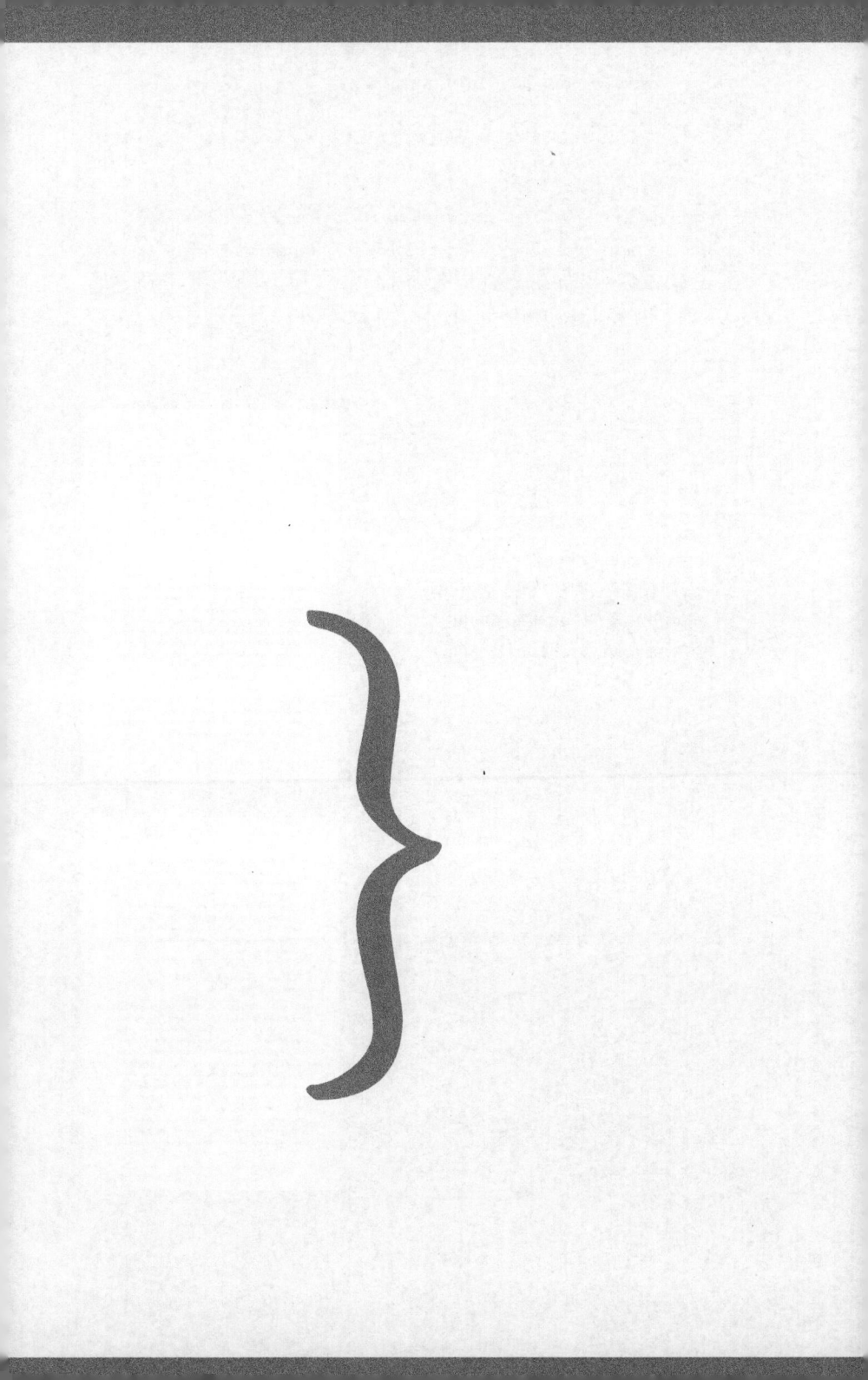

}

organização didático-pedagógica

Empregamos nesta obra recursos que visam enriquecer seu aprendizado, facilitar a compreensão dos conteúdos e tornar a leitura mais dinâmica. Conheça a seguir cada uma dessas ferramentas e saiba como estão distribuídas no decorrer deste livro para bem aproveitá-las.

Logo na abertura do capítulo, informamos os temas de estudo e os objetivos de aprendizagem que serão nele abrangidos, fazendo considerações preliminares sobre as temáticas em foco.

Nestes boxes, apresentamos informações complementares e interessantes relacionadas aos assuntos expostos no capítulo.

Sugerimos a leitura de diferentes conteúdos digitais e impressos para que você aprofunde sua aprendizagem e siga buscando conhecimento.

Ao final de cada capítulo, relacionamos as principais informações nele abordadas a fim de que você avalie as conclusões a que chegou, confirmando-as ou redefinindo-as.

Apresentamos estas questões objetivas para que você verifique o grau de assimilação dos conceitos examinados, motivando-se a progredir em seus estudos.

Aqui apresentamos questões que aproximam conhecimentos teóricos e práticos a fim de que você analise criticamente determinado assunto.

Nesta seção, comentamos algumas obras de referência para o estudo dos temas examinados ao longo do livro.

um   História dos livros e
         das bibliotecas
dois   O livro e a sociedade
três   A história do livro no Brasil
quatro Leitura e bibliotecas na história do Brasil

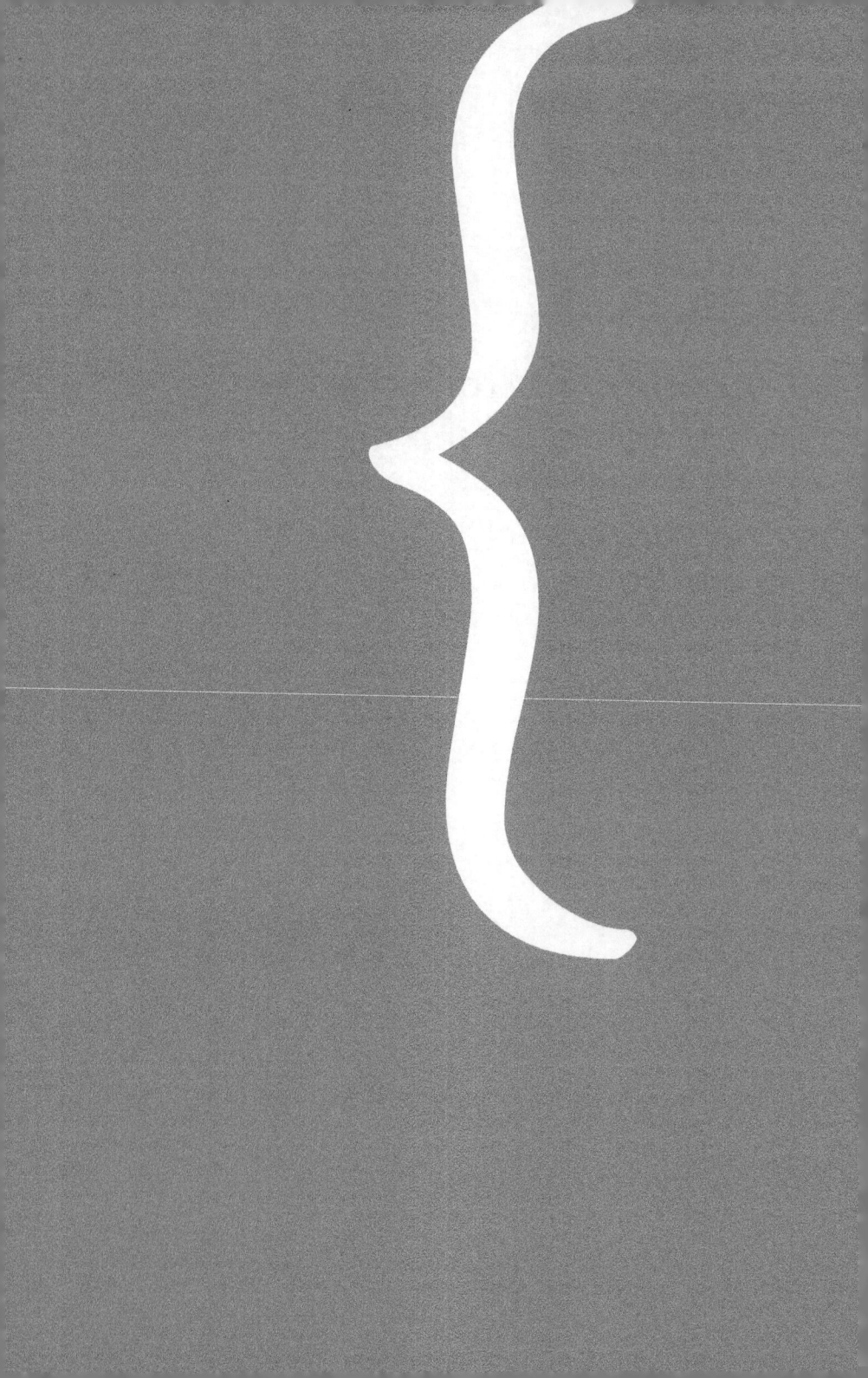

❰ NESTE CAPÍTULO, APRESENTAREMOS acontecimentos, figuras históricas e ações que mudaram a história dos livros e dos espaços em que eles foram armazenados. Como em todo relato histórico, convém esclarecer os critérios de seleção observados. Neste livro, o primeiro critério foi a relevância dos acontecimentos que forjaram mudanças relacionadas aos livros e às bibliotecas. O segundo, e não menos importante, foi a abrangência geográfica e cultural, selecionando-se lugares e fatos que contribuíram para a metamorfose do livro no decorrer do tempo.

A história do livro se confunde com a história da escrita, da leitura e da sociedade. Separá-las é apenas um artifício didático. É um esforço para melhor expor e qualificar partes de um mesmo e indissolúvel sistema. Portanto, este capítulo contemplará sucessivas invasões de assuntos dessa tríade magnífica composta pelo livro, pelos textos escritos e por seus leitores.

umpontoum
Origens

De início, podemos definir o livro como um objeto transportável formado por um conjunto de páginas ou folhas reunidas em um único volume, limitado pela cobertura de uma capa. O termo *livro* tem origem no vocábulo latino *liber*, que designa a parte nova e macia da madeira da árvore, situada entre a casca e o miolo, o que indica a origem vegetal do papel. No entanto, a escrita existiu antes da criação do livro e não ficou restrita ao papel. Muito antes da invenção desse suporte, a escrita se fez em materiais diversos: couro de animais, argila, madeira, pedra, tecido, concha marinha, metal, plantas (como o papiro e, muito mais tarde, a celulose), enfim, algum material em que pudessem ser gravados uma mensagem, um cálculo matemático, uma oração, que estivesse à mão e fosse razoavelmente duradouro.

Isso aconteceu até a invenção do papel, na China, em 105 d.C., por T'sai (ou Chai) Lun. Esse papel era feito com casca de amoreira, cânhamo, resto de roupas e outras fibras vegetais. A fórmula foi mantida em segredo pelos chineses, em razão do lucro auferido por seu comércio. Depois de passar por japoneses e árabes, o papel chegou à Espanha e a toda a Europa por volta do século X. Na Coreia e na China, por volta de 868, surgiram os tipos móveis em madeira e bronze. Em 1405, Pi Sheng criou, na China, uma máquina impressora com tipos móveis de madeira e, entre 1450 e 1455, Johannes Gutenberg imprimiu, na Alemanha, o primeiro livro, uma bíblia, e inaugurou uma tecnologia que perdura há séculos. Desenvolveu-se, assim – e rapidamente –, uma cultura que se apoiava na escrita como forma de registro histórico e de divulgação das ciências e das artes. A partir dessa data, em 50 anos, os livros tornaram-se, pouco a pouco, objetos mais acessíveis e espalharam-se pelas rotas comerciais da Europa Ocidental.

Essa trajetória histórica do papel e do livro impresso não resume sua evolução total, porque a escrita existia desde os povos do período neolítico. Desde muito antigamente, a humanidade procurou gravar para preservar diferentes gêneros textuais: leis, textos de contabilidade, narrativas e documentos religiosos, em especial. Os mais antigos resquícios da comunicação escrita hoje conhecidos estão nas grutas de Lascaux, na França, em forma de pinturas que representam homens e animais em anos que remontam a aproximadamente 15000 a.C.! Tal como em Las Cuevas de las Monedas, na Espanha, as mensagens foram gravadas pelos povos da Era Glacial.

1.1.1 Na Mesopotâmia

A escrita como sistema de sinais organizados e registrados de maneira regular, na qualidade de representação convencional e codificada de pensamentos, de decisões, de comércio, de imaginação e de cálculos, está localizada entre os sumérios e os acádios, povos da Mesopotâmia (região onde hoje se localiza o Iraque). Foi a partir do quarto milênio antes de Cristo que a escrita cuneiforme nasceu na Suméria. Trata-se de uma forma de registro gravada em tabuletas de argila. Nessa técnica, enquanto estava mole, a argila podia receber os caracteres cortados (como o fazem as cunhas) por um estilete pontiagudo – é por isso que esse método recebeu o nome de *cuneiforme* ("em forma de cunha"). Depois as tabuletas eram secadas ao sol.

Quem fazia esse trabalho minucioso de escrita eram os escribas, profissionais raros e muito valorizados que frequentavam escolas em que era ensinada essa arte. Por seu turno, quem lia esses textos publicamente eram os sacerdotes. Isso revela que escrever e ler não eram tarefas para a mesma pessoa, mas atividades realizadas por pessoas privilegiadas, pontes entre a vida cotidiana e a vida no além.

A escrita cuneiforme realizava-se na direção da direita para a esquerda e verticalmente. Porém, a partir dos anos 1900 a.C., houve a inversão. Assim, sem que se saibam exatamente os motivos, foram estabelecidas a direção da esquerda para a direita e as linhas horizontais ou em colunas. Esse tipo de escrita preservou hinos, textos divinatórios e textos que podem ser hoje denominados *literatura*, como a epopeia de Gilgamesh, um rei mítico que buscava a imortalidade. Essa é uma narrativa que estará presente em mitos gregos, inclusive nas aventuras de Hércules.

1.1.2 Na China

Na China antiga, milhares de carapaças de tartaruga ou omoplatas de boi, queimadas ao fogo e com inscrições, constituíram os objetos mais antigos (datados de milhares de anos antes de Cristo) contendo textos misteriosos que eram interpretados por adivinhos e mágicos e apresentavam, segundo eles, respostas para as consultas que lhes eram feitas. Os primeiros livros, provavelmente em uso no século VI a.C., foram os *jiance*, ou *jiandu*, formados por rolos de tiras finas de bambu ou de madeira que eram amarradas por cordões. Neles se encontravam textos escritos com tinta indelével. Além disso, a escrita era em colunas, e a leitura era feita da direita para a esquerda. Até hoje os livros de escrita chinesa seguem essa ordem.

A seda foi muito usada como suporte de escrita entre os séculos V e III a.C. e foi substituída aos poucos pelo papel após a invenção deste no século II da Era Cristã. O sistema de escrita chinês foi inventado no segundo milênio antes de Cristo, tornou-se um código 500 anos depois e permanece essencialmente o mesmo desde então. A escrita chinesa tem inumeráveis caracteres, cujo sentido se estabelece pelo contexto. Ademais, é desenho e arte e fez com que os calígrafos chineses ocupassem lugar de destaque na sociedade, tornando seus escritos um elemento decorativo de grande beleza.

1.1.3 No Egito

Não muito longe da Mesopotâmia, uma nova civilização trouxe à história do livro e da leitura uma contribuição extraordinária. Trata-se do Egito e de sua escrita hieroglífica. O grego Clemente de Alexandria foi o primeiro a denominá-la *hierogluphiká*. A palavra é composta por dois elementos: *hyeros* ("dos deuses, sagrada") e *gluphein* ("escrita"). Entre os antigos egípcios, contava-se que Toth, ou Tot, deus da sabedoria, da magia, da música e do conhecimento, é quem havia inventado essa escrita.

Ao se comparar a escrita cuneiforme com os hieróglifos, é possível observar que os segundos reduzem o número de signos, além de permitirem uma representação mais completa de pensamentos abstratos ou da imaginação. Também serviam para transcrever igualmente dados e informações, referentes à medicina, às leis, à agricultura, à educação, à história e à religião. Na condição de sistema de escrita, os hieróglifos foram gravados em rolos de papiro, nas paredes, nas pedras e nos metais, com visualidade colorida em preto e vermelho que atravessou os séculos. Em seus pictogramas estilizados, aproximaram-se do desenho e da pintura e trouxeram poesia para a escrita, em especial com signos que representavam pessoas, animais e plantas.

A leitura desses signos era feita comumente da direita para a esquerda e de baixo para cima, embora existam textos que devem ser lidos em direções alternadas: da direita para a esquerda em algumas linhas e da esquerda para a direita em outras, sendo denominados *bustrofédon*, uma palavra grega que associa a ida e a volta dos olhos pelas linhas ao movimento dos bois quando puxam o arado, preparando a semeadura da terra.

O sistema caligráfico egípcio compreendia aproximadamente 2.500 sinais, dos quais aproximadamente 500 eram usados regularmente (Fischer, 2009). Os rolos de papiro, por sua vez, continham textos científicos, informativos e literários. Entre as áreas a que eles pertenciam, estavam a geografia, a história (em especial a dos reis), a medicina, a farmacologia, a culinária, a astronomia e formas de medir o tempo. Os egípcios, baseados em um calendário solar, estabeleceram a medida de 365 dias e um quarto para cada ano. Na literatura, a diversidade de gêneros mostra a importância do legado egípcio: havia fábulas, sagas históricas, hinos aos deuses e aos reis, preceitos morais, canções de amor, poesia épica e histórias de aventuras. Convém ressaltar que nem escribas, nem leitores eram numerosos, o que não invalida a importância desses textos como registros de uma história riquíssima de ciência e imaginação poética.

1.1.4 No Japão

A origem dos livros sanfonados está na China. Eles chegaram ao Japão no século VIII e tiveram seu auge no século XII. Os escritos budistas foram organizados entre os séculos VIII e XII em formato de livros, que consistiam em folhas de papel escritas na frente e no verso, coladas umas às outras, depois dobradas em forma sanfonada e, por fim, presas por fios. Completava o volume uma capa dura, feita de madeira ou de papel duro, realçando a importância sagrada do conteúdo. O livro, em formato sequencial e não enrolado, abria-se facilmente e podia atingir, aberto folha a folha, até 10 metros.

Os japoneses também usaram cascas de árvore ou uma pasta preparada com folhas e fibras de amoreiras, maleáveis à escrita, feita com estiletes e tinta preta. Os excessos de tinta eram raspados, deixando indeléveis as marcas do texto.

A evolução do livro sanfonado trouxe o aproveitamento de outras colorações de tinta e até o emprego de caracteres escritos em ouro e prata. Dados os ensinamentos de Buda, a necessidade de divulgação de suas palavras e a escassez de livros, os textos eram copiados por pessoas habilitadas na arte de escrever.

O apuro e o cuidado dos copistas aumentavam o valor religioso do conteúdo e conferiam aos profissionais um papel de destaque na sociedade japonesa. Esses livros religiosos disseminavam-se por muitas regiões da Ásia e foram encontrados também na cultura coreana.

1.1.5 Na Grécia

Uma das maiores conquistas da escrita universal ocorreu na Grécia quando os milhares de signos que formavam a escrita chinesa, a cuneiforme e a hieroglífica foram reduzidos a apenas 22 elementos. Além disso, a escrita grega introduziu as vogais, que, nas outras línguas consonantais, ficavam a cargo dos leitores, o que evidentemente dificultava por demais a compreensão dos textos escritos pela decorrente flutuação dos sentidos.

A conquista extraordinária da escrita grega foi herança do alfabeto consonantal já reduzido, que havia sido trazido pelos fenícios, um povo pragmático, composto, em sua maioria, por marinheiros e mercadores, que, em suas viagens, expandiram seu alfabeto.

O alfabeto grego era um dos poucos alfabetos fonéticos da Antiguidade, isto é, ele representava os sons da fala. Apesar dessa aproximação e consequente facilidade, a língua grega escrita era privilégio de poucos. Na sociedade de Atenas, a expansão do uso da escrita aconteceu somente a partir do século V a.C. Mesmo com a disseminação, os camponeses, os escravos e as mulheres eram analfabetos, e os livros, raros. A maior parte deles era feita de papiro e em formato de rolos.

Ao contrário da escrita dos demais povos, os textos gregos exigiam a leitura da esquerda para a direita e privilegiavam as linhas, não as colunas. No entanto, não havia a separação entre palavras nem a divisão em parágrafos ou pontuação, o que dificultava a leitura. Essa difícil configuração do texto era resolvida pela oralização. Quando a escrita era oralizada, surgiam as pausas e os textos ganhavam significado. Portanto, para os gregos, a leitura existia associada ao desempenho e à oralidade, como a poesia cantada e o teatro. Essa característica da escrita, somada à musicalidade da língua grega, explica em parte o surgimento das primeiras epopeias ocidentais – a *Odisseia* e a *Ilíada* –, narradas por Homero. Para Martin Lyons (2011), essas narrativas épicas surgiram do esforço criativo de várias gerações de artistas gregos e foram transformadas e unificadas por vários poetas individuais.

Não foi apenas a literatura – lírica, épica ou dramática – que ganhou destaque na cultura escrita grega: a filosofia, as leis, a medicina e a história compõem grande parte da imensa contribuição desse povo para a cultura mundial.

1.1.6 No Império Romano

A cultura latino-romana herdou da cultura grega suas bases teórico-filosóficas, além do alfabeto. Os latinos, povos primitivos que deram origem aos romanos, assimilaram a cultura dos etruscos, que viveram na região onde hoje se localiza a Toscana, na Itália, e que deixaram de herança para a humanidade tumbas subterrâneas, pinturas murais, estátuas e cerâmicas de alta beleza e sofisticação. Seu alfabeto, composto por 19 letras, pode ter sido assimilado ao alfabeto grego e dado origem à escrita latina. Essa intermediação ainda não está de todo aceita pelos estudiosos, mas as semelhanças entre as três formas de grafia permitem a suposição.

Na Roma Imperial, houve um aumento do número de pessoas capazes de ler e escrever. Até mesmo as cidades se tornaram legíveis, dada a quantidade de monumentos, de inscrições murais, de documentos circulantes em papiros, em pedras, em pergaminhos, em mármores e em pinturas. Soldados e artesãos, integrantes de classes plebeias, tiveram acesso aos conhecimentos e atos de escrita e de leitura. Essa democratização fez do período de domínio romano uma época de expansão dos meios e instrumentos de escrita. Roma disseminou a utilidade da leitura, as práticas de escrita e a acessibilidade aos textos para além da Itália, difundindo o latim, que se transformou, com o tempo, nas línguas neolatinas, como o português, o espanhol, o francês, o italiano e o romeno.

Os códices foram introduzidos em Roma pelos cristãos. Eram um tipo primitivo de livro formado por páginas sequenciadas e presas em conjunto pelo lado esquerdo do leitor (embora no início tenha havido códices costurados pelo lado direito) e guardado por capas em papel mais duro. Eram mais fáceis de ler, manusear e transportar. As grandes bibliotecas de Roma tornaram-se repositórios de livros pilhados dos povos e territórios conquistados. Assim, a cidade se transformou em um centro da cultura escrita. A nobreza romana tinha os livros como símbolo de poder e de tempo livre – ócio de que as classes populares não gozavam.

A burocracia imperial se apoiava em documentos, o que valorizou sobremodo os livros e a leitura. Mas nem só desse tipo de escritos se alimentava a cultura. As epopeias, os discursos políticos, a astrologia, a literatura erótica, as narrativas sentimentais e os grafites compunham a diversidade temática e de linguagem. Apesar da quantidade de livros em papiro e em pergaminho, a prática da leitura oral continuava e atraía um número cada vez maior de ouvintes, incluindo as mulheres.

Os imperadores romanos, a partir do governo de Augusto, foram grandes construtores de bibliotecas. Da Espanha até a Grécia, os romanos construíram e equiparam bibliotecas com armários para livros e duas salas de estudo, uma para a língua latina e outra para a língua grega, reconhecendo a importância do legado intelectual e cultural da Grécia. Essa difusão de bibliotecas teve, entre vários, três valores principais (Battles, 2003):

1. Diferentemente da Grécia, Roma não tinha escolas; as bibliotecas substituíam o ensino formal e formalizado; além disso, mesmo cidades provincianas dispunham de seu espaço de livros e de leitores.
2. As bibliotecas romanas apresentavam efetivamente o desempenho de bibliotecas públicas, abertas aos usuários; até mesmo os banhos públicos, tão prezados pelos romanos, tinham em seu interior pequenas bibliotecas.
3. Dependendo de seu tamanho e localização, o acervo também mudava: por exemplo, as pequenas bibliotecas possuíam mais volumes de obras literárias e menos tratados jurídicos, científicos e médicos.

Esse desenvolvimento pujante teve seu declínio com as invasões de povos denominados *bárbaros*, que acabaram por derrotar o império, a cultura, as bibliotecas, a infraestrutura urbana e o alfabetismo que se generalizava. Contra essa derrota, ganhou importância a Igreja Católica Romana, para preservar especialmente os escritos religiosos e filosóficos.

1.1.7 No Oriente Islâmico

"O espírito da biblioteca universalista esvanecia no Ocidente, [mas,] no Oriente, ele estava no seu apogeu", afirma Mathew Battles (2003, p. 64). As conquistas árabes, especialmente da Pérsia e da Grécia, fizeram prosperar bibliotecas, não apenas pelo acervo que crescia com os espólios das guerras, mas também pela política da cultura muçulmana baseada na cópia e na multiplicação dos livros, de obras tanto religiosas quanto de ciências e de humanidades.

A escrita arábica é lida da direita para a esquerda. Utiliza 18 letras consonantais, que, com a combinação de diacríticos (marcas e acentos que indicam as vogais), integram um alfabeto de 29 caracteres. Sua origem, para os muçulmanos, é sagrada: o profeta Maomé a recebeu diretamente de Alá. O livro sagrado, o *Corão*, une na escrita o sentido da mensagem e a magnífica caligrafia com acentuado valor decorativo, justificável porque, para os muçulmanos, se trata de uma "escrita divina". Por isso, deve ser reverenciada. A escrita caligráfica é, portanto, uma forma de arte ornamental: presente no cotidiano, ela é encontrada em monumentos e palácios, paredes e tetos, que lhe servem de suporte material para a manifestação do pensamento e da crença.

A religião islâmica tem no *Corão* (*Al-Qur'ān*), ou *Alcorão*, a "revelação miraculosa das palavras de Alá ao profeta Maomé" (Lyons, 2011, p. 47). Essas palavras, durante a vida de pregação do profeta, entre 610 e 632 d.C., foram memorizadas e repetidas oralmente até serem registradas de modo sistemático, sob as ordens do califa Abu Bakr (644-656), em pergaminho, em formato de códice,

> *com as folhas costuradas ou mantidas soltas em uma caixa. Na tradição islâmica, o livro como objeto físico deve ser tratado com o máximo de respeito; ele geralmente é protegido por um estojo ou saco especial, já que não deve entrar em contato com o chão ou qualquer coisa considerada impura, e os leitores devem lavar-se antes de tocá-lo.* (Lyons, 2011, p. 48)

Com a nova tecnologia do papel, obtida dos marinheiros chineses aprisionados, a produção de livros fez com que a cultura islâmica florescesse rapidamente e que as bibliotecas enriquecessem seus acervos. A presença da cultura árabe na Espanha, em particular no Sul, expandiu a produção de livros e a criação de bibliotecas na região e, posteriormente, em toda a Europa.

Diferentemente da visão utilitária e pragmática que os gregos tinham dos livros, "os calígrafos e ilustradores do Islã transformaram o livro num objeto belo por si só, e os colecionadores passaram a apreciar a aparência suntuosa de um livro na mesma medida em que apreciavam seu conteúdo" (Battles, 2003, p. 69). A caligrafia árabe continuou valorizada e retardou a adoção dos livros impressos, em especial do *Corão*, até o século XIX.

Durante o período em que os árabes dominaram a Espanha, funcionavam, na região conquistada, 70 bibliotecas, a maior delas localizada em Córdoba, que, segundo o catálogo descritivo do acervo – em 44 volumes! –, continha de 400 a 600 mil livros, o que equivalia à média de 2 ou 3 livros para cada casa da cidade (Battles, 2003). Avicena (980-1037), médico e filósofo persa, descreve a biblioteca de Córdoba:

> *filas e mais filas de estantes. Um dos salões era dedicado apenas à filologia árabe e à poesia, outro à jurisprudência, e assim por diante. Cada ciência particular tinha sua própria sala. Examinei o catálogo dos autores gregos antigos procurando os livros que eu havia solicitado. Vi nessa coleção livros de que poucos sequer ouviram falar. Eu mesmo jamais os tinha visto, e jamais tornaria a vê-los.* (Avicena citado por Battles, 2003, p. 70)

Outra biblioteca islâmica extraordinária foi a do califa Omar II, no Cairo. De acordo com a história, o acervo dessa "casa de instrução" conteria 600 mil volumes, que mais tarde, ao se juntarem à biblioteca particular do governante, poderiam ter somado 1 milhão e meio de livros. Toda ela foi destruída pelo exército turco: o couro das capas virou sapatos, e as páginas rasgadas foram enterradas nos arredores do Cairo, em um lugar denominado *Colina dos Livros* (Battles, 2003).

As bibliotecas do mundo muçulmano desapareceram entre os séculos XIII e XV, situação motivada pelos conflitos armados contra mongóis e turcos e pelas Cruzadas. De fato, a guerra não combina com bibliotecas.

1.1.8 Na América pré-colombiana

A contestada existência de uma escrita anterior à chegada dos espanhóis à América no século XVI e a destruição levada a cabo pelos conquistadores ainda necessitam de estudos aprofundados, em especial no que diz respeito aos maias de Iucatã – hoje um estado mexicano, situado ao norte da península que forma o Golfo do México –, aos astecas do México e aos incas do Peru. O que sobreviveu ao domínio espanhol (e ao correspondente extermínio dos povos nativos) foi uma escrita baseada em símbolos hieroglíficos que era usada, acima de tudo, para textos religiosos, para rituais e para narrar a história dos soberanos.

Os pesquisadores chegaram a reconhecer os desenhos desses três povos como uma forma de comunicação e de registro, estudando sua organização e seu uso reiterado em pedras, na arquitetura e em objetos produzidos por essas culturas.

De todo modo, considerar que as pedras (denominadas *estelas*) e os monumentos ainda restantes podiam dar suporte a textos, a informações e a narrativas já desmente o senso comum de que os povos primitivos das Américas desconheciam a escrita. Astecas, incas e maias desenvolveram a ciência da matemática e da astronomia de modo mais avançado do que muitas culturas europeias, asiáticas e africanas. Esse conhecimento científico ficou registrado em objetos de cálculo, como os ábacos, e na construção de cidades e templos. A existência de cidades planejadas que acompanhavam a estrutura espacial do universo já demonstra que, para que isso ocorresse, havia necessidade de registros e cálculos, depois transformados em textos de pedra.

umpontodois
A história do livro: da Idade Média à atualidade

A Idade Média se inicia em 476, data da queda do Império Romano do Ocidente, e se encerra com a tomada de Constantinopla pelo Império Otomano, em 1453. Foi um período injustamente denominado *Idade das Trevas*, quando, por falta de maior conhecimento, se chegou a acreditar que o Ocidente havia estado inerte, sem avanços de qualquer ordem, passivo à espera do Renascimento, nome que recebeu o período que começa no século XVI. Ao contrário disso, estudos e descobertas no século XX colocaram a Idade Média na origem do progresso e das estruturas culturais que se sucederam nos séculos seguintes.

Para chegar à atualidade seguindo a trilha dos livros e das bibliotecas, a história demonstra com vigor o quanto as sociedades evoluíram, bem como as tecnologias – inclusive a do livro impresso –, com impactos na vida cultural. O marco mais importante dessas mudanças foi a impressão da *Bíblia* de Morgúncia por Johannes Gutenberg, iniciada em 1450 e finalizada, provavelmente, em 1455.

Atualmente, estamos vivendo mais uma fase da metamorfose do livro: a chegada do livro digital. A nova tecnologia está acarretando alterações significativas na linguagem multimodal, no modo de ler, nas bibliotecas e na relação dos leitores com a propriedade e o armazenamento dos textos.

1.2.1 Na Idade Média europeia (476-1453 d.C.)

As páginas em pergaminho, com maior durabilidade e praticidade e menor custo, já representavam uma mudança significativa na história do livro. James Campbell trata do processo de confecção do pergaminho e de sua utilização nos códices:

> O pergaminho é feito esticando a pele em uma moldura e raspando-a para remover toda a carne e pelos. Em seguida, é tratada com alúmen e cal, que esteriliza e branqueia, antes de ser esfregado de modo a produzir uma superfície fina, uniforme e lisa para escrever. Cada pele equivale a uma folha de papel. Mais espessa do que o papel chinês, é completamente opaca e pode ser escrita dos dois lados. Dobrada ao meio, uma folha de pergaminho pode formar quatro páginas de um livro. Essa é a chave do custo. Uma bíblia de mil páginas exigia 250 pergaminhos; isto é, 250 ovelhas. O custo das peles em si já era considerável; adicione a isso o custo de transformá-las em pergaminho, e o tempo e o esforço dedicados a amarrar as folhas em cadernos, desenhar linhas meticulosamente, copiar cada palavra do texto à mão e, finalmente, juntar tudo em um volume completo, e é possível entender por que cada códice medieval levava meses, ou até anos, para ser finalizado. Assim, livros eram extremamente caros, e as encadernações eram apropriadamente luxuosas. (Campbell, 2016, p. 79)

O rolo de papiro ou o de pergaminho foi o formato usado para disseminar os textos escritos em diferentes culturas, o que facilitou a criação e a adoção do códice, cujas capas podiam ser em couro, em tecido e até em ouro e prata. O códice ofereceu, na época inicial do Cristianismo (ano 1 d.C.), praticidade de manuseio, em virtude do uso de frente e verso de suas páginas: os evangelhos, livros sagrados da religião, por exemplo, encontraram no formato um suporte adequado.

Escritos em grego, hebraico ou latim, os códices medievais circulavam pelos conventos e monastérios, onde eram armazenados e/ou copiados. Os copistas, geralmente monges, dedicavam-se ao trabalho de reproduzi-los. Eles moravam em monastérios e abadias ou viajavam de um a outro mosteiro para consultar nas bibliotecas os textos que lhes interessavam. Convém acentuar que o índice de analfabetismo da população ainda era altíssimo e que esses monges constituíam uma elite alfabetizada.

A atividade dos copistas exigia horas de trabalho em condições precárias, em *scriptoria* (salas nas quais eram produzidos os códices) de mosteiros frios e úmidos, em que eles se debruçavam em pé sobre um móvel que permitia manter aberto o livro; trata-se do atril, que era coberto de tecido para proteger o pergaminho. Escrevia-se com pena de aves em páginas com linhas antecipadamente traçadas e usando-se tintas que podiam ser, como a ferrogálica, feitas com sais de ferro e tanino natural de gralhas, que são uma espécie de tumores existentes em vegetais. Na mão direita, os copistas seguravam a pena – que precisava ser apontada para manter a clareza das letras – e, na esquerda, uma faca, utilizada para várias finalidades: apontar o bico da pena, raspar a tinta seca do pergaminho e manter firme a mão, evitando que o pergaminho deslizasse sobre a superfície do atril.

O livro como arte

Nos códices medievais europeus, usava-se o alfabeto latino, não se fazia a separação entre palavras ou parágrafos e aplicava-se uma vasta e contínua ilustração, com riqueza de detalhes e de cores. Feitos em pergaminho ou papel, esses documentos eram uma espécie de vitral das catedrais góticas.

Os escribas copiavam de três a quatro páginas por dia. Nessa transposição, frequentemente surgiam diferenças textuais: troca de palavras, erros ortográficos e até introdução, no texto original, de trechos criados pelo copista. De todo modo, ainda na ausência de tipografias que pudessem reproduzir os textos, essas pessoas foram artífices necessários e muito respeitados.

Os conteúdos dos códices iam da filosofia aos evangelhos, da história da humanidade à história da Igreja, dos sermões aos livros de horas (estes assim denominados porque continham orações a serem lidas em diversas horas do dia). Dos gêneros circulantes na alta Idade Média, o mais lido foi o livro das horas, surgido no século VIII, que estimulava a leitura individual e em silêncio:

> Ele basicamente copiava o ofício divino dos padres, mas em estilo resumido, com a inclusão de diversos salmos e passagens bíblicas, do ofício dos mortos, de hinos, preces favoritas aos santos e quase sempre um calendário com os dias dos santos. Esses livros portáteis, que cabiam na palma da mão, cuja qualidade variava do grosseiro ao refinado, [...] acompanhavam os donos, em geral mulheres, não só na igreja e na capela, dia e

noite, sempre agarrado em uma das mãos, mas também em todas as viagens. (Fischer, 2006, p. 154)

Dada a valorização do aspecto religioso, os códices procuravam materializar no livro a importância de seu conteúdo; eram livros de tamanho grande, com riqueza de ilustrações, decorados com latão ou marfim nas capas, inclusive com letras e iluminuras em ouro e prata. A encadernação expressava também o valor dado ao livro, não sendo raros os exemplares em que se usava ouro.

Em razão do tamanho, o transporte dos livros para comunidades religiosas distantes era prejudicado; por isso, eles permaneciam nas bibliotecas dos mosteiros, das igrejas e das abadias. Durante a Idade Média, foram propriedade privada. Fora das instituições religiosas, sua existência ou as cópias produzidas ficavam na dependência de subsídios dos mecenas, geralmente pessoas de posse e qualificação nobiliárquica. Eram guardados em bibliotecas particulares, em ambientes vedados ao público. Isso implica dizer que, a não ser pela circulação de panfletos e da literatura oral (por meio de contadores, trovadores, declamadores, atores e cantores), a população em geral permanecia analfabeta.

1.2.2 A invenção da prensa manual, dos tipos móveis e a disseminação do livro

Os chineses, no século XI d.C., inventaram uma prensa com tipos móveis de madeira, mas foi na Coreia que se imprimiu, em 1377, o primeiro livro, *Jikji*, que continha um conjunto de ensinamentos religiosos zen-budistas. As pranchas de madeira usadas na China não prosperaram porque a escrita chinesa contava com milhares de caracteres, inviabilizando a impressão de textos.

Na Alemanha, Johannes Gutenberg criou e aperfeiçoou a imprensa moderna. A Europa, tendo adotado o alfabeto greco-latino de 26 letras, permitiu a Gutenberg criar um instrumental simplificado de tipos móveis em metal. O primeiro livro impresso foi a *Bíblia* de Mogúncia (atual cidade de Mainz), e sua impressão levou cinco anos. Gutenberg realizou ensaios contínuos para a produção dos tipos metálicos, buscando a melhor proporção entre chumbo, antimônio, cobre e latão, matéria-prima que garantiu a nitidez e a durabilidade da impressão. Já a tinta preta utilizada era uma mistura de fuligem de lamparina, verniz e clara de ovo.

Essa tecnologia de impressão em prensas facilitou a produção de exemplares de livros em papel e, em pouco tempo, semeou cópias, barateando os custos de produção e o preço final. Dessa forma, adequou-se às necessidades de impressão e de disseminação do livro, permanecendo quase sem alterações. Só mais tarde, no século XIX, é que haveria um avanço significativo, com a tipografia mecânica a vapor e com a máquina de papel contínuo.

> ### Curiosidade
> Ao se compararem o período de tempo médio para a produção de um livro por um copista e a impressão por meio da nova tecnologia, o resultado impressiona: em três anos, um copista produzia um único exemplar, enquanto Gutenberg editou, em igual período, 180 livros.

A *Bíblia* de Gutenberg, também conhecida como *Bíblia de 42 linhas* (porque uma página tinha 42 linhas), teve uma tiragem de 135 livros em papel, e os restantes foram produzidos em couro de bezerro. A *Bíblia* completa era encadernada em 2 volumes – cada um tinha 1.286 páginas, ilustradas cada uma de maneira diferente, o que tornava cada exemplar único. Posteriormente, os compradores contrataram artistas que ampliaram o número de ilustrações, adicionaram títulos exclusivos escritos à mão e deixaram os exemplares mais luxuosos.

Atualmente, restam 48 exemplares dessa edição, que estão distribuídos por bibliotecas espalhadas pelo mundo: Estados Unidos, Suíça, Rússia, Dinamarca, Japão, Reino Unido, Portugal, Polônia, Espanha e Brasil. Alguns desses exemplares estão incompletos: resta apenas um volume ou mesmo algumas páginas. A Fundação Biblioteca Nacional, do Rio de Janeiro, tem dois exemplares, datados de 1462, ano da primeira impressão, que teve identificação de dia, local e nome dos impressores: John Fust e Peter Schoffer. Depois de uma disputa judicial, Fust e Schoffer ficaram com os exemplares da *Bíblia* e os venderam, e Johannes Gutenberg faliu. Os livros publicados entre 1455 e 1500 receberam o nome de *incunábulos*. O vocábulo vem de *cuna*, que significa "berço". São os livros criados no nascer da tipografia de tipos móveis.

As primeiras prensas também editaram "textos curtos, efemérides (como cartas de indulgência), calendários, almanaques, a gramática latina de Donato, entre outros materiais", explica Fischer (2006, p. 193). Ainda segundo esse historiador, em 1500 havia mais de 250 polos de impressão em atividade na Europa e o tamanho dos livros diminuiu, o que facilitou seu transporte e levou a uma padronização (Fischer, 2006).

A rapidez de impressão, a uniformidade dos textos e o barateamento dos custos fizeram com que velozmente aparecessem máquinas impressoras pela Europa. Conforme Manguel (1997), foram instaladas em 1465 na Itália; em 1470 na França; em 1472 na Espanha; em 1475 na Holanda e na Inglaterra; e em 1489 na Dinamarca. Só muito mais tarde chegaram à América: em 1533 no México e em 1638 em Cambridge, Estados Unidos. No Brasil, elas apareceram apenas em 1808, dada a proibição de Portugal quanto à posse de máquinas impressoras na colônia. Na metade do século XVI, na Europa já circulavam mais de 8 milhões de livros impressos (Manguel, 1997).

A impressão de livros, à época da Revolução Francesa, ao final do século XVIII, manteve uma tecnologia muito semelhante à da época de Gutenberg. "O papel ainda era feito de panos recolhidos por catadores de trapos. A tinta era comumente produzida com uma mistura de folhelho de nogueira, linhaça e terebentina. O tipo geralmente era composto de chumbo [...] e antimônio. A composição tipográfica ainda era feita manualmente [...]" (Lyons, 2011, p. 99). A mecanização foi sendo introduzida aos poucos, extinguindo os empregos próprios dessa fase ainda manual.

O funcionamento das tipografias até o século XVIII determinou a presença de algumas características nos livros impressos. As formas de tipos metálicos, encaixados em molduras de ferro, eram levadas a prensas diferentes. A escolha era aleatória: com as chapas prontas, o tipógrafo encaminhava o trabalho para a máquina livre. Não eram uma mesma máquina e um mesmo tipógrafo que imprimiam um único livro; ao contrário, o mesmo livro era impresso por diferentes tipógrafos em máquinas diferentes. Com isso, o resultado da impressão apresentava folhas visualmente diferentes.

Mesmo os tipógrafos tinham suas próprias características: "um homem tinha problemas incomuns com a ortografia, [...] outro tendia a confundir homônimos e [...] um terceiro trabalhava com tipos inadequados e todos espalharam marcas idiossincráticas pelas páginas em padrões que revelariam sua participação individual" (Darnton, 2010, p. 152-153). Havia também padrões diferentes de cabeçalhos, sinais particulares da prensa, correções e acréscimos feitos pelo tipógrafo. Esses acontecimentos colocam em dúvida a fidelidade ao original dos autores.

Depois de sete séculos, a impressão em papel modernizou-se, as máquinas evoluíram, o papel se transformou, os tipos móveis desapareceram e foram substituídos por técnicas cada vez mais tecnológicas. São milhões de exemplares produzidos e consumidos em todo o mundo e em todas as línguas vivas. O livro impresso tornou-se um objeto acessível, funcional e usual. De acordo com André Belo (2002, p. 104),

> *qualquer livro, em qualquer época, seja ele impresso ou manuscrito, traz em si, para além das marcas de um trabalho intelectual, marcas de práticas artesanais ou industriais, marcas de uma relação com o poder ou com outros indivíduos, marcas de*

um produto destinado a ser vendido ou trocado, marcas do estatuto social dos seus autores, marcas da relação do texto com o leitor, marcas de um uso da língua, enfim, marcas de um proprietário ou mesmo de um ato de leitura. Tudo o que está no livro, em qualquer livro, nos reenvia para fora dele.

Steven Fischer (2006, p. 284) sintetiza a importância cultural, social, histórica e econômica de uma posição política em relação aos livros: "por certo, serão mais bem sucedidas apenas as sociedades que incentivarem e apoiarem uma genuína 'cultura da leitura', em especial o respeito e o amor pelos livros". O autor relaciona os territórios geográficos em que essa "cultura da leitura" encontrou campo fértil e aqueles espaços em que tal fato não ocorreu (ou ainda não ocorreu).

Nos tempos mais remotos, nas sociedades da China, da Coreia, do Japão, da Índia e entre os judeus, o livro se colocou na cultura como elemento relevante. Na Idade Média, isso ocorreu entre os judeus, os muçulmanos e os europeus de modo geral (principalmente alemães e ingleses) e, a partir do século XVIII, entre os norte-americanos (em especial os de descendência inglesa). Não participam dessa comunidade de cultores da leitura de impressos os países africanos, boa parte das Américas do Sul e Central, os aborígenes, os habitantes das ilhas do Pacífico e os esquimós, pois são partidários de culturas tradicionais, de base oral.

> ### Curiosidade
>
> O filósofo e economista britânico John Stuart Mill (1806-1873), "inspirado pelo Romantismo, achava que as bibliotecas ofereciam um bem maior que a razão: elas também ofereciam felicidade. Havia mais no interior dos livros do que meras oportunidades de treinamento e de doutrinação da cultura do capitalismo. Os livros podiam significar evasão, ainda que momentânea, repouso e reflexão, que, por sua vez, acabavam encorajando a preocupação com o próximo, a base do altruísmo" (Battles, 2003, p. 139).

1.2.3 O livro em telas e em suportes tecnológicos digitais

Uma revolução tão importante quanto a invenção da imprensa no século XV foi o surgimento da linguagem digital e de seus suportes. Os números dizem o quanto o livro continua vivo nas sociedades do mundo inteiro. Não há a eliminação de tecnologias que vêm de séculos anteriores: o manuscrito, o papel, o livro impresso e o livro digital circulam nos espaços e nos mesmos gabinetes de trabalho. No entanto, as tecnologias digitais avançam e aos poucos convivem com essa cultura livresca. O aparecimento do livro digital, em 1971, ocorreu no Projeto Gutenberg, fundado por Michael Hart na Universidade de Illinois, nos Estados Unidos. Esse projeto abriga a primeira biblioteca digital do mundo. Seu propósito era encorajar a criação e a distribuição de livros eletrônicos. Esse objetivo, descrito com simplicidade, originou uma revolução no modo de acesso e de posse de livros, bem como nos modos de ler.

O Projeto Gutenberg já tem em catálogo mais de 60 mil itens em 60 línguas diferentes e expandiu-se em projetos similares pelo mundo todo. Todavia, apresenta um defeito de origem: não tem uma linha rigorosa de seleção de textos, omite prefácios e estudos críticos, o que empobrece os livros, pois ficam ausentes os diálogos entre autores e críticos. Além disso, retira informações contextuais que poderiam enriquecer a leitura e deixa de lado pontos de vista divergentes (Projeto..., 2022).

> ## Para saber mais
>
> Saiba mais sobre o Projeto Gutenberg acessando o *link* indicado a seguir:
>
> PROJECT GUTENBERG. Disponível em: <https://www.gutenberg.org/>. Acesso em: 17 nov. 2022.

A criação de Hart, motivada pelos objetivos de socialização do livro e de divulgação de obras de domínio público, sem finalidade comercial, acabou por ser adotada e aperfeiçoada por empresas que passaram a comercializar seus catálogos em formato digital e, atualmente, conquistam cada vez mais o mercado de livros. Também os suportes digitais, como os *e-readers*, os *tablets* e os celulares, trouxeram para os hábitos da vida moderna livros, revistas, jornais, filmes, música e espetáculos cênicos. Surgem escritores, editores e casas editoriais que ofertam a qualquer pessoa a oportunidade de ter um livro editado, vendido e distribuído em qualquer lugar do planeta – tudo ao alcance de uma boa conexão e de um cartão de crédito desbloqueado.

O livro em formato digital propõe uma leitura semelhante à dos rolos de papiro ou de pergaminho, mas, em lugar de o leitor ocupar as duas mãos para segurar o objeto e rolá-lo, estas ficam livres para escolher outras diversas funções, como escrever comentários, sublinhar, consultar o dicionário, selecionar trechos, contar o tempo de leitura, criar bibliotecas e classificar assuntos e trechos. Por se tratar de uma modalidade recente, é impossível prever todas as transformações que a leitura digital ainda experimentará.

Na passagem dos séculos XX e XXI, na esteira de vários estudos que identificavam o final do século como o término de conceitos e de formas de conhecimento, tratando do fim da história, do fim da infância, do fim da Era Moderna e do fim do livro, o semiólogo italiano Umberto Eco e o ator e diretor de teatro Jean-Claude Carrière trocaram ideias sobre o possível conflito entre o impresso e o digital e afirmaram sua crença na sobrevivência do livro impresso, apesar das aparentes vantagens do livro digital. O livro que traz esse diálogo é *...não contem com o fim do livro*, publicado pela Editora Record em 2010.

Considera-se que 1993 é o ano de lançamento do primeiro livro digital. Trata-se de *Do assassinato como uma das belas artes*, escrito em 1827 por Thomas de Quincey (1785-1859), um erudito inglês autor de estudos sobre assuntos amplos como filosofia, história, economia, política e crítica literária. A obra foi publicada originalmente na revista *Blackwood's Magazine* e é um estudo que pode ser entendido como precursor do romance policial e do jornalismo de investigação. Esse primeiro livro digital confirma os objetivos do Projeto Gutenberg: publicar obras clássicas e cuja edição pode ser considerada rara. Em 1998, foram vendidos os primeiros livros eletrônicos pela Rocket eBook e pela Softbook. Desde essa data, proliferam livros e suportes digitais exclusivos para sua leitura.

Em 2002, para responder a uma pergunta instigante – Em quanto tempo seria possível digitalizar todos os livros publicados no mundo? –, funcionários do Google deram início ao projeto Google Books, que resultou em um debate contencioso sobre direitos autorais que se prolongou por quase uma década. Atualmente, o projeto faz parcerias com bibliotecas do mundo inteiro, inclusive com a Biblioteca Nacional do Rio de Janeiro, e, em junho de 2021, estabeleceu uma negociação para digitalizar 50 mil livros raros pertencentes ao acervo brasileiro da Biblioteca.

> **Para saber mais**
>
> Consulte mais informações sobre o projeto Google Books nos endereços eletrônicos a seguir:
>
> GOOGLE ganha direito de digitalizar 20 milhões de livros. Veja, 14 nov. 2013. Disponível em: <https://veja.abril.com.br/tecnologia/google-ganha-direito-de-digitalizar-20-milhoes-de-livros/>. Acesso em: 17 nov. 2022.
>
> VETTORAZZO, L. Biblioteca Nacional negocia com Google digitalização de acervo raro. Veja, 25 jun. 2021. Disponível em: <https://veja.abril.com.br/coluna/radar/biblioteca-nacional-negocia-com-google-digitalizacao-de-acervo-raro/>. Acesso em: 17 nov. 2022.

Aos poucos acontece a adesão, por parte de escritores de renome no mercado dos livros impressos, ao formato digital. Exemplo disso é Stephen King, que, em 2000, publicou o romance *Riding the bullet* em formato exclusivamente digital. Logo surgiram escritores que produzem exclusivamente livros digitais. Nos anos 20 do século XXI, cresce o número de editoras que trabalham com livros digitais em formato de autopublicação, tanto de escritores já editados em papel quanto de escritores inéditos. Cresce também a publicação de audiolivros e, gradualmente, começam a cair os obstáculos à nova tecnologia. Assim, os livros digitais passam:

- a compor bibliotecas domésticas;
- a abrir espaço e acesso a pesquisas documentais;
- a facilitar a compra e a leitura de livros de todos os gêneros;
- a diminuir a taxa de analfabetos funcionais;
- a trazer mais informação e conhecimento a todas as camadas sociais conectadas a redes de publicações gratuitas ou pagas.

Simultaneamente, aumentam os suportes para esse tipo de leitura: há os celulares, os *tablets*, os computadores e os *e-readers*. A combinação de fatores estimula o comércio de produtos digitais e promove o aumento de consumidores e de produtores de conteúdo. No entanto, para Roger Chartier (2002, p. 109), a possibilidade continuada e intensa de criar elos entre os textos coloca em perigo *a própria noção de "livro" [...] Na cultura impressa, uma percepção imediata associa um tipo de objeto, uma classe de textos e usos particulares. A ordem dos discursos é assim estabelecida a partir da materialidade própria de seus suportes: a carta, o jornal, o livro, o arquivo etc. Isso não acontece mais no mundo digital, onde todos os textos, sejam eles quais forem, são entregues à leitura num mesmo suporte (a tela do computador) e nas mesmas formas (geralmente as que são decididas pelo leitor). É assim criada uma continuidade que não mais distingue os diferentes gêneros ou repertórios textuais que se tornaram semelhantes em sua aparência e equivalentes em suas autoridades.*

Como é possível perceber, as modificações trazem desafios para a formação de leitores. Um deles é o de aprender a distinguir o valor dos textos e sua veracidade, visto que a propagação de textos sem autoria, de falsas atribuições de autoria, de plágios e de falsidades prolifera no universo digital e exige atenção redobrada de leitores, escritores e editores.

umpontotrês
As bibliotecas originárias e o papel do livro

As bibliotecas surgem antes mesmo que o livro exista. Embora o termo grego, depois latinizado, *biblos* seja comumente traduzido por *livro* mais o sufixo *-teca*, que significa "coleção" ou "depósito", as bibliotecas originárias, isto é, que estão na origem dessas instituições culturais, não armazenam livros no formato e no sentido atual. Elas colecionam textos escritos totalmente manuscritos e em diferentes materiais: o mineral, como a argila; o vegetal, como o papiro; e o animal, como o pergaminho. A unir toda a diversidade material e de conteúdo está o desejo de preservar, de manter resguardado um patrimônio do pensamento e da ação de um povo ou de uma comunidade. Não há, na origem, a discriminação contra qualquer gênero textual ou qualquer objetivo a ser atingido com ele. Preservam-se tanto a contagem de animais quanto os textos de oração, de rituais ou de ensinamentos religiosos.

Talvez a mais antiga biblioteca tenha sido a do palácio da antiga cidade de Ebla, na Síria, destruída por um incêndio em 2500-2250 a.C. Era apenas uma sala medindo 5,5 × 4 m, mas já apresentava estantes e organização do acervo, bem como uma sala ao lado, com bancos e objetos de escrita para os copistas. Já se observava uma estrutura que se repetiria no decurso da história em outras bibliotecas: a separação dos espaços, a existência de estantes, as referências sugerindo a catalogação do acervo e a diversidade dos textos como "peças de natureza mais literária, versos mágicos e uma versão escrita de um mito sumério" (Campbell, 2016, p. 38).

As bibliotecas antigas nem sempre são edifícios voltados para o atendimento de consulentes. Seu objetivo principal era ter os exemplares para que os usuários os copiassem para uso próprio, multiplicando os originais. Têm mesmo a característica de depósitos, como a Biblioteca de Nínive, na Mesopotâmia, criada no século VII a.C. pelo Rei Assurbanipal, guerreiro, leitor constante e colecionador. Ela reunia um acervo de 30 mil tabuinhas de argila em escrita cuneiforme. Os assuntos eram diversos: o mundo natural, geografia, matemática, astrologia e medicina. Variavam também os gêneros: havia manuais de exorcismo e de augúrios, códigos de leis, relatos de aventuras e textos religiosos. Destruída na guerra e soterrada, a Biblioteca de Nínive foi descoberta no século XIX pelo arqueólogo inglês Henry Layard. As 20 mil tabuinhas restantes estão hoje no Museu Britânico, em Londres.

Outra biblioteca da Antiguidade ficava em Pérgamo, hoje Bergama, na Turquia. Com um acervo, segundo o historiador Plutarco, que chegava a 200 mil rolos de pergaminho (o que parece uma quantia irrealista), é considerada a segunda maior, perdendo apenas para a Biblioteca de Alexandria. Era um dos centros da cultura grega, e seus reis eram bibliófilos e colecionadores de arte. O pergaminho, feito de pele de ovelha, foi aperfeiçoado nessa cidade para substituir o papiro, importado do Egito. Suas ruínas foram descobertas na segunda metade do século XIX e indicam que havia quatro cômodos. Apenas um deles sugere um salão de festas conjugado com uma sala de leitura; os outros três foram considerados depósitos dos livros. Mas nada é ainda definitivo: não há consenso entre os historiadores e os cientistas sobre as finalidades dos aposentos.

A mais conhecida e respeitada biblioteca da Antiguidade estava na cidade de Alexandria, no litoral norte do Egito, banhada pelo mar Mediterrâneo. Os historiadores dão como sede da biblioteca o complexo palaciano de Alexandria, primeiramente pertencente a uma instituição de pesquisa denominada Mouseion. Mais tarde, para abrigar o colossal acervo, foi criada uma subsede da biblioteca no templo Serapeu, da mesma Alexandria. A idealização da biblioteca original teria sido de Demétrio de Faleros, um estadista de Atenas exilado na cidade. Ele teria proposto a construção da biblioteca ao governante egípcio Ptolomeu I Sóter, porém a construção só foi concluída quando estava no poder seu filho, Ptolomeu II Filadelfo. Há dúvida quanto à data de conclusão: 323 a.C. ou 246 a.C.

O acervo da Biblioteca de Alexandria era composto por rolos de papiro e pergaminho, comprados, roubados ou fruto do espólio de guerras. Quanto à quantidade de volumes do acervo, também há divergências: os números variam de 40 mil a 700 mil. Recentemente, esse número foi alterado para algo mais realista: entre 10 mil e 15 mil rolos. Não se conhece igualmente a distribuição dos rolos pelo espaço físico da biblioteca. Talvez estivessem "em uma série de depósitos e corredores montados em pátios, onde eram lidos" (Campbell, 2016, p. 46). Battles (2003, p. 35) esclarece:

> os ptolomeus transformaram a biblioteca num imenso aparato de assessoramento sob o controle da casa real. [...] Os livros dos que visitavam a cidade eram confiscados, copiados para a biblioteca (quando os próprios originais não ficavam retidos) e adornados com uma etiqueta em que se lia "de navios".

Assim, segundo Battles (2003, p. 36), a realeza detinha um "monopólio do conhecimento", especialmente nas áreas de medicina, engenharia e teologia, e estabelecia para a história o conceito de que o conhecimento era uma mercadoria, um bem, uma "forma de capital a ser adquirido e entesourado".

Um enigma

Historiadores e escritores narram diferentes versões para o desaparecimento da Biblioteca de Alexandria, criando verdadeiras lendas: incêndios, preconceito religioso, negligência dos responsáveis pelo acervo, falta de subsídios para a preservação, entre outras. Campbell (2016, p. 46) é mais realista: "o destino mais provável da biblioteca é que o que sobrou tenha simplesmente apodrecido".

Battles (2003) apresenta mais uma justificativa para o desaparecimento dos tesouros bibliográficos de Alexandria: a língua em que se expressavam os manuscritos – o grego clássico. Para o historiador, essa língua era uma mistura de copta, aramaico, hebraico, latim e coiné (uma forma linguística popular da língua grega) e havia se tornado incompreensível para os frequentadores da biblioteca passados os séculos (Battles, 2003, p. 37).

Uma verdade, porém, subsiste: a biblioteca de Alexandria deixou o terreno da História para viver pelo poder da narrativa lendária. O que há de factual é que no ano de 48 a.C. um incêndio devorou os edifícios que guardavam os livros da biblioteca – se não todos eles, os que haviam sobrevivido a outras devastações.

A Biblioteca de Alexandria passou a ser de tal maneira simbólica que, após sete anos de construção, foi inaugurada a nova Bibliotheca Alexandrina, em 16 de outubro de 2002, concretizando o projeto arquitetônico do norueguês Snøhetta. A edificação recebe luz natural, pode conter até 8 milhões de volumes e abriga um centro de conferências, um planetário, uma escola

> internacional de estudos sobre informação, uma biblioteca infantil e outra para deficientes visuais, um museu científico, um de caligrafia e um laboratório para a restauração de manuscritos raros.

As primeiras bibliotecas da Antiguidade que foram públicas apareceram durante o Império Romano. Campbell (2016) cita a biblioteca de Celso, em Éfeso, na Turquia, em 155 d.C.; a do Fórum de Trajano, em Roma, em 112-115 d.C.; a existente no Santuário de Asclépio, em Bergama, Turquia, no século II d.C. (com um acervo de obras sobre medicina); a das Termas de Caracala, em Roma, em 217 d.C.; e a biblioteca de Timgad, na Argélia, também no século III.

As escavações arqueológicas mostraram uma arquitetura similar nessas bibliotecas: uma sala única de grandes proporções, com nichos para estátuas e rolos de papiro. Estes estavam em armários de madeira para protegê-los e em uma plataforma alta, que podia separar os volumes e os leitores. Supõe-se que havia duas salas semelhantes: uma para os livros em latim e outra para os livros em grego.

Os edifícios eram faustosos arquitetonicamente. Essa distinção continuou nos séculos posteriores, associando a edificação e seu conteúdo à ideia de prédios relevantes para a sociedade, a cidade e a cultura. O Império Romano do Ocidente foi subjugado pelas invasões de povos germânicos, e o Império Romano do Oriente, mais longevo, cedeu à força militar dos guerreiros otomanos – tanto uns quanto outros destruíram as cidades e suas bibliotecas.

> ## Um mito de destruição
>
> Entre as lendas a respeito das origens de Roma, há aquela da sibila Cumana, profetiza que, depois de escrever livros oraculares predizendo a glória romana, fez questão de queimá-los com as próprias mãos. Ainda moça, havia repelido as investidas apaixonadas de Apolo, que se vingaria dando-lhe a imortalidade que ela tanto queria, mas não a eterna juventude. Assim, ela foi envelhecendo, século após século, relegada por todos, com o corpo arqueado e coberto de verrugas. Ao que tudo indica, Apolo acabou se compadecendo e deu-lhe o dom da profecia. Ela se sentou em uma caverna da Montanha de Cumae e passou anos registrando suas visões em folhas de palmeira.

FONTE: Battles, 2003, p. 50.

As bibliotecas localizadas em mosteiros na Idade Média atendiam exclusivamente os membros das confrarias religiosas, e não o público dos burgos, até porque o analfabetismo dominava as populações não clericais. Há registros de bibliotecas particulares em casas nobres e palácios, mas era nos mosteiros que os livros estavam preservados e copiados. Neles, a sala do acervo e a sala de leitura (que era também a sala dos copistas) eram espaços quase obrigatórios na Idade Média da Europa Ocidental.

No entanto, as maiores bibliotecas dessa época estão localizadas na Ásia e no mundo árabe. Na atual Coreia do Sul, encontra-se a Tripitaka Koreana, datada de 1251. Campbell (2016) informa que esta é a biblioteca intacta mais antiga do mundo. Sua construção difere das bibliotecas conhecidas. São terraços recortados na pedra da montanha, e ela está abrigada em dois pavilhões de madeira, longos e planos. Contém 81.258 blocos de madeira, medindo 70 × 24 × 3 cm e pesando 3,25 kg.

> *Cada bloco é feito de uma placa de madeira que foi cortada e fervida em água salgada antes de ser deixada para secar lentamente por três anos. Depois de serem cuidadosamente preparados, apenas os blocos mais resistentes eram selecionados e cada um recebia painéis de acabamento e era reforçado com metal. Em seguida, eram meticulosamente esculpidos à mão. Cada bloco é entalhado em ambos os lados para ser utilizado para a impressão de duas folhas de papel. Depois que o talho era finalizado, os blocos eram pincelados com uma laca cinza, grossa e venenosa, que as protegia de insetos.* (Campbell, 2016, p. 63)

A biblioteca não foi destinada à leitura, mas ao armazenamento de blocos para impressão em papel. A leitura era realizada em outros locais. Essa tecnologia de impressão, existente há quase meio século antes de Gutenberg, comprova o avanço da Ásia em relação à Europa. Em 1234, o coreano Choe Yun-ui inventa a superfície de metal – que mais tarde será a base do trabalho de Gutenberg e cuja invenção lhe foi erroneamente atribuída.

No Japão, as bibliotecas pertenciam ao imperador e aos templos ou eram privadas. Em todas elas, havia a divisão entre o depósito (onde ficava o acervo) e a sala de estudos ou de leitura. Um dos mais antigos depósitos de sutras é o de Toshodai-ji, datado do ano 800. A sutra é um ensinamento religioso em forma de texto escrito, em verso ou em prosa, e apresenta reflexões sobre a metafísica, a cosmogonia, a condição humana, a felicidade e as questões esotéricas. O lugar de escrita é

> *abrigado do vento e da chuva, mas com muita luz [...]. Livros e rolos ficavam posicionados ao alcance das mãos do tokonoma [uma espécie de escriba]. Os materiais para escrita (Cântaro, bandeja de pincéis, jarro de água, faca, caixa de selos e rolos) eram todos ordenados, de acordo com o costume [...] e com o tempo [...].* (Campbell, 2016, p. 67)

As construções de madeira no Japão corriam risco de incêndio e, por isso, recebiam camadas de gesso e eram construídas sobre elevações para prevenir enchentes. As bibliotecas imperiais, cujo acervo poderia ir de 10 mil a 40 mil rolos, geralmente não estavam abertas ao público.

A descrição das bibliotecas islâmicas deixa perceber sua monumentalidade, organização e decoração. Campbell (2016, p. 72) apresenta detalhes como os destacados a seguir:

> *a biblioteca era um salão imenso, com três lados que se abriam para várias salas revestidas de escaninhos de madeira, cada um com três palmos de altura e fechados por portas de madeira. Outra [tinha] prateleiras divididas em compartimentos, cada um tendo uma lista de seu conteúdo na frente e podendo ser fechados com chave. Dentro, os livros tinham seus títulos gravados no topo e na base de cada volume, eram empilhados em pequenas pirâmides.*

Apesar de toda a relevância dada ao livro, à leitura e ao conhecimento, essas bibliotecas foram pilhadas e destruídas, seus acervos foram espalhados e quase nada sobreviveu.

As bibliotecas dos mosteiros medievais na Europa consistiam em salas pequenas e acervo reduzido: "no século XII as maiores coleções monásticas conhecidas tinham menos de mil livros, muito poucas chegavam a quinhentos, e a maioria provavelmente tinha menos de cem" (Campbell, 2016, p. 79). Os claustros dos monastérios podiam transformar-se em bibliotecas e salas de leitura para acomodar leitores e estudiosos. Para tanto, por vezes eram abertas janelas para a iluminação ou construídas paredes de madeira para isolar os leitores e os copistas. O local de depósito do acervo, contudo, só poderia ser acessado pelo bibliotecário, pessoa que conhecia a localização dos livros. Com o correr do tempo, esses monastérios acabaram transformando-se em escolas e universidades.

Segundo Campbell (2016), eram bibliotecas sujeitas geralmente à umidade, dadas as construções de pedra dos monastérios. Já aqueles acervos localizados em construções de madeira corriam risco real de incêndios. Além do mais, eram escuras, de modo que se buscava aumentar a claridade com a abertura de janelas nas paredes e com a disposição dos poucos móveis e estantes, a fim de permitir a passagem da luz. Mesmo com esses cuidados, o trabalho de leitura e cópia era bastante difícil.

Muitos dos prédios que abrigaram bibliotecas estão relativamente preservados. O mesmo não se pode dizer de seus acervos, desaparecidos por falta de preservação adequada, roubados ou saqueados em guerras. Era comum armazenar os livros em caixas e baús de madeira. Alguns livros eram acorrentados às estantes, para evitar que fossem roubados, ou pregados no chão com pinos de ferro, que lhes serviam de anteparo, para que não sofressem danos com as enchentes e com a umidade do solo.

A partir do século XVI e do Renascimento cultural na Europa, as bibliotecas passaram a contar com livros impressos em papel e com alterações arquitetônicas, que deram a esses ambientes novas funcionalidades e um visual diferente e mais moderno.

umpontoquatro
As bibliotecas na convivência do impresso com o digital

Na Itália, a cidade de Veneza foi uma das primeiras a construir uma biblioteca com arquitetura luxuosa, ainda obedecendo ao padrão medieval (sala do acervo mais sala de leitura). Dessa vez, as salas tinham bancos para os leitores. A maior contribuição dessas novas bibliotecas foi o fato de estarem abertas ao público, o que não acontecia com as bibliotecas monásticas e localizadas em igrejas. Entretanto, havia ainda restrições ao uso dos livros, como no caso das obras acorrentadas às prateleiras, como se pode ver até hoje nas bibliotecas da Catedral de Hereford e da Catedral de Wells, bem como na do Merton College, em Oxford, todas no Reino Unido, datadas dos séculos XVI e XVII. As correntes, que acabavam danificando os livros, foram removidas no século seguinte.

Em 1571, seguindo-se o projeto de Michelangelo, foi construída a Biblioteca Laurenciana na cidade de Florença, também na Itália. Com amplas janelas, móveis entalhados, teto alto e paredes ornamentadas, era uma verdadeira obra de arte. Em seu projeto, havia uma sala especial para livros raros, que nunca foi concluída. Esse novo cômodo é uma novidade na arquitetura das bibliotecas na Europa. No todo, o que se observa é a preocupação com a arquitetura, o arejamento e a decoração dos ambientes. As duas bibliotecas foram construídas para demonstrar o poder e a riqueza da família Médici e funcionavam mais como espaços de ostentação.

Do mesmo período são duas bibliotecas famosas: a do Escorial, na Espanha (1583), e a Bodleiana (1612), situada em Oxford, na Inglaterra. A primeira delas inaugurou a posição das estantes colocadas nas paredes. Anteriormente, os livros ficavam ou em atris ou em baias. A baia era uma divisória com prateleiras, separando os ambientes individuais de leitura. Lyons (2011, p. 121) assim descreve a grande sala onde se localiza a biblioteca do Escorial, um projeto arquitetônico inovador que moderniza o espaço onde ficam livros e leitores: "embora enormes e construídas contra as paredes, as estantes são, para todos os efeitos, grandes peças de mobília, cada uma formando uma unidade autônoma. [...] Os livros agora estão em exposição, tornando-se parte da decoração". Por sua vez, a Biblioteca Bodleiana se destacava por seu acervo de artes e por sua arquitetura única. Galerias no andar superior abrigavam livros sem correntes; já os livros que ficavam acessíveis aos leitores, na parte baixa da biblioteca, continuavam acorrentados. O acesso às galerias era por escadas, e a passagem dos usuários era vedada por gaiolas de madeira.

As estantes nas paredes deram origem a trabalhos espetaculares de marcenaria e, com a arquitetura das salas e a luminosidade das janelas, foi criado um ambiente de luxo, de valorização do livro e de enobrecimento do trabalho de leitura. Desapareceram a semiobscuridade dos mosteiros e a umidade prejudicial aos livros. Imperou uma atmosfera de museu, ou seja, etimologicamente, de um ambiente dedicado às musas. Essa evolução do ambiente físico das bibliotecas retirou delas a ideia de depósito de livros e instaurou a de uma vitrine para os olhos e de um despertar para a importância do acervo.

Arquitetos e projetistas de bibliotecas passaram a ser profissionais requisitados e de alta respeitabilidade. O período do Renascimento até o Século das Luzes (século XVIII) demonstrou, também nas bibliotecas, o fausto das cortes europeias, a riqueza que inundava os ducados e reinos europeus de ouro, de prata, de mármores, de esculturas, de pinturas, de mapas e de objetos de arte que também eram direcionados para ornamentar os lugares de leitura.

O advento do tempo das revoluções (a francesa, de 1789, e a industrial inglesa, de 1760 a 1840, aproximadamente) erigiu a burguesia como a categoria social poderosa, que trouxe para a arquitetura e, por extensão, para as bibliotecas uma visão mais pragmática e nada faustosa. Instituições de Estado passaram a ser responsáveis por bibliotecas de maior valor e amplitude, em uma convivência frutífera com bibliotecas particulares. São exemplos dessa convivência a Biblioteca do Senado Universitário, a Biblioteca do

Trinity College (Cambridge, Reino Unido), a Biblioteca Nacional da Finlândia (1840-1845), a Biblioteca Sainte-Geneviève (1830), a Biblioteca da Assembleia Nacional (1830-1847) em Paris e, muito especialmente, a Biblioteca do Congresso de Washington (1897) e a New York Public Library (1911), nos Estados Unidos, além das bibliotecas nacionais surgidas em vários países antes do final do século XIX, inclusive a atual Fundação Biblioteca Nacional do Brasil (1810) e o belíssimo Real Gabinete Português de Leitura (1887), no Rio de Janeiro.

No século XX, as bibliotecas municipais alcançaram um esplendor arquitetônico arrojado e a preservação de acervos cada vez mais numerosos e diversificados. É o caso da Biblioteca de Osaka (1904), no Japão, da New York Public Library (1911), nos Estados Unidos, da Biblioteca Municipal de Estocolmo (1928) e da Staatsbibliothek zu Berlin (1978). Também merecem destaque a Biblioteca Reinecke (1963), da Universidade de Yale (Estados Unidos), com um riquíssimo acervo de livros raros e manuscritos, bem como a Biblioteca Alexandrina (2002), em Alexandria, no Egito, e a Biblioteca de Tianjin Binhai, na China, inaugurada em 2017, em uma área de 33.700 m², distribuída em cinco andares, que poderá armazenar até 1 milhão e 200 mil livros.

A Biblioteca do Congresso Americano dos Estados Unidos, criada em 1800 pelo então presidente John Adams, passou por guerra e incêndio e tornou-se uma biblioteca de depósito legal em 1870. Seu prédio neoclássico ocupa três edifícios. É uma biblioteca de pesquisa e seu acervo total não pode ser consultado pelo público em geral. Atualmente, esse acervo compreende mais de 160 milhões de itens: livros, mapas, filmes, vídeos, objetos, fotos, gravações de áudio, quadrinhos, documentos oficiais, jornais, discos, manuscritos, a maior coleção de livros raros da América do Norte e um exemplar da *Bíblia* editada por Gutenberg. Recebe anualmente quase 2 milhões de novos itens para suas coleções, que podem ser lidas em mais de 450 línguas, inclusive o português do Brasil. Em seu portal eletrônico, já existem mais de 17 milhões de itens registrados.

Mas a história das bibliotecas contém páginas de luto pelos livros e prédios queimados por diferentes razões. Fazem parte dos episódios dessa sanha destruidora a Biblioteca de Alexandria, a de Tenochtitlán – destruída pelos espanhóis –, a da Capadócia, a da Catalunha, a chinesa destruída pelo Imperador Qin, a dissolução dos mosteiros na Inglaterra e de seus códices e rolos, tornados em cinzas.

Novos incêndios e vandalismo ganham foros de crueldade no século XX: "novas maneiras de destruir livros e de instrumentalizar essa destruição foram testadas e aperfeiçoadas" (Battles, 2003, p. 157). Entram nesse rol macabro a biblioteca de Louvain, na Bélgica; as bibliotecas dos mosteiros do Tibete destruídas pelo Exército de Libertação do Povo da China; livros destruídos pela Revolução Cultural de Mao Tse Tung, na China; a biblioteca de Tamil, no Sri Lanka, a biblioteca e os arquivos da Babilônia vandalizados e destruídos pelas tropas dos Estados Unidos em 2004. Talvez o mais conhecido episódio tenha sido o das fogueiras de livros durante a Segunda Guerra Mundial, patrocinadas pela Alemanha. Aí não estava em jogo apenas a caça de livros sediciosos, mas a intenção de destruir a cultura judaica, o que culminou em livros queimados ou roubados, bibliotecas particulares destruídas etc. No entanto, como pequenas chamas de liberdade, bibliotecas diminutas existiram até nos campos de concentração, em um ato de resistência silenciosa e sempre pronta a renascer. Não importava se eram livros velhos, desgastados, até sem páginas: eram labaredas do espírito humano.

A Biblioteca Nacional e Universitária da Bósnia, localizada em Sarajevo, passou à história por duas razões opostas: a primeira delas, positiva, é que sua edificação imponente abrigava 1 milhão e meio de livros, um acervo considerável e valioso; a segunda razão, negativa, é que, na guerra contra a Sérvia, seu valor e sua imponência a tornaram alvo de um bombardeio noturno, que a incendiou e destruiu.

Livros voando pelos ares

Muitos habitantes de Sarajevo acorreram à biblioteca, dando início a um esforço brutal para resgatar os livros das chamas, que avançavam, e retirar os sobreviventes do edifício. [...] Câmeras no interior do edifício mostraram um inferno devastando o espaçoso saguão central, o ar cheio de fumaça e fragmentos de páginas carbonizadas. [...] Os esforços continuaram por vários dias. Um dos comandantes da brigada de incêndio lembraria, dias mais tarde, ter visto livros voando pelos ares, por cima da biblioteca. Testemunhas disseram que os quintais de suas casas ficaram cobertos pela cinza de papel liberada pelo incêndio.

FONTE: Battles, 2003, p. 184.

Um fenômeno atual sobre o qual Robert Darnton escreveu é o de microfilmagem dos acervos impressos, particularmente de coleções de periódicos. Tão logo estes são filmados, as bibliotecas, de modo geral, destroem ou vendem os originais em papel. Darnton tomou como base um artigo publicado por Nicholson Baker intitulado "Dobradura dupla: bibliotecas e o ataque ao papel", publicado em 2001. Ao combater essa prática que, em tese, visaria diminuir o peso e economizar os espaços de armazenamento de impressos, Baker apresenta objeções a esse procedimento: o papel é mais durável do que a celulose dos microfilmes; em pouco tempo os microfilmes apresentam bolhas, manchas e odores desagradáveis; os bibliotecários transformaram a necessidade de espaço em uma ideologia; e a preservação se transformou em destruição brutal. Além disso, a violenta e desnecessária destruição dos originais saiu muito cara – as coleções de jornais foram vendidas a comerciantes que inflacionaram os preços e obtiveram altos lucros (Darnton, 2010).

Mesmo na irrestrita defesa do livro impresso, em 2012, Robert Darnton, como diretor da Biblioteca da Universidade de Harvard, nos Estados Unidos, integrou a comissão diretora do Projeto da Biblioteca Pública Digital da América (ou Digital Public Library of America – DPLA, em inglês). O objetivo central do projeto é digitalizar livros e arquivos existentes em museus, bibliotecas e outras instituições que mantenham documentos sobre a memória do país. Atualmente, a DPLA tem mais de 2 milhões de itens digitalizados e abertos à consulta de todos.

No decorrer desses anos de atuação, surgiram problemas relativos a direitos autorais: argumentou-se que havia uma duplicação de objetivos e objetos, porque o Projeto Gutenberg também realizava esse tipo de tradução para linguagens tecnológicas.

Ainda houve queixas quanto ao esquecimento de questões de leitura: não havia preocupação com o desenvolvimento cognitivo de leitores infantis ou idosos, como o preparo de leitores sem conhecimento tecnológico para o acesso a essa documentação. Uma forte reclamação é que o projeto angaria financiamentos de peso que poderiam ser distribuídos também para outras bibliotecas públicas dos Estados Unidos.

    Conhecendo-se o histórico das bibliotecas, é possível identificar em seu desenvolvimento uma caminhada que acompanhou a evolução da arquitetura, dos modos de ler e das necessidades sociais e pessoais de se ter acesso ao conhecimento e às manifestações das diferentes artes. Por vezes, nem sempre foi a condição de ter o maior acervo o que realmente importou para uma comunidade, mas seu acesso irrestrito, a possibilidade de espaços adequados para a leitura e a pesquisa e a amplitude de linguagens e de tecnologias que preservam o acervo e representam o evoluir da humanidade.

Síntese

Neste primeiro capítulo, apresentamos informações sobre o surgimento da escrita e de seus suportes na Antiguidade, em regiões como a Grécia, a Mesopotâmia, o Egito, a vastidão do Império Romano, a China, o Japão, o Oriente islâmico e a América pré-colombiana. Nesse panorama, abordamos assuntos como grafia, materiais de escrita, invenções, produtos próximos e distantes do que veio a ser o livro como hoje o conhecemos.

Trata-se de conquistas importantes que apareceram em lugares diversos e, em razão da mobilidade dos povos, foram se disseminando pelo mundo conhecido, como a fabricação do papel, o comércio do papiro e do pergaminho e as primeiras técnicas de impressão. Nessa evolução, foram sendo construídos valores e utilidades para os escritos e seus registros.

Destacamos a Idade Média europeia e a passagem do códice ao livro, em especial com o advento da imprensa e da invenção de Johannes Gutenberg em meados do século XV. Também tratamos do trabalho dos monges copistas, bem como da atividade intensa dos mosteiros e das abadias, que levou à existência de bibliotecas e à valorização dos livros, lidos em voz alta nos rituais religiosos e nos momentos de meditação.

Além disso, os modos de ler – em voz alta ou silenciosamente – acabaram por influir na própria apresentação gráfica dos livros, em particular na pontuação e na separação de palavras e parágrafos. Essa mudança visual contribuiu para facilitar a leitura e expandir gradativamente o número de leitores.

Calcula-se que 27 mil novos títulos tenham sido publicados nos 50 anos posteriores à edição da *Bíblia* de Mogúncia por Gutenberg, principalmente pela expansão de tipografias em diferentes regiões da Europa. Também o aparecimento dos jornais impressos e das edições baratas de livros colaborou para a popularização do livro impresso. O crescimento do número de leitores, por sua vez, decorreu das transformações vividas pelas escolas, pela pedagogia, pela ciência e pela sociedade, que se tornou menos aristocrática e mais burguesa.

Como vimos, esse desenvolvimento todo não aconteceu sem oposições: muitos foram os momentos da história em que livros foram queimados por razões ideológicas ou religiosas, o que paradoxalmente revela que a violência tenta conter o poder do livro e da leitura.

Em um passo a passo das repercussões dos livros impressos pós-Gutenberg, este capítulo chegou à grande revolução digital de nosso tempo. Foram apresentadas características de modos de ler até então desconhecidos, de suportes, de bibliotecas virtuais e, principalmente, da disseminação mais abrangente, diversificada e numerosa de textos multimodais em tecnologias em constante mutação após o final do século XX.

O texto digital propõe mudanças radicais nos suportes textuais e na sobrevalorização da imagem. As bibliotecas digitais, com potencialidade infinita de acervo, hoje armazenam vídeos, filmes, partituras, jogos virtuais, fotos, narrativas orais, quadros, acervos digitais de museus, objetos e um inumerável catálogo de itens que registram a complexidade da cultura atual.

Atividades de autoavaliação

1. Analise as afirmativas a seguir e indique V para as verdadeiras e F para as falsas:
   ( ) O que definia se a leitura seria realizada da esquerda para a direita e em linhas ou da direita para a esquerda e em colunas era a vontade dos sacerdotes e dos escribas.

( ) A origem da escrita é atribuída à necessidade de registrar a história dos reis, os rituais religiosos, as leis e as informações do comércio.

( ) No início da história da escrita, havia uma hierarquia entre os textos de acordo com os materiais utilizados: pedras e madeira eram materiais nobres, usados para textos importantes; cascas de árvore, barro e papiro serviam apenas para registros comerciais e mensagens cotidianas.

( ) A escrita nasceu em regiões da Europa e foi trazida às Américas por espanhóis e portugueses, que destruíram as numerosas escritas dos povos nativos.

( ) Os livros como os conhecemos hoje nasceram no Império Romano em formato de códice, inventado pelos cristãos.

2. Relacione as duas colunas segundo as informações sobre a Idade Média europeia:

(1) Clero   ( ) Copistas
(2) Nobres   ( ) Iluminuras
(3) Bibliotecas   ( ) Livros acorrentados
(4) Conteúdo dos códices   ( ) Mecenas
                   ( ) Produzem erros e enxertos
                   ( ) Leitura em voz alta
                   ( ) Grego, latim e hebraico
                   ( ) Na maioria, analfabetos
                   ( ) Pergaminho
                   ( ) Salas de leitura
                   ( ) Atril

3. Quais são as funções e os modos da escrita?
   I. Ela serve exclusivamente para a comunicação entre os indivíduos.
   II. A escrita foi fator de distinção entre nobres, escribas, sacerdotes e camadas populares da sociedade.
   III. Historicamente, a escrita serviu – e serve ainda – como registro de fatos, ideias, expressão pessoal, conteúdos diversos e arte.
   IV. Antigamente, a escrita poderia estar em materiais os mais diversos: da pedra ao papel, do papiro ao pergaminho, da tabuinha de barro ao mármore ou ao bambu.
   V. Ela se constitui, atualmente, no instrumento mais completo de expressão das ideias humanas.

   Agora, assinale a alternativa que apresenta as assertivas que respondem corretamente à questão proposta no enunciado:
   a. I, II e IV.
   b. II, III, IV e V.
   c. III, IV e V.
   d. I, II, III e IV.
   e. II, III e IV.

4. Analise as afirmativas a seguir e indique V para as verdadeiras e F para as falsas:
   ( ) A escrita arábica é lida da direita para a esquerda e utiliza 18 letras consonantais.
   ( ) As bibliotecas romanas tinham efetivamente o desempenho de bibliotecas públicas, abertas aos usuários.
   ( ) Atribui-se erroneamente a invenção do papel a T'Sai (ou Chai) Lun, em 105 d.C., no Japão.

( ) A escrita cuneiforme é uma forma de registro gravada em tabuletas de argila e com letras cortadas por um estilete.
( ) A literatura no Egito Antigo era composta por fábulas, sagas históricas, hinos aos deuses e aos reis, preceitos morais, canções de amor, poesia épica e histórias de aventuras.
( ) Johannes Gutenberg inventou o papel e a prensa com tipos móveis no século XV, na Alemanha.

5. Analise as afirmativas a seguir sobre a história e as características do livro digital.

I. O aparecimento do livro digital em 1971 ocorreu no Projeto Gutenberg, fundado por Michael Hart na Universidade de Illinois, nos Estados Unidos.

II. Os livros e textos digitais permitem mais facilmente a propagação de textos sem autoria, as falsas atribuições de autoria, os plágios e as falsidades.

III. A mais conhecida e respeitada biblioteca da Antiguidade estava na cidade de Alexandria, no litoral norte do Egito, banhada pelo mar Mediterrâneo.

IV. As bibliotecas localizadas nos monastérios estavam protegidas de incêndios e da umidade em razão das grossas paredes de pedra dos edifícios, bem como do ambiente iluminado e arejado das salas em que se localizavam os livros.

V. Umberto Eco e Jean-Claude Carrière afirmaram sua crença na sobrevivência do livro impresso, apesar das aparentes vantagens do livro digital.

Agora, assinale a alternativa que apresenta as afirmativas corretas:
a. I, II e IV.
b. III, IV e V.
c. II e III.
d. I, II, III e V.
e. II, III e IV.

Atividades de aprendizagem

Questões para reflexão

1. Ao visitar uma biblioteca pública nos dias de hoje, quais são os comportamentos, os modos de ler e os tipos de livros que você associa à Antiguidade e à Idade Média pela semelhança e pela diferença?

2. Com um livro qualquer em mãos, imagine as transformações pelas quais o volume passou para chegar à forma atual. Depois, descreva e desenhe essas conquistas, como se você as estivesse explicando para uma criança.

3. Descreva qual seria sua biblioteca ideal. Procure responder a questões como: Onde? Como? Por quê? Para quê? Quem? Para fazer o quê?

Atividade aplicada: prática

1. Organize uma entrevista com um(a) bibliotecário(a) ou um(a) atendente de biblioteca que trabalhe em atividades de atendimento a leitores, como empréstimos, contação de histórias, orientação de leitura e clube do livro. Elabore um questionário com, ao menos, cinco questões. Elas devem tratar de tipos de leitores, de livros mais procurados, de gostos e interesses dos leitores, de dificuldades para conquistar novos leitores, de acervos (compras, descartes, perdas), de substituição de livros por textos digitais etc. Com essas respostas, escreva um pequeno texto em que você analise os resultados obtidos e proponha soluções e melhorias.

{

um   História dos livros e das bibliotecas
dois O livro e a sociedade
três   A história do livro no Brasil
quatro Leitura e bibliotecas na história do Brasil

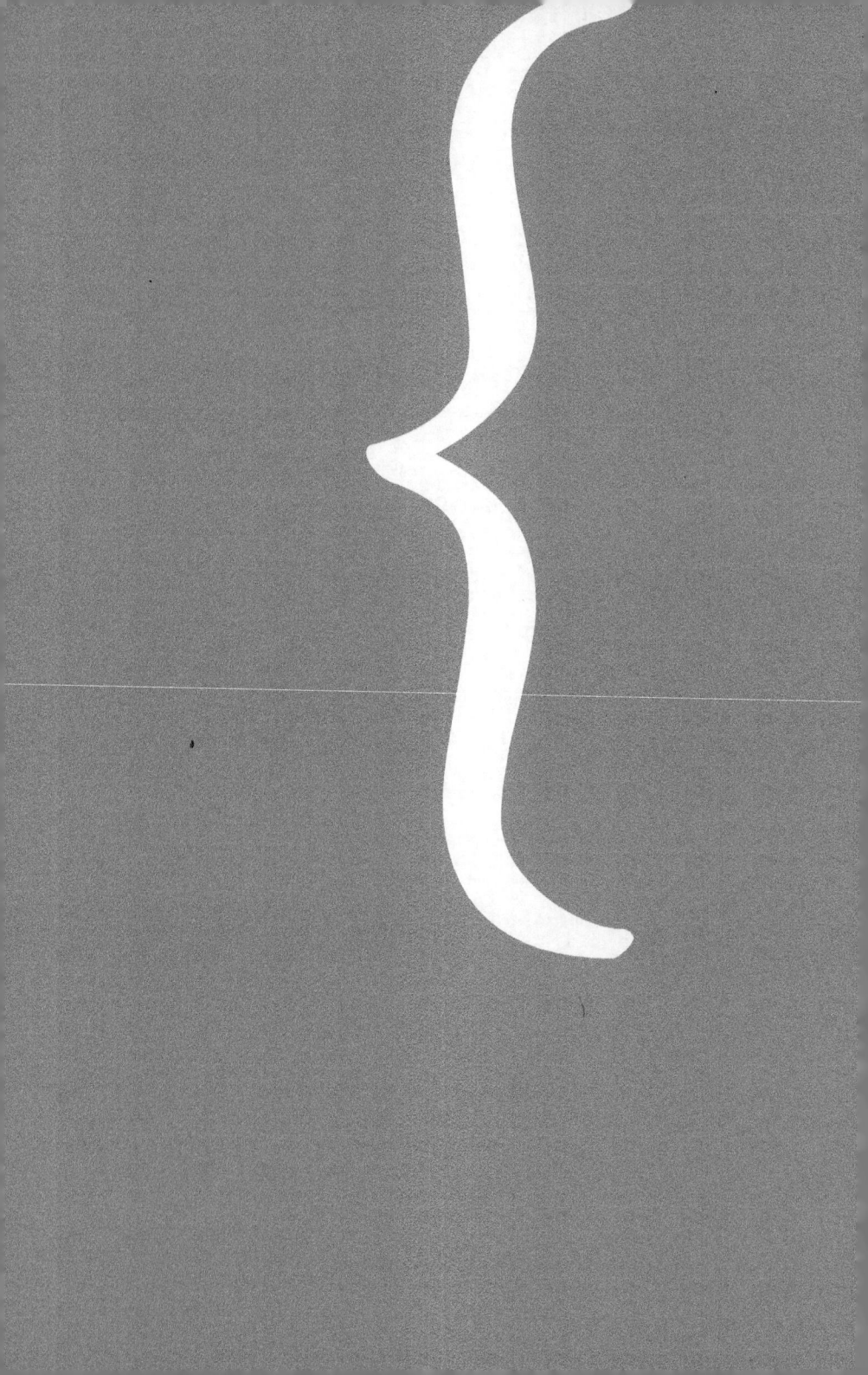

❰A ESCRITA, NOS mais diferentes suportes em que se apresentou desde tempos muito remotos, foi aos poucos configurando o que hoje chamamos de *mundo civilizado*. Ele se mostra no trânsito ininterrupto de textos em diversos suportes que alavancam o conhecimento, que espalham democraticamente ideias e lições, que colocam em contato culturas, saberes e ideologias, que incorporam polêmicas e visões diferentes, que deixam materializados os pensamentos dos povos em objetos legados às gerações futuras, que fixam o passado, movimentam o presente e propõem futuros utópicos ou não. É na circularidade de seus agentes (entre eles, escritores, editores, divulgadores, mediadores e leitores) que os livros podem atestar, demonstrar e registrar a longevidade da história humana no planeta. Essa história obedece a conjunções temporais, espaciais e até casuais. Muitos elementos transformaram a função e os modos de ler livros na sociedade à medida que o tempo cumpria seu inexorável caminhar.

Conhecer o passado e as mudanças que ocorreram nessa relação ajuda a compreender e dimensionar o presente. Portanto, as gerações que nos sucederão, conhecendo os valores que atribuímos à leitura e à escrita atualmente, dirão de nossos erros e acertos.

doispontoum
As funções dos livros crescem e se modificam no decorrer do tempo

Ao procurar descrever as funções exercidas pelos livros no decurso da história, qualquer estudioso se depara com um território de informações esparsas e lacunares. Segundo Robert Darnton (2010, p. 205), um relevante pesquisador dessas questões na atualidade, "a leitura permanece o estágio mais difícil de estudar em todo o circuito do livro". Isso porque a materialidade dos documentos e dos registros que comprovem a reação dos leitores e seus modos de ler é esgarçada: encontra-se em anotações marginais, cartas, relatos orais gravados de alguma maneira, biografias de leitores, diários, relatos de formação educacional e moral, depoimentos, reportagens, entrevistas etc. O problema é que essas informações estão em situações e registros voláteis e/ou dispersos.

De todo modo, é possível afirmar que a história da leitura começa, paradoxalmente, pela onipresença da oralidade na cultura de todos os povos, e a escrita veio posteriormente. Platão bem descreve o momento e as possíveis consequências da introdução da escrita na cultura por meio de um relato mítico registrado em sua obra *Fedro*:

> SÓCRATES: – Bem, ouvi dizer que na região de Náucratis, no Egito, houve um dos velhos deuses daquele país, um deus a que também é consagrada a ave chamada íbis. Quanto ao deus, porém, chamava-se Thoth. Foi ele que inventou os números e o cálculo, a geometria e a astronomia, o jogo de damas e os dados, e também a escrita. Naquele tempo governava todo o Egito, Tamuz, que residia ao sul do país, na grande cidade que os egípcios chamam Tebas do Egito, e a esse deus davam o nome de Amon. Thoth foi ter com ele e mostrou-lhe as suas artes, dizendo que elas deviam ser ensinadas aos egípcios. Mas o outro quis saber a utilidade de cada uma, e enquanto o inventor explicava, ele censurava ou elogiava, conforme essas artes lhe pareciam boas ou más. Dizem que Tamus fez a Thoth diversas exposições sobre cada arte, condenações ou louvores cuja menção seria por demais extensa. Quando chegaram à escrita, disse Thoth: "Esta arte, caro rei, tornará os egípcios mais sábios e lhes fortalecerá a memória; portanto, com a escrita inventei um grande auxiliar para a memória e a sabedoria." Responde Tamuz: "Grande artista Thoth! Não é a mesma coisa inventar uma arte e julgar da utilidade ou prejuízo que advirá aos que a exercerem. Tu, como pai da escrita, esperas dela com o teu entusiasmo precisamente o contrário do que ela pode fazer. Tal coisa tornará os homens esquecidos, pois deixarão de cultivar a

> memória; confiando apenas nos livros escritos, só se lembrarão de um assunto exteriormente e por meio de sinais, e não em si mesmos. Logo, tu não inventaste um auxiliar para a memória, mas apenas para a recordação. Transmites para teus alunos uma aparência de sabedoria, e não a verdade, pois eles recebem muitas informações sem instrução e se consideram homens de grande saber, embora sejam ignorantes na maior parte dos assuntos. Em consequência, serão desagradáveis companheiros, tornar-se-ão sábios imaginários ao invés de verdadeiros sábios. (Platão, [s.d.], p. 841-842)

Sem ter ainda o formato de livro, a escrita já trazia em sua origem um conflito potente: a memória e a oralidade *versus* a escrita e seus suportes. Transitando entre uma e outra, havia o saber. Emitindo uma avaliação adequada ao seu tempo, Platão duvida que a invenção da escrita beneficie os leitores: ela apenas criará uma ilusão. O filósofo grego ressalta, pois, a oposição expressa por Tamuz: é preciso "inventar uma arte e julgar a utilidade ou prejuízo" que trará aos leitores. Portanto, desde sua origem mítica e mesmo tendo sido inventada por um deus, a arte da escrita não pode ser avaliada em si, porque ela é inseparável de sua recepção. Ela, além do mais, nas palavras do rei, não servirá como auxiliar do registro na memória, na qual a oralidade tem sua base perene: apenas servirá para a recordação, isto é, para trazer de volta a expressão previamente decorada. O núcleo do verbo *recordar* está em *cor*, que significa "coração" em latim. Recordar é trazer à voz o que está já fixado no coração, que foi considerado por longo tempo o repositório da memória.

Estão postos por Platão os elementos que servirão de roteiro para a evolução da tríade indiscutível do processo de ler: o autor, o texto e o leitor. Nela está a concorrência entre a oralidade e a escrita, que perdura durante toda a história do livro e põe em questão, de um lado, a funcionalidade ou não dos escritos para as sociedades que dominam algum tipo de escrita e, de outro, a permanência ou não dos valores culturais por meio da oralidade, que se soma aos suportes textuais.

> ### Desde o início, a presença do leitor
>
> Para Sócrates, o texto lido não passava de palavras, nas quais signo e significado sobrepunham-se com precisão desconcertante. Interpretação, exegese, glosa, comentário, associação, refutação, sentido alegórico e simbólico, tudo advinha não do próprio texto, mas do leitor. O texto, como um retrato pintado, dizia somente "a lua da Atenas": era o leitor quem lhe atribuía uma face de marfim cheia, um céu escuro profundo, uma paisagem de ruínas antigas.

FONTE: Manguel, 1997, p. 77.

Na origem da escrita, como vimos no Capítulo 1, predominam textos religiosos, os de censo agrícola ou os de transações comerciais. Cada qual com seus objetivos, mas impregnados todos do desejo de registro, de marca para o presente e o futuro. Aos poucos vão se agregando ao repertório os tratados militares, de agricultura, de astronomia, de caráter técnico e a literatura.

A cultura grega deu a esse conjunto de diversidade textual organicidade, suportes tecnológicos de escrita (em especial o papiro e o pergaminho) e uma língua rica e musical que favoreceu a expressão literária, além de um alfabeto – herdado dos fenícios – que, por sua flexibilidade, ofereceu aos escritores condições de construir uma valiosa produção em volumes que se multiplicavam e diversificavam rapidamente. Como resultado, a herança cultural grega se expandiu e marcou indelevelmente toda a cultura mundial.

As grandes bibliotecas antigas não eram, entretanto, locais de leitura. Eram mesmo repositórios de obras, geralmente rolos de papiro. A leitura acontecia na intimidade das casas, com exceção da oratória e do teatro, artes de expressão dos textos pela voz.

Entre os romanos, a relação entre obras e leitores tinha um caráter mais pragmático. Os textos eram, acima de tudo, documentos, relatos oficiais, elogios fúnebres e livros de oráculos. Mais tarde, a literatura dramática grega (tragédias e comédias) foi introduzida no Império Romano, por volta dos séculos II a.C. e I a.C., e deu origem à literatura latina. A leitura se desenvolveu nas famílias de classes privilegiadas, assim como a posse de bibliotecas particulares.

O avanço da alfabetização em Roma durante o período imperial trouxe consigo uma alteração nas práticas de leitura, e a cultura passou a ter uma expansão para além do território de Roma. Para que se tenha uma ideia dos tipos de texto que circularam na vasta região dominada pelos romanos, basta observar a enumeração a seguir:

cartazes erguidos nos cortejos e que se referem a ex-voto ou a campanhas de guerras vitoriosas, libelos e prospectos em verso ou em prosa distribuídos em lugares públicos com finalidades polêmicas e difamatórias, fichas com legendas, tecidos escritos, calendários, documentos com reclamações, cartas, mensagens [...] a documentação, civil e militar, e a ligada à prática jurídica. (Cavallo; Chartier, 1998, p. 17)

Além dessa escrita cotidiana e utilitária, havia as inscrições em monumentos e em lápides, bem como os *grafitti* espalhados em abundância pelas cidades. A partir do século III da Era Cristã, o aumento dos textos produzidos e do número de leitores foi impulsionado também pelos textos religiosos do cristianismo. Com o advento do códice e do pergaminho, estavam criados os novos alicerces materiais e a consequente mudança no modo de ler. Esse arcabouço que se instalou no século III adentrou toda a Idade Média, dos séculos V ao XV. O que se verifica é que a preponderância dos textos religiosos cristãos passou a ocupar cada vez mais o centro de criação de livros e de leitura. O livro, como objeto cultural, alcançou um estatuto de relevância principalmente em Constantinopla (a antiga Bizâncio), a capital do Império Romano do Oriente, que desapareceu em 1453 com a vitória dos otomanos.

No Ocidente, a leitura de textos literários diminuiu sensivelmente, dada a intensa penetração dos textos cristãos. Aos poucos, os mosteiros e as igrejas assumiram papel de destaque, seja na criação de livros – os monges copistas se espalharam por toda a cristandade –, seja nas leituras, que passaram também a ser privilégio dos claustros, das celas dos monges e das escolas religiosas. A leitura voltou a ser praticada por poucos, em especial por aqueles ligados à Igreja Católica.

O que se observa no decorrer da história até a Alta Idade Média (séculos V a X) no Ocidente é a predominância – quando não a existência única – da leitura em voz alta. Isso ocorreu por diferentes razões. A primeira delas foi o número muito reduzido de pessoas suficientemente alfabetizadas, estabelecendo-se a necessidade de que os alfabetizados lessem em voz alta para os demais. A segunda foi a preocupação da Igreja Católica com a fidelidade ao texto lido – em particular no que diz respeito aos textos doutrinários. A leitura em voz alta impedia interpretações pessoais, desvios de escrita, erros de informação. O texto escrito adquiria, portanto, um valor sagrado e insubstituível. Uma terceira justificativa, relacionada ao formato escrito dos textos e à língua utilizada – o latim –, é descrita nas palavras de Roger Chartier (2001, p. 41):

> *parece que há duas histórias que se repetem: a história que vai da leitura em voz alta à leitura silenciosa no mundo antigo, a partir da Grécia arcaica e clássica até o final do Império Romano; e aquela em que, pela segunda vez, o Ocidente teve que conquistar (sem saber que o que fazia era reconquistar) a leitura silenciosa em uma situação em que a leitura em voz alta era necessária. Fundamenta-se isso na Alta Idade Média quando a língua dos textos não era a língua vernácula dos leitores; e a dificuldade de ler sem vocalizar um texto em língua latina apresentado sem separação entre as palavras – que é o*

caso dos manuscritos dos séculos V a VIII – implicava quase necessariamente que o leitor o lesse em voz alta. O que era possível entre os romanos, ler em silêncio um texto sem separações entre as palavras (porque sua língua era a língua do texto), transforma-se em uma impossibilidade para os leitores na Irlanda, Inglaterra ou nos territórios da atual França, que falavam uma língua que já não era a língua do texto.

A leitura em voz alta era facilitada com o uso de alguns recursos gráficos: "as primeiras linhas das seções principais de um texto (os textos da Bíblia, por exemplo) eram comumente escritas com tinta vermelha, assim como as rubricas ('vermelho' em latim), explicações independentes do texto propriamente dito" (Manguel, 1997, p. 67).

É com Santo Agostinho de Hipona (354-430 d.C.) que surge, "pela primeira vez, uma nítida distinção entre a leitura em voz alta e a leitura silenciosa, entre a palavra escrita como voz humana e a palavra escrita como meio em si" (Fischer, 2006, p. 82). Essa distinção nasce de uma compreensão da natureza do alfabeto. Para Santo Agostinho (citado por Fischer, 2006, p. 82),

> *as letras do alfabeto constituíam "símbolos de sons" que eram, por sua vez, "símbolos de coisas em que pensamos". Para ele, tais letras haviam sido "inventadas para que pudéssemos conversar até com o ausente". A leitura, portanto, constituía uma conversa com o ausente: por meio dela, escutava-se a palavra proferida por alguém que não estava presente.*

É possível perceber que, nessa concepção, a relação do leitor com a obra, mais do que um formato autoritário, tinha um formato dialógico, isto é, o texto utilizava o leitor como seu tradutor, como um intermediário. A forma dialógica pressupõe a conversa em igualdade, e a leitura em voz alta funcionava até o momento como uma espécie de vigilância coletiva para que o escrito revivesse com fidelidade, para que não houvesse possibilidade de intervenção do leitor e alterações. O texto escrito representava sons, não uma ausência falante. Na condição de som, pedia para ser ouvido; na de ausência, pedia interação, presença e resposta.

A existência e a aceitação de pessoas lendo sozinhas e em silêncio configuram um salto qualitativo na história da leitura, porque permitiram que o pensamento pudesse agir com certa liberdade, o que a leitura em voz alta impedia, visto que era meramente reprodutiva. A passagem da leitura oral para a leitura silenciosa, um marco na evolução do ato de ler, ocorreu no começo do século IX.

No período da Alta Idade Média, a leitura envolvia quatro funções dos estudos gramaticais: *letio, emendatio, enarratio* e *judicium*. De forma simplificada, trata-se, respectivamente, de: decifração do texto; correção ou alteração do texto; reconhecimento das características e interpretação do conteúdo; e avaliação estética, moral ou filosófica do texto (Parkes, 1998, p. 103). Como é possível observar, essas atividades abrangiam um espectro amplo da questão da leitura que, até hoje, pertence às práticas leitoras. Existe mesmo uma perspectiva semelhante: a leitura tem, na atualidade, fases de reconhecimento e fases de interpretação judicativa, indo do mais concreto ao mais abstrato. Uma das funções, aliás, a *emendatio*, era própria da época, pois consistia em corrigir e até alterar os manuscritos que, tendo passado por cópias de diferentes copistas, traziam em seu corpo textual erros de transcrição e alterações do texto copiado. Era uma função semelhante à de revisão textual, que existe, por exemplo, nas editoras atuais.

Uma contribuição importante para a concretização da leitura, seja oral, seja silenciosa, refere-se às modificações introduzidas na apresentação dos textos. Foram os copistas ingleses e irlandeses que, ao considerarem a visibilidade da língua latina escrita, quebraram a tradição da escrita contínua – isto é, sem separações lexicais, sem pontuação e totalmente em maiúsculas – e a alteraram para uma apresentação de palavras separadas, isoladas por espaços em branco, e com pontuação reconhecível, que indicava as ênfases, as modulações de sentido, o início do texto, do fragmento ou da seção. Esse procedimento trouxe maior legibilidade aos textos e maior facilidade de aprendizagem, multiplicando leitores.

Os copistas irlandeses também trouxeram a contribuição do uso de letras minúsculas, denominadas *minúsculas carolíngias* – em referência ao Imperador Carlos Magno (742-814). A escrita em minúsculas e em três alturas – ascendentes (como *d* e *t*), padrão (como *c* e *n*) e descendentes (como *q* e *p*) – facilitou a identificação de palavras por meio de sua visualidade, modificando a leitura dos códices medievais.

Essas alterações não foram totalmente positivas, porque, conforme o grau de conhecimento da língua originária do texto escrito – geralmente o latim, mas também o grego e o hebraico –, a divisão das palavras se alterava de um copista para outro.

Tão importante era o conhecimento da língua latina que apenas aquele que a soubesse ler podia ser considerado um *litteratus*, ou seja, alguém capaz de acessar o conhecimento e de difundi-lo em sua comunidade (Fischer, 2006). Também interferia na apresentação o fato de o latim estar originando novas línguas (francês, italiano, espanhol, português, entre outras); o conhecimento delas complicava a leitura e acentuava a ruptura com a escrita contínua.

Parkes (1998, p. 114) exemplifica a introdução de pontuações (com função diferente das atuais) em um fragmento reproduzido de *A cidade de Deus*, de Santo Agostinho: "sicut ipsa eiusdem noe. & uinee & ex eius fructu inebriatio.&dormientis nudatio. & que ibi cetera facta [...]. Então o plantar da vinha pelo próprio Noé; e sua embriaguez pela fruta. e sua nudez enquanto dormia. e todas as outras coisas que foram feitas [...]". O que chama a atenção no fragmento é o uso do ponto final em meio de frase. Segundo Parkes (1998), sua função era indicar uma pausa dentro da sentença, não sua finalização. Quem incluía essa pontuação era um corretor, que, ao fazê-lo, expressava sua interpretação do texto. Por isso, o teórico afirma que "a aplicação de sinais de pontuação permitiu transportar a análise hermenêutica para a página, com o objetivo de ser entendida pelo leitor como sendo parte do processo de leitura em si mesmo" (Parkes, 1998, p. 115). A pontuação e a divisão das palavras também tiveram efeito sobre a maior independência da linguagem escrita em relação à oralidade, uma vez que a facilidade de ler deu ao escrito maior relevância (Cavallo; Chartier, 1998).

Posteriormente surgiram as divisões do texto em capítulos e seus títulos, a divisão em parágrafos, as tabelas e os índices.

Todos esses procedimentos visavam facilitar a leitura, criar uma ordenação do processo e favorecer a compreensão do que se lia. Mesmo lendo silenciosamente, contudo, os leitores medievais não se afastaram da oralidade; individualmente ainda pronunciavam de forma silenciosa as palavras vistas em um texto. Seriam necessários alguns séculos mais para que a leitura em voz alta fosse substituída quase integralmente. Até o século XIV, reis e nobres franceses analfabetos ainda dependiam de que alguém lesse para eles (Cavallo; Chartier, 1998).

Mas é no âmbito das escolas, dos mosteiros e das universidades que a leitura ganha seu espaço mais fundamental, tendo em vista que esses locais se constituem em ambientes de aprendizado, em especial dos textos clássicos e das escrituras católicas. É relevante salientar que o verbo latino *legere* tinha, no século XII, dupla definição: "ensinar" e "ler" (Hamesse, 1998, p. 125). A associação entre essas ações se confirmou com o passar dos séculos e até hoje mantém a tradição: a leitura continua a ser responsabilidade da escola e base do conhecimento que, no caso do Brasil, ainda está fundamentalmente confinado às salas de aula. Mesmo diante dos avanços tecnológicos e de teorias da educação que pregam o protagonismo do aluno em seu aprender, na realidade brasileira, *ensinar* e *ler* são verbos compostos e unidos.

Outro entendimento da dupla face da leitura (ensinar e ler) pode ser atribuído ao fato de que o conhecimento, armazenado durante os séculos anteriores em livros, sai deles para os cérebros e as práticas humanas por intermédio do ato de ler. Ver as letras emite sinais ao cérebro tanto para a decodificação quanto, simultaneamente, para a interpretação, o julgamento, as emoções e os sentimentos.

As conquistas valiosas do período da Alta Idade Média revolucionaram a forma de ler e o desenho gráfico dos livros que começavam a circular de maneira mais abundante no período da Baixa Idade Média (séculos XI a XV) na Europa. Uma das primeiras manifestações dessa expansão foi a transferência dos livros e da leitura dos mosteiros e dos castelos para a vida pública, por meio da utilização de cartas, de documentos civis, de contas e de escrituras e pela necessidade de expressar o imaginário, ou seja, a literatura. Assim, nesse processo surgiram os menestréis e os trovadores, os quais divulgavam, em sua atividade viajante, um modo romântico de entender as relações amorosas. A poesia lírica romântica passou, desse modo, a integrar a vida dos nobres em seus castelos e da população em feiras e mercados. Mesmo que impedidos de receber os sacramentos da Igreja Católica, os trovadores disseminavam seus versos; primeiramente na região da Espanha, depois no sul da França e, por fim, em toda a Europa.

Marcante foi a passagem da língua dos versos em que se expressavam: do latim vulgar para as línguas regionais, vernáculas. É verdade que a oposição latim/vernáculo continuou por muitos séculos ainda e marcou também uma oposição de culturas: de um lado, a cultura erudita dos clássicos e, de outro, as formas populares nascentes. O romance em versos, as elegias, as cantigas eram entoados, mais do que cantados. E logo se somou à forma oral anônima uma escrita com autoria, isto é, a obra poética passou a ter autores, a formar ciclos de heróis e sagas, embora ainda em forma estilizada, como no início do século XIII.

Em termos de leitura, o século XI ainda apresentava uma predominância de imagens. As ilustrações, a decoração das igrejas e dos castelos, a tapeçaria e a cerâmica contavam histórias para públicos iletrados. Com o desenvolvimento da poesia e dos romances em verso e com o aumento de publicações – já com a presença do papel, trazido dos chineses à Europa por intermédio dos muçulmanos –, a alfabetização também se expandiu. Consolidou-se, então, um círculo virtuoso: mais autores, mais livros, mais leitores, mais livros, mais leitores, mais autores. Esse movimento desembocou na revolução causada pela invenção de Gutenberg no século XV. Houve, portanto, a partir desse século, uma convergência de fatores que paulatinamente conduziu à expansão de livros e de leitores. Entre eles, destacam-se: o final do feudalismo como regime político; a secularização da cultura; a popularização dos textos pelo uso de línguas vernáculas; a aproximação da literatura aos temas populares; a circulação da riqueza; a força econômica das cidades; a evolução tecnológica dos métodos de impressão; e o aprimoramento da tecnologia do papel e da tinta, feita de produtos vegetais e minerais acessíveis.

Por consequência desse processo, em 50 anos, calcula-se que cerca de 27 mil títulos diferentes tenham sido impressos e que tenha havido uma demanda imensa por materiais de leitura. O papel substituiu quase integralmente o pergaminho, que ficou restrito, por exemplo, a documentos, diplomas, títulos e escrituras. Mais do que o número de livros e de leitores, é preciso acentuar que as práticas leitoras também se alteraram. Exemplo maior foi a leitura da *Bíblia*, livro sem o qual não se pode escrever uma história da leitura, que, ao longo da Idade Média, passou pela interpretação da Igreja e de seus agentes, os quais sempre buscavam associar termos denotativos à conotação espiritual. Daí deriva a interpretação das diferentes narrativas contidas nesse livro, como a parábola do Bom Samaritano.

Segundo Olson (1997, p. 162), "a história da leitura no Ocidente é em boa parte a história da leitura da *Bíblia*, embora [...] essa tradição tenha sido profundamente influenciada pelas tradições clássicas, árabe e judaica". A possibilidade de ler individualmente permitiu um relacionamento religioso mais direto com as palavras das Escrituras, favorecendo uma intensificação da experiência religiosa, não apenas entre os membros do clero, mas também entre os leigos. Ademais, vale mencionar que a leitura individual desembocou na divergência de Martinho Lutero (1483-1546) com a Igreja Romana e desse conflito emergiram a Reforma Protestante e o luteranismo.

Com a popularização dos escritos, a secularização dos assuntos e dos gêneros textuais se acentuou. Os campos de interesse dos leitores se alargaram. Surgiram, a partir da leitura individual, que escapou à censura da Igreja, os escritos heréticos, eróticos e políticos. Apareceram os livros contendo textos picantes e com muitas ilustrações e narrativas eróticas, como o *Decamerão*, do italiano Boccaccio (1313-1375).

No século XVI, em continuidade à evolução dos escritos, houve um desenvolvimento extraordinário das humanidades, como a filosofia, a história, a gramática, a literatura e as artes. Concorreram para esse novo momento a cosmologia de Copérnico (1473-1543); o protestantismo de Lutero; as descobertas do Novo Mundo e a viagem de circum-navegação; a evolução náutica; a recuperação e a divulgação de textos clássicos greco-latinos; o surgimento da burguesia mercantil; o fortalecimento dos impérios graças ao comércio e à colonização; e o desenvolvimento das artes plásticas, em especial da pintura. No que concerne aos livros e à leitura, o período entre os séculos XV e XVI, além de acentuar de forma marcante a leitura individual, fez crescer a procura livresca e deu origem a livreiros e livrarias, até mesmo especializados (livros jurídicos, livros religiosos, livros sobre humanidades, obras científicas). Algumas livrarias se estabeleceram intencionalmente próximo a igrejas, a universidades e ao Palácio da Justiça.

O individualismo, característico do período renascentista, trouxe consigo o aparecimento de livros autorais, em cuja capa se imprimia o nome do autor, procedimento que, na Idade Média, inexistiu. As obras eram coletivas ou anônimas. Nesse novo tempo, surgiram Chaucer (1340-1500) e Shakespeare (1564-1616) na Inglaterra; Cervantes (1547-1616) na Espanha; Dante Alighieri (1265-1321) e Maquiavel (1469-1527) na Itália; e Luís de Camões (1524-1580) em Portugal. Nas artes plásticas, foi o período das obras-primas de Leonardo da Vinci (1452-1519), Michelangelo (1475-1564) e Rafael Sanzio (1483-1520). Esses nomes representam o apogeu de suas respectivas artes.

Já o número de leitores, embora crescente, ainda não representava porcentagem significativa da população ocidental:

> *Apenas algumas centenas de milhares de europeus faziam cópias à mão, calculavam, reconheciam firmas, copiavam, estudavam e, com uma frequência menor, compunham. Cerca de cinquenta milhões de pessoas ainda estavam arraigadas a recursos orais tradicionais em todas as atividades cotidianas.* (Fischer, 2006, p. 198)

Se a quantidade de europeus leitores é relativamente pequena para a época, é relevante a forma como os leitores se relacionam com os livros. Na forma manuscrita dos copistas, o livro representa sempre a possibilidade de alteração no caso de novas cópias e de personalização, porque o texto já traz marcas da autoria – por exemplo, na caligrafia, nas iluminuras. Já o livro impresso é definitivo e impessoal, pois a prensa iguala todos os exemplares. A forma de personalização desse tipo de produto editorial é a marginália, isto é, as anotações feitas no texto impresso, seja no corpo da página, seja em suas margens. Essa passagem do texto impessoal fica a cargo do leitor, não mais do copista, não mais do autor. Cria-se, portanto, uma relação mais equilibrada entre autoria e leitura.

Contudo, a evolução do livro e da leitura na Europa não aconteceu de maneira tranquila: houve resistência dos que rejeitavam os livros impressos porque estes significavam o desaparecimento dos textos narrados ou declamados oralmente. Esses indivíduos recusavam até mesmo o ensino gramatical, por entender que ele representava uma forma de opressão do poder letrado sobre o povo ainda analfabeto.

Além disso, o advento da Inquisição espanhola estabeleceu o controle e a censura de publicações, em especial de certa literatura tida como herética ou erótica. Em 1559, a Sacra Congregação da Inquisição Romana, a instituição judicial da Igreja Católica Romana, criada em 1232 para repreender heresias, publicou o primeiro *Index Librorum Prohibitorum*: a lista de títulos que a Igreja julgava ofensivos à fé e cuja posse resultaria em censura ou em algo pior (Fischer, 2006).

> ## Quem vai queimar?
>
> Não foi a primeira ação de detentores do poder contra livros e leitura: no decorrer da história do mundo, a proibição e a destruição de livros por razões ideológicas foram constantes. O século XX ainda foi pródigo em queima de bibliotecas (na França, em Bagdá, na Bósnia, na Alemanha), principalmente como censura ideológica e como atos de guerra e de vandalismo bélico.

A alfabetização nos séculos XV e XVI, a despeito de ter sido mais expandida do que em séculos anteriores, não chegava à maioria das crianças. Poucas conseguiam frequentar as escolas, os livros continuavam sendo raros e caros, a assiduidade às aulas era pouca, e o conhecimento se baseava sobretudo em memorização mecânica de ensinamentos orais. Em razão disso, a população, durante várias gerações, continuava ignorante, crédula, supersticiosa e iletrada. Em meados do século XV, a educação escolar seguia o método escolástico, descrito assim por Alberto Manguel (1997, p. 96-97):

> *Segundo o método escolástico, ensinavam-se os estudantes a ler por meio de comentários ortodoxos, que eram o equivalente às nossas notas de leitura resumidas. Os textos originais – fossem os dos Pais da Igreja ou, em quantidade muito menor, os dos antigos escritores pagãos – não deveriam ser aprendidos diretamente pelo aluno, mas mediante uma série de passos preordenados. Primeiro vinha a lectio, uma análise gramatical na qual os elementos sintáticos de cada frase seriam identificados;*

isso levaria à littera, *ou sentido literal do texto. Por meio da* littera *o aluno adquiria o* sensus, *o significado do texto, segundo diferentes interpretações estabelecidas. O processo terminava com uma exegese – a* sententia *–, na qual se discutiam as opiniões de comentadores aprovados.*

Na Alemanha do século XVI, uma nova teoria da leitura surgiu em meio aos ensinamentos de Martinho Lutero e em sua oposição à Igreja Romana no que se referia à leitura das Escrituras cristãs. Para Lutero,

> *os textos podiam falar por si mesmos, sem que fosse necessária a intervenção de dogma ou de qualquer autoridade para passar do texto à interpretação [...]. A importância da escrita se baseava no pressuposto de que todos os que soubessem ler poderiam consultar o texto sagrado por si mesmos e assim usá-lo como evidência para julgar a validade de uma interpretação.* (Fischer, 2006, p. 170)

Esse entendimento valorizava a interpretação literal e histórica, evitando os sentidos poético e metafórico do texto bíblico, e ficava circunscrito à interpretação da sintaxe, da semântica e da pragmática. Lutero concebia, pois, que os leitores tinham amplos conhecimentos históricos e culturais.

Esse projeto de leitura individual de um texto sagrado esbarrou em alguns problemas: a necessidade de traduções confiáveis do texto bíblico para conter a disseminação de traduções em línguas vernáculas sem o indispensável acervo de conhecimentos exigido de seus tradutores; a leitura superficial realizada pelos leitores sem formação adequada; e o enfraquecimento da autoridade da Igreja Romana. No entanto, a atitude de Lutero trouxe à história uma nova atitude meritória diante da leitura: o direito dos leitores de ler e pensar por conta própria.

> **Para saber mais**
>
> Nessa linha de entendimento do que seria a leitura individual, é exemplar a história do moleiro Menocchio, de Friuli, na Itália, contada pelo historiador Carlo Ginzburg no livro *O queijo e os vermes*, originalmente publicado em 1980.
>
> GINZBURG, C. O queijo e os vermes. Tradução de Maria Betânia Amoroso. São Paulo: Companhia das Letras, 2006.

Roger Chartier, um dos mais renomados estudiosos da leitura, esclarece que "a leitura bíblica tem suas regras próprias: leitura, releitura, conhecimento de memória, leitura compartilhada, articulação entre leitura em casa e a leitura da *Bíblia* no templo" (Chartier, 2001, p. 113). Esses passos do leitor pelas estradas do livro sagrado não apenas demonstram modos de ler, mas também se estendem para outros textos, religiosos ou não.

Outros resultados do período renascentista foram o crescimento da leitura entre as mulheres e a publicação cada vez mais numerosa de obras ficcionais, de textos que o século XIX denominou propriamente de *literários*. Apesar de a população europeia que vivia em ambientes rurais continuar analfabeta, a população urbana registrou um acréscimo de escolas, de alfabetizados e de edições impressas.

Por conseguinte, esse período tão inovador manifestou diferentes comportamentos leitores em relação às culturas de lugares geográficos diferenciados. Segundo Fischer (2006), as bibliotecas domésticas europeias no início da Renascença tinham como acervo uma maioria de obras clássicas greco-latinas e também Boccaccio, Dante, Petrarca e Ariosto. Completavam a biblioteca (geralmente entre 100 e 500 exemplares) livros religiosos sobre a Virgem Maria, as obras de Santo Agostinho e as de devocionários. A disseminação da leitura se deveu também a algumas ocorrências econômicas e comerciais: o barateamento das edições em tamanho menor (embora os aristocratas ainda investissem muito dinheiro na aquisição de livros em grandes formatos e ilustrados) e o aumento do número de leitoras, em grande parte esposas e filhas de comerciantes de livros que ajudavam nos negócios da família. Nas escolas, circulavam cartilhas assim descritas:

> Muitos comuns de 1500 a 1800, essas cartilhas eram a primeira coisa que uma garota ou um garoto liam. Formada por uma fina placa de madeira – em geral com a largura e comprimento da mão de um adulto – com um pequeno cabo para segurar, era coberta na frente por uma película transparente feita do chifre de animais [...] para ajudar a preservar o livro, e todo esse volume possuía uma moldura de metal. A única folha impressa que formava essa espécie de cartilha exibia, de cima para baixo, o alfabeto em letras minúsculas, o alfabeto em letras maiúsculas, às vezes os números de um a nove ou determinadas combinações silábicas, além de uma prece. (Fischer, 2006, p. 214)

As mulheres começavam a se destacar não apenas como leitoras, mas também como escritoras, como Teresa de Ávila (1515-1582) e Louise Labé (1524-1566). Esta última expressou na poesia e no teatro sentimentos amorosos com muita sensibilidade. Ela anuncia a literatura sentimental, que teria grande relevância e mérito no século XVIII.

A leitura em países eslavos (Rússia, Polônia, Ucrânia, entre outros) foi primordialmente realizada por homens, e os livros editados, ainda em pequeno número, eram religiosos e tradicionais. Ao final do século XVII, na Rússia, predominavam traduções e adaptações de obras ocidentais (alemãs, francesas e italianas) ou eslavas, como as polonesas. Na vasta região sob o domínio dos otomanos, que compreendia o império turco na Europa e em países da Ásia e da África, o conservadorismo religioso a impedir a impressão dos livros sagrados, que circulavam apenas em forma manuscrita, "fossilizou a cultura islâmica" (Fischer, 2006, p. 217), tão rica e diferenciada da cultura ocidental. A queda do Império Otomano, no final do século XVII, converteu Egito e Síria em países impressores.

Na cultura judaica, intensamente ligada ao livro, em especial à Torá, o livro sagrado, a leitura ainda respeitava a edição em pergaminho ou em couro. Os demais livros, porém, eram mesmo em papel e disseminados em grande número, em especial os de direito, de ciência e de medicina.

O século XVII sedimentou as edições, cada vez mais numerosas, em língua vernácula. A consequência foi altamente importante: o latim ainda era uma língua universal, e as línguas vernáculas eram menos abrangentes. Esse descompasso se refletiu de imediato no tipo de produção escrita e impressa. Os comerciantes de livros passaram a se interessar muito pelos interesses dos compradores. A produção que saía das editoras era diversificada: "cartazes, panfletos, jornais locais, documentos administrativos e judiciais, cartilhas, catecismos, textos para aulas e livros cerimoniais para uso paroquial" (Fischer, 2006, p. 223-224). Também surgiram as imitações baratas de edições que circulavam na aristocracia. Não tardou para que surgissem o livro de bolso e, em especial, os livros impressos em um papel azul, mais barato, e de poucas páginas. Estes deram origem à *Bibliothèque Bleue* – Biblioteca Azul –, editada em Troyes, na França, pelo impressor Nicolas Oudot, a partir de 1602. A coleção era composta por brochuras pequenas e baratas, as quais eram levadas a todo o interior da Europa por meio de vendedores ambulantes.

Foi uma primeira e intensa manifestação de cultura popular, herdeira da literatura oral de séculos anteriores. Havia uma variedade de gêneros textuais na coleção: almanaques, horóscopos, conselhos práticos, poesia, romance, variedades, romances de cavalaria e romances em verso. A literatura dessa biblioteca apresentava simplicidade de enredo e ingenuidade na construção de personagens e de situações narrativas. Até 1830, sob a responsabilidade da família Garnier, essa coleção continuou em catálogo, marcando gerações de leitores na Europa e na América.

Os jornais, criados no século XV, também começaram a ter um público numeroso, atento a assuntos financeiros, políticos e relativos à sociedade. Folhetos, cartazes e jornais decoravam "muros, portas, postes e janelas. Isso incluía cartas pastorais, manifestações de eruditos [...], anúncios notariais, comunicados de falecimentos, avisos sobre eventos públicos, decretos de príncipes, propagandas de touradas ou a breve chegada de companhias teatrais" (Fischer, 2006, p. 225). O jornal ganhou a rua, deixando de ser apenas uma leitura doméstica. Também foram campeões de venda os almanaques e os anuários contendo informações utilitárias e de longa duração. Esse tipo de impressos chegou ao Brasil apenas no século XIX.

Havia, portanto, uma produção impressa diversificada que atingiu um público também diversificado e que utilizou os impressos para organizar sua vida cotidiana. Ler, no século XVII, não era mais privilégio de eruditos, de nobres ou do clero. Os burgueses (comerciantes, advogados, funcionários públicos, donas de casa, entre outros), desde que alfabetizados, compunham um público ávido por notícias, por publicações de utilidade imediata e por uma literatura que alimentasse seu imaginário com narrativas amorosas e aventurescas, facilmente compreendidas.

No século XVII, a educação das crianças e a promoção da leitura da *Bíblia* entre os adultos possibilitaram que houvesse um maior número de pessoas lendo e adquirindo livros. Francis Bacon (citado por Fischer, 2006, p. 228-229), filósofo, político e cientista inglês, referência intelectual na época, escreveu: "a leitura torna um homem completo, [estimula as pessoas a] lerem não para contradizer e refutar, nem para crer e subestimar, nem para inventar assunto ou discussão, mas para ponderar e refletir". É uma posição até hoje válida. Segundo Fischer (2006), Bacon encontrou no Rei Carlos II, da Grã-Bretanha e da Irlanda, um adepto: o monarca decretou que todos os proprietários de fazendas nas colônias britânicas oferecessem o ensino cristão aos escravos e aos demais moradores das propriedades. Entretanto, temendo que os colonos (muitos deles escravos) fizessem da leitura uma arma de ideias contra a dominação colonial, os proprietários agiram de maneira oposta: quem fosse encontrado lendo poderia ser enforcado. Assim, a leitura foi sendo associada a um perigo social, a um instrumento de revolta e de subversão.

> *Aprender a ler, para os escravos, não era um passaporte imediato para a liberdade, mas uma maneira de ter acesso a um dos instrumentos poderosos de seus opressores: o livro. Os donos de escravos (tal como os ditadores, tiranos, monarcas absolutos e outros detentores ilícitos do poder) acreditavam firmemente no poder da palavra escrita. Sabiam, mais do que alguns leitores, que a leitura é uma força que requer umas poucas palavras iniciais para se tornar irresistível. Quem é capaz de ler uma frase é capaz de ler todas. Mais importante: esse leitor tem agora a possibilidade de refletir sobre a frase, de agir sobre ela, de lhe dar um significado.* (Manguel, 1997, p. 314-315)

A Inglaterra vivia um momento de intensa atividade econômica e educacional. A alfabetização progredia, bem como as universidades. O número de matrículas universitárias na década de 1640 foi tão grande que somente chegou a ser superado no século XIX. A elite governamental e econômica originou-se nessas instituições, o que atesta o tamanho de seu prestígio e de sua competência. Também lojistas, donos de propriedades livres e pequenos proprietários rurais – assim como suas esposas – passaram a ter acesso a jornais, a livros e a conhecimentos de contabilidade. Tal movimento de transformação social por meio do acesso ao estudo e aos livros ocorreu também na Alemanha, e um dos fatores que o favoreceram foi, sem dúvida, a adoção das línguas vernáculas, em substituição ao latim.

A edição de brochuras pequenas e baratas, a atividade de vendedores ambulantes de livros, a proliferação de pequenas editoras pelo interior das regiões europeias, a substituição da leitura em voz alta pela silenciosa, a criação de bibliotecas públicas, o aumento de volumes nas coleções particulares e a criação de jornais de fácil acesso são alguns dos elementos que fizeram Steven Fischer (2006, p. 233) afirmar, em relação a esse período da história: "foi a capacidade de ler que deu origem ao homem moderno" – esse homem que começa a ganhar contornos mais definidos na Europa ao longo do século XVIII, denominado, com toda a justiça, *Século das Luzes*, o momento do Iluminismo, quando o livro e a leitura foram os pilares de uma nova civilização.

doispontodois
Transformações no Século das Luzes

Contraditoriamente, o século XVIII foi uma época em que, na literatura, o romance de imaginação se afirmou. Os romances, atendendo a diferentes públicos, apresentavam variados tipos de narrativas, como as sentimentais, as obscenas, as filosóficas e as chamadas *góticas*. A urbanização da população e dos costumes criou novos hábitos e ampliou o número de leitores – em especial de leitoras – com tempo ocioso para leituras extensas. Além disso, a França se tornou o centro da vida mundana até o antecipado final do século, em 1789, com a Revolução Francesa. Assim como a sociedade se transformou, também a monarquia absoluta foi abalada e substituída por governos civis; a aristocracia entrou em fase de extinção e a burguesia emergiu.

No universo do livro e da leitura, em um primeiro momento, ao final do século, o mercado ficou sem regras fixas, mas ofereceu oportunidades para editores e escritores audaciosos. No terreno pragmático, o que vigorou foi a livre empresa, liberdade que foi estendida aos livros e aos seus conteúdos. Mas foi no século seguinte que a literatura experimentou uma intensa transmutação de gêneros, de assuntos e de formas literárias, sem igual na história: o século XIX viveu continuamente revoluções em livros e nos modos de ler e de construir significados para a leitura. As estruturas sociais se modificaram igualmente, e o advento de uma cultura de massa, anunciada no século XVIII com a Revolução Industrial na Inglaterra, trouxe alterações significativas para o conhecimento, que teve o livro como centro e motivação.

Os livros no Iluminismo favoreceram a Revolução Francesa, que abalou as estruturas sociais (Estado, família, religião).

> *A expressão livro filosófico, na biblioteca do século XVIII, equivale a um corpus heterogêneo que não consiste apenas nas obras de Montesquieu, Rousseau, Voltaire, Diderot, mas inclui também as obras pornográficas, antigas ou novas, e toda a produção de libelos, panfletos e crônicas escandalosas que atacavam*

e denunciavam a aristocracia, a corte, a rainha e, finalmente, o rei, em princípio sob dois expedientes: a corrupção despótica da monarquia e os desvios sexuais dos meios aristocráticos ou cortesãos. (Chartier, 2001, p. 107)

Segundo Chartier (2001), a relevância dessa literatura não está em estimular a revolução e a queda da monarquia, e sim em propiciar um modo de ler e assimilar os conteúdos que já circulavam em práticas sociais cotidianas. O livro passou a ser avaliado como fator de consciência pessoal, social e cultural, no qual as situações reais encontraram eco posteriormente.

O alfabetismo na Europa acompanhou o dos países de maior desenvolvimento econômico ou o de outros em que a política de leitura tinha sido assumida pela Igreja, como na Suécia. A verdade é que os homens formavam o maior contingente de leitores, mas as mulheres, pouco a pouco, foram igualando os números. Na época da Revolução Francesa, apenas 27% das mulheres liam; por volta de 1800, na Inglaterra, 60% dos homens e 40% das mulheres eram alfabetizados (Lyons, 2011, p. 96-97).

Na Suécia, por imposição da Igreja Luterana, os iletrados ficaram proibidos de frequentar os cultos religiosos e até de casar. Às mulheres e mães que viviam em fazendas era atribuída a tarefa de instruir os filhos a ler e a escrever. Resultado: "em poucos anos, cerca de 80% dos suecos sabiam ler" (Fischer, 2006, p. 235). Todavia, a despeito de as ações de leitura e de escrita estarem quase sempre associadas, raramente esta última foi praticada nos séculos anteriores ao XIX. Poucos homens e mulheres, mesmo leitores, sabiam assinar o nome. A leitura era uma prática estimulada, visando, acima de tudo, ao compartilhamento oral. Um leitor poderia ler para muitos ouvintes, mas não necessariamente era incentivado a escrever ou tinha a necessidade de fazê-lo. Discursos, poemas, cartas, romances e textos em jornais acabavam sendo praticados via escrita por alguns poucos letrados.

Fato é que o século XVIII foi extraordinariamente rico em mudanças e transformações. Em uma perspectiva cultural, os costumes de uma classe social ascendente, como a burguesia, demonstravam sua preocupação com a moral, o decoro, a vida privada e o cotidiano das famílias. O interesse político-filosófico expresso em textos de ensinamento e a tentativa de contenção de desvios de conduta exigiram textos com caráter propedêutico, civilizatórios, de boas maneiras, atentos aos afetos (cuja sede é o coração, segundo o momento histórico), sentimentais, de linguagem acessível e cotidiana, de personagens cativantes e exemplares, contando uma história – se possível, de aprendizagens.

Surgiu, então, o romance: um gênero de narrativa (ainda não havia o conceito de literatura como um gênero específico e estético, que apareceria no século seguinte) assemelhado ao relato histórico (sobretudo no tempo linear), mas já permitindo o uso da imaginação e do fictício. O autor, as personagens e o leitor teciam uma rede de semelhanças, de reflexos e de identidades. A historiografia e o romanesco disputavam o mesmo público, que os mesclava e confundia. Obtinham êxito as narrativas históricas, os ensaios e os romances. Há nesses três gêneros alguns pontos em comum: o conteúdo pragmático-instrutivo; o apelo popular; e a intenção de apresentar "exemplos de vida" e de serem narrativas "mestras da vida". Os livros impressos foram o veículo mais produtivo e ambicionado pelos escritores, mas o jornalismo e a correspondência epistolar também veicularam textos com essas características.

doispontotrês
A sociedade ao encontro do livro e da leitura

O século XVIII trouxe para a literatura o cenário da cidade e de seus espaços de sociabilidade: as tavernas, os jardins, os clubes, os salões literários, as praças e as lojas maçônicas, além dos templos. Também integraram esse ambiente urbano a presença marcante das mulheres e das aparências, os comportamentos de decoro e os rituais sociais que a imagem feminina ainda exigia na época. O romance incorporou a sociedade renovada que se apresentava cotidianamente, na realidade e na fantasia. O resultado foi a adesão imediata dos leitores, dada a simbiose entre o que a literatura expunha e o que a vida cotidiana realizava.

Não havia, entretanto, uma relação de dominação, e sim de negociação. Do mesmo modo que a realidade emoldura a ficção, também a ficção (tal como o jornalismo) promove rituais, palavras, sentimentos que vão configurar leitores diferentes. Em outros termos, as práticas culturais interagem intensamente com as práticas leitoras. Essas trocas, existentes em outros momentos da história da leitura, ganharam visibilidade e se ampliaram à medida que cresciam exponencialmente o número e a diversidade de leitores, em práticas cada vez mais extensas de leitura.

Na Idade Média, dados o acervo restrito e o entendimento do valor sagrado dos livros, a leitura foi intensa, no sentido de que eram lidos seguidas vezes os poucos e – quase sempre – mesmos livros. Já a leitura extensa, em especial a partir do século XVIII, realizou-se na diversidade da produção de textos e em sua quantidade cada vez mais numerosa.

O século XIX, por sua vez, expandiu sobremaneira a produção de livros, em razão das exigências de conhecimento apreendido pela leitura. Elas foram estabelecidas pela nova sociedade industrial, desenvolvida a partir de dois fatos históricos relevantes: a Revolução Francesa, de 1789, e a Revolução Industrial, iniciada na Inglaterra na segunda metade do século XVIII e prolongada até meados do século seguinte. Em especial a sociedade europeia e a das colônias inglesas na América do Norte rapidamente criaram necessidades de consumo, o que incentivou tanto a indústria quanto o comércio.

Os livros fizeram parte dessa demanda em duas vertentes: (1) o prestígio da ciência a partir do Iluminismo e do desenvolvimento industrial; e (2) a crescente produção escrita para atender, por um lado, à necessidade de informações e de notícias (daí o desenvolvimento extraordinário de jornais e de periódicos) e, por outro, ao público feminino, alfabetizado e com tempo ocioso, que consumia cada vez mais romances e literatura de entretenimento.

Unindo esses dois aspectos está a literatura surgida em razão do incremento das viagens de trem. O trem – máquina representativa desse momento econômico-social –, como meio de transporte eficaz, acessível e prático, possibilitou a instalação de um tempo ocioso que pôde ser preenchido com a leitura. Jornais e livros disputavam leitores em trânsito. Por conseguinte, os terminais ferroviários passaram a contar com quiosques de venda de livros e surgiram editoras especializadas em publicações de pequeno porte, baratas e de textos curtos para serem lidos no período de uma viagem. De acordo com Fischer (2006, p. 266), "os leitores de classe média formaram um mercado gigantesco de preferências específicas". Foi a fase inicial da literatura voltada ao consumo rápido, ao texto ligeiro, ao atendimento dos desejos dos leitores. A indústria do livro voltou-se a uma numerosa clientela de classe média, com possibilidade aquisitiva, letrada e em busca de satisfação imediata, distante dos leitores eruditos, dos copistas, da leitura segregada de classes ou de profissões restritas e até mesmo dos fiéis leitores da *Bíblia* ou dos clássicos greco-latinos. Assim, a história da leitura incorporou produtos físicos de novas dimensões e conteúdos, leitores passageiros – nos dois sentidos do termo – e exclusivistas, vendagens lucrativas e numerosas, textos com novas escritas mais acessíveis e padronizadas.

Outra alteração de suma importância realizou-se nas salas de aula, não ainda em termos de métodos de ensino, mas na macrorrelação da escola com o poder do Estado, situação que resultou em crescentes taxas de alfabetização e em vigorosos avanços no consumo das artes (teatro, música e pintura especialmente). Chartier (2001) explica que, até o século XIX, falar de escolarização equivalia a pensar que ela se realizava em estabelecimentos privados, particulares. Foi apenas no século XIX que a escola passou a ser uma política de Estado e, como tal, a ganhar caráter de obrigatoriedade, ampliando sua abrangência sobre as classes sociais até então menos assistidas.

Países europeus, como França, Inglaterra, Espanha, Holanda, Bélgica e Alemanha, por exemplo, ao colonizarem territórios africanos, levaram, além da ideologia colonialista, a leitura e a escrita em língua nacional e em alfabeto latino. Esses países se depararam com nações africanas islâmicas ainda com escrita em alfabeto árabe consonântico e lendo quase que exclusivamente o *Corão*. Também na escola a obrigatoriedade de saber de cor o *Corão* limitou a diversidade de textos e atrasou a alfabetização, uma vez que ainda predominavam a cultura e a aprendizagem oral. O choque entre as diferentes culturas não foi apenas uma discórdia, foi retrocesso e incompatibilização.

O século XX no Ocidente decretou o desaparecimento das práticas tradicionais de leitura, baseadas na cópia e na repetição, e tornou-se o que Fischer (2006, p. 269) denomina de "a monocultura de leitura do século XX". O século XX institucionalizou o livro como uma mercadoria de massa e criou outra dicotomia: a produção intensa de livros diversificados não correspondeu exatamente ao que os públicos liam. Os jornais, com sua dinâmica própria, incorporaram mais rapidamente as mudanças e com agilidade fidelizaram um público cada vez maior. Para tanto, estabeleceram um processo esquizofrênico de atendimento aos desejos dos leitores ao mesmo tempo que formatavam modos de ler jornais, além da aceitação de conteúdos pautados sem muita qualidade. A pressa da vida cotidiana, cada vez mais capitalista e determinada pela busca da sobrevivência, acabou substituindo o prazer de ler pela leitura mecânica de textos cada vez mais curtos e de tratamento menos aprofundado.

doispontoquatro
O advento do texto digital transforma a leitura

Com o avanço tecnológico, o século XX assistiu ao advento do computador e da linguagem digital. Em razão disso, a cultura escrita e seus produtos em formato de livros e periódicos viveram uma nova revolução. Para tratar dela, é necessário descrever o contexto que lhe deu origem e a evolução que já podemos traçar das mudanças ocorridas na história da leitura, na formação dos leitores e na apropriação que eles fazem dos textos surgidos dessa conjuntura.

Um dos pontos a salientar nesse contexto é a imagem visual e sua entrada nos hábitos culturais de populações em todo o planeta. Os textos escritos são também imagens, pois desenham formas – com letras, vazios, linhas e interrupções – na mancha da página. Os incunábulos, os códices e os rolos continham iluminuras (figuras, grafismos e ornatos), além das letras e de seus vazios no espaço da página. Ao longo dos séculos, o texto escrito se impôs pelas palavras carregadas de sentido, mas muito pouco se valorizou a página como um possível desenho, uma imagem visual. Ao final do século XIX, os autores procuraram extrair mais sentidos dos textos literários, em especial dos poemas. Guillaume Apollinaire criou os *calligrammes* – do grego "escrita bonita" –, que são poemas em forma de, por exemplo, cálice ou pássaro. Nasceu uma tendência visual da poesia que seria acrescida de elementos geométricos, de símbolos e, mais proximamente, de movimento e de som, a denominada *poesia visual*.

Os livros ilustrados, os livros-álbum e os livros de imagens ocupam um lugar próprio na literatura adulta e infantil. Utilizando recursos como fotografia, vídeo, som, cores e formas, os livros digitais representam um enorme desafio para os leitores que precisam ter em seu repertório práticas de leitura visual, além da leitura verbal. Chartier (2001, p. 147) alerta para três riscos na leitura digital: (1) o de fazer com que o leitor seja sufocado por um mundo "proliferante e incontrolável"; (2) o do controle político e econômico sobre esse repertório em forma eletrônica; e (3) o da transformação de todos os textos impressos em textos eletrônicos, o que faz com que se percam o contexto de origem e o "livro em sua forma material". Quanto à concretização do terceiro risco mais especificamente, as perdas seriam irreparáveis do ponto de vista da história do livro e da compreensão do momento histórico em que a leitura se estabeleceu. O objeto livro impresso é parte do sentido que o leitor constrói quando lê. As práticas leitoras atuais interpretam e atribuem valores também à materialidade do livro.

A linguagem digital é expressa nos mais variados suportes, que são entendidos aqui como superfícies físicas ou virtuais que permitem a visibilidade e a recepção de um texto, podendo ser um livro, um jornal, um computador ou um celular. Qualquer mudança do texto em uma linguagem para diferentes suportes agrega os sentidos e os valores do novo suporte e resulta na perda dos observados no suporte anterior. Um livro que se transforma em filme exige uma leitura de cinema; uma canção que se transforma em livro também. Essa tradução de uma linguagem para outra requer do leitor outros letramentos.

Cada uma das etapas dos suportes – o rolo, o códice, o livro, o digital – modificou os modos de ler. Cada uma delas agregou novas exigências/habilidades e novas funções do leitor. As mudanças trouxeram facilidade de manuseio, acessibilidade ampliada, multiplicação de acervos, alteração das formas de preservação e armazenamento dos textos. Também acarretaram perdas, pelo desaparecimento de textos originais, pelo esquecimento de memórias tradicionais, pela efemeridade das obras (particularmente em formato digital).

Outra decorrência da escrita digital é a possibilidade imediata de intervenção do leitor nos textos, quer para sua reescrita – que resulta da apropriação indevida de um texto para driblar a primeira autoria –, quer para a atribuição ou a omissão de autorias, em especial as que são falsas. Perde-se igualmente a possibilidade de cotejar manuscritos e formas impressas, que eram a substância da crítica literária genética.

Contudo, existem fatores positivos nessa mudança: a rapidez de publicação; a independência dos autores para se autopublicarem; o acesso imediato a fontes de pesquisa; o intercâmbio frutífero entre culturas do mundo inteiro; a disseminação intensa do estímulo à escrita; a possibilidade infinita de construir obras em diálogo com outras linguagens. Enfim, os leitores passam rapidamente da posição de receptores para a de escritores-criadores. Cabe notar que a tecnologia de difusão estabelece exigências para a recepção dos textos. Por isso, um novo letramento se faz necessário. Como os recursos tecnológicos cobrados pelo mundo digital são, neste momento histórico, muito mais onerosos do que os livros impressos, criam-se impedimentos econômicos causados pela necessidade de infraestrutura material; configura-se, assim, mais uma das dificuldades de acesso pela população em geral.

Ler nas telas de suportes eletrônicos é ação que requisita a execução de alguns procedimentos: uns podem repetir aqueles exigidos pelos livros impressos; outros dependem de outras aprendizagens.

Primeiro procedimento

A leitura nas telas pode impedir uma contextualização mais eficaz da organização do volume. Isso pode ser verificado quando se trata de antologias: de textos literários, de textos críticos, de participação em anais de congressos e eventos afins, de uma coletânea de textos de diferentes autores, de um dicionário digital, de mapas específicos e parciais, de cenas isoladas de filmes (ou de capítulos de séries), de canções isoladas de um álbum, e assim por diante. Essa fragmentação do acesso, possível pela forma de especificação dos assuntos, impede o conhecimento mais amplo e, por vezes, mais profundo de qualquer obra digital.

Segundo procedimento

A organização e a apresentação dos textos são realizadas primeiramente pelo universo digital. Quando, ao consultar determinado assunto, a resposta é a discriminação de milhares de sítios de qualidade variada e muitas vezes indicados por razões econômicas, o leitor tem de aprender a discernir, julgar, (re)conhecer indicações maliciosas, filtrar não apenas o que lhe interessa, mas, principalmente, o que lhe trará melhor conhecimento. Em pouco tempo, constrói-se uma classificação efêmera, desigual e equivocada dos textos, organizam-se listas de "melhores da década ou do século", repassadas como definitivas para os leitores.

Terceiro procedimento

Os letramentos são requisitos indispensáveis para o acesso ao mundo digital. Um dos entraves é o uso constante de termos em língua inglesa. Não é mais suficiente saber decodificar palavras em ao menos duas línguas (a nativa e o inglês) quando o leitor não sabe manipular o suporte digital ou, ainda, quando não sabe acessar os diferentes produtos textuais das plataformas digitais. Tanto mais uma obra se tornará adequada ao mundo digital quanto mais o leitor souber extrair dos recursos tecnológicos efeitos de forma e sentido para a criação do texto final. Trata-se realmente de uma aprendizagem completamente nova. O contrário pode ocorrer com os nativos digitais que têm dificuldade não com a linguagem digital, mas com a leitura de produtos impressos. Tal situação conduz a discussão sobre a leitura digital para uma questão que se torna a cada dia motivo de reflexão dos especialistas em leitura: Estará o livro impresso condenado a desaparecer?

> *O novo suporte do escrito não significa o fim do livro ou a morte do leitor. O contrário, talvez. Porém, ele impõe uma redistribuição dos papéis na "economia da escrita", a concorrência (ou a complementaridade) entre diversos suportes dos discursos e uma nova relação, tanto física quanto intelectual e estética, com o mundo dos textos. O texto eletrônico, em todas as suas formas, poderá construir o que não puderam nem o alfabeto,*

apesar da virtude democrática [...], nem a imprensa, apesar da universalidade [...], isto é, construir a partir do intercâmbio da escrita um espaço público no qual todos possam participar? (Chartier, 2002, p. 117-118)

Quarto procedimento
A terceira revolução do livro (e dos modos de ler) é ainda um fenômeno histórico recente. As transformações são absolutamente imprevisíveis, e os estudos a respeito desse tema se tornam obsoletos com rapidez, em razão da velocidade da evolução tecnológica. No entanto, já é possível detectar algumas mudanças marcantes no modo de ler textos em meios eletrônicos:

a. O leitor organiza de forma diferente sua leitura. Não a faz mais de modo linear e sucessivo, mas de maneira relacional, divergente e múltipla. O texto digital se abre em infinitos outros textos, que se conectam em rede e, dependendo da abertura provocada pelo leitor, infinitamente. É muito comum uma tela conter vários arquivos e *links* abertos simultaneamente. O modo de apreender esses textos é fragmentado e geralmente superficial, dada a quantidade de textos abertos. Na leitura digital, observa-se que o que antes se denominava *leitura extensiva* leva hoje a extensividade ao grau máximo, até o ponto de se perder a profundidade ou mesmo a coerência do que está sendo lido. Assim também pensa Manguel (1997, p. 355): "o leitor de um hipertexto pode entrar no texto praticamente em qualquer ponto, pode mudar o curso da narrativa, exigir inserções, corrigir, expandir ou apagar. Esses textos também não têm fim, pois o leitor (ou o escritor) sempre pode continuar ou recontar um texto".

b. Há um diálogo mais frequente entre as linguagens da comunicação. O texto verbal entra em um circuito de conexões com linguagens visuais, sonoras, de movimento, linguagens que se complementam, se opõem e até repetem a linguagem verbal, alterando-a semanticamente. Não há mais uma hierarquia entre elas: o que importa realmente é a atividade do leitor ao escolher outros discursos em outras linguagens e colocá-los em diálogo, estabelecendo uma rede entre eles.

c. O leitor agrega à sua função original o exercício mais intenso da escrita. As formas de correspondência ganham ênfase, dada a rapidez de comunicação que os meios eletrônicos proporcionam. Da mesma forma, a escrita se expande em textos pessoais e literários em infinitos *sites*, *blogs* e vídeos. A autoria passa a ser uma área de intervenção dos leitores, ao se buscar reproduzir, fragmentar e até falsear textos autorais impressos.

d. O controle exercido pelas plataformas digitais perturba o desempenho dos leitores, pré-selecionando conteúdos e direcionando os interesses de leitura. Essa forma de ingerência nas práticas leitoras e nos textos selecionados para a leitura pode ocasionar "a morte do leitor", o qual é concebido como um território de liberdade e de criação. O que se sabe, porém, é que as práticas leitoras levam mais tempo para serem alteradas do que a evolução tecnológica. Esta é seguramente muito mais veloz do que a velocidade com que um leitor consegue adaptar-se a ela ou extrair dela o máximo resultado, a melhor produtividade de leitura.

> *Não sabemos ao certo como a leitura cultural – tão diferente da leitura utilitária das correspondências, sinais, rótulos, instruções, propagandas etc. – se desenvolverá no futuro, sobretudo quando a própria "cultura" parece ter se tornado uma mercadoria nas mãos das corporações. [...] A globalização teve como objetivo manter um número menor de títulos produzidos em menos países: o fenômeno mais recente dos "supersellers" em idioma inglês. (Fischer, 2006, p. 282)*

e. Nascida para colocar em contato todas as pessoas de todas as regiões do mundo conhecido, a tecnologia digital acabou por manter desníveis de acesso. Regiões menos desenvolvidas, pessoas com menor poder aquisitivo, leitores com repertório restrito e com dificuldades de aprendizagem da linguagem digital em seus suportes acabam por ficar à margem da evolução tecnológica, estabelecendo-se, assim, outras disparidades sociais e culturais. Embora as bases de dados e as coleções digitalizadas tenham crescido exponencialmente no mundo, nem todos têm acesso a elas.

f. O advento do *homo legens* (Fischer, 2006, p. 291), ou seja, "a linguagem *online* começa a substituir a linguagem falada. Muitas pessoas – funcionários de escritórios, jornalistas, editores, escritores, estudantes e outros – já leem a palavra falada com mais frequência do que a escutam". Esse fenômeno evoluiu de tal forma que hoje até as máquinas conversam com outras máquinas, "sem mediação humana".

Também o texto manuscrito tende a desaparecer: "a tradicional forma de escrever com a *letra cursiva* (de mão) foi considerada ultrapassada e o ensino deve ser abandonado em mais de 40 estados norte-americanos" (Oliveira, 2013, grifo do original). Apesar de os equipamentos para uso digital estarem se tornando mais corriqueiros e presentes na vida cotidiana, não há ainda uma universalização de acesso a esses recursos. Portanto, cria-se, com essa atitude, uma nova forma de exclusão. Além do mais, pedagogos argumentam que não ensinar a letra cursiva traz outras consequências, como problemas de coordenação motora e de dificuldades de comunicação manuscrita.

Enfim, a revolução do texto eletrônico não traz apenas mudanças positivas. Como explica Chartier (2002, p. 115-116),

> *A comunicação à distância livre e imediata [...] pode levar à perda de qualquer referência comum, à separação das identidades, à exacerbação dos particularismos. Pode, inversamente, impor a hegemonia de um modelo cultural único e a destruição, sempre mutiladora, das diversidades. Mas pode também trazer uma nova modalidade de constituição e de comunicação dos conhecimentos, que não seria mais apenas o registro de ciências já estabelecidas, mas, igualmente, [...] uma construção coletiva do conhecimento por meio da permuta de saberes, das perícias e das sabedorias.*

Não há dúvida de que a linguagem digital é uma conquista científica da humanidade. Os textos em que é utilizada não são melhores nem piores do que os rolos, os códices e os livros que antecederam essa nova forma de escrever e ler. Nem o leitor é mais o mesmo: não é melhor ou pior, é diferente – e, como tal, deve ser objeto de estudo e de reflexão.

doispontocinco
A biblioteca como metáfora do mundo

Jorge Luis Borges, romancista e contista argentino, publicou em 1944 um livro de contos intitulado *Ficções*. Nessa obra estava um conto antológico: "A biblioteca de Babel". O texto inicia pela descrição arquitetônica do espaço e já introduz as coordenadas simbólicas desse estar no mundo:

> O UNIVERSO *(que outros chamam a Biblioteca) compõe-se de um número indefinido, e talvez infinito, de galerias hexagonais, com vastos poços de ventilação no centro, cercados por balaustradas baixíssimas. De qualquer hexágono, veem-se os andares inferiores e superiores: interminavelmente.*
> *A distribuição das galerias é invariável. Vinte prateleiras, em cinco longas estantes de cada lado, cobrem todos os lados menos dois; sua altura, que é a dos andares, excede apenas a de um bibliotecário normal.*
> *Uma das faces livres dá para um estreito vestíbulo, que desemboca em outra galeria, idêntica à primeira e a todas. À esquerda e à direita do vestíbulo, há dois sanitários minúsculos.*

Um permite dormir em pé; outro, satisfazer as necessidades físicas. Por aí passa a escada espiral, que se abisma e se eleva ao infinito. (Borges, 1972, p. 84)

O que vai constituir a biblioteca como universo, como metáfora já está claramente enunciado nas primeiras palavras do conto. A associação acontece não pela história ou pela tecnologia de livros ou pela sociologia das bibliotecas, mas pela comparação destas com a própria existência do universo. A biblioteca tem a estrutura material das bibliotecas, mas tem o sentido do imponderável, do infinito, do que supera temporalmente a vida humana sobre a Terra. Basta observar o acúmulo, nos três curtos parágrafos citados, dos termos que transportam a imagem da biblioteca para outra dimensão: *indefinido, infinito, interminavelmente, abismo, infinito* (novamente). Na reflexão onírica, utópica e verdadeira, mesmo que essas palavras se choquem e criem arestas de sentido, Borges apresenta alguns princípios norteadores dessa imagem poderosa da Biblioteca (com letra maiúscula) em hexágonos infinitos.

A referência do título do conto à Torre de Babel constrói uma metonímia representativa do que a produção em livros já construiu durante a história: os livros nas estantes de uma biblioteca podem trazer um recorte da babel de línguas para além das histórias que os povos de todas as épocas narram. Na biblioteca, os livros se alinham em sua semelhança e em suas diferenças, como espaços de convivência humana real. Entrar em uma biblioteca é encontrar nela o repositório finito e circunscrito da humanidade. Infinita é unicamente a biblioteca imaginária (será tão imaginária assim?) de Borges (1972). No entanto, pensar uma história das bibliotecas é tangenciar minimamente essa possibilidade de, ao serem vistas em conjunto, elas comporem muitíssimos hexágonos que parecem quase infinitos. De todo modo, a metáfora aproxima, por semelhança, a Biblioteca ao Universo, adotando o postulado de que o espaço que contém livros representa a infinita possibilidade de conhecimento: trata-se de uma percepção idealista da biblioteca.

Há bibliotecas organizadas a partir de valores e de acervos de base autoritária e não compartilhada. Há bibliotecas vazias de usuários, o que depõe contra ações de leitura e de estímulos ao aumento do número de leitores. Há bibliotecas, ainda, sob o regime do silêncio, com pouca iluminação, acervos malcuidados e serviços deficientes. Portanto, um discurso sobre a importância da leitura para a formação intelectual e criativa das pessoas pode esbarrar em elementos concretos e materiais. A pesquisa *Retratos da leitura no Brasil*, realizada periodicamente, tem comprovado que 68% da população brasileira alfabetizada não frequenta bibliotecas, desconhece seus acervos e, quando utiliza seus serviços, o faz para tarefas de pesquisas escolares ou para consultas a jornais em busca de empregos e editais de concursos públicos. Nessas condições, a biblioteca não consegue atingir "a infinita possibilidade do conhecimento" descrita por Borges (1972).

Permanece, entretanto, no imaginário de leitores informados, e como valor universal, uma espécie de "nostalgia de Alexandria", ou seja, da existência de uma biblioteca que possa conter em seu acervo toda a produção intelectual da humanidade. Os utópicos 700 mil rolos que se acreditou haver em Alexandria à época de sua destruição estariam, hoje, multiplicados em quantidades estelares: tantos textos quanto as estrelas do Universo. Se considerarmos como texto "qualquer sistema de signos dado a ler e gerador de significados, não apenas a linguagem escrita" (Belo, 2002, p. 98), seriam necessários milhares de quilômetros de estantes para acomodar vídeos, filmes, partituras, espetáculos, jogos virtuais, fotos, canções, narrativas orais, quadros, esculturas e tantos outros textos não escritos que compõem a cultura contemporânea. Chartier (2002, p. 118), ao comentar esse "sonho da biblioteca universal", argumenta sobre sua irrealidade:

> *O sonho da biblioteca universal exprimiu por muito tempo o desejo exasperado de capturar, por meio de uma acumulação sem defeito, sem lacuna, todos os textos já escritos, todos os saberes constituídos. Mas a decepção sempre acompanhou essa expectativa de universalidade, visto que todas as coleções, por mais ricas que fossem, somente podiam dar uma imagem parcial, mutilada, da exaustividade necessária.*

Provavelmente, um modo de definir a biblioteca pode passar por algumas diretrizes. Se a universalidade é impossível, já que a produção de textos extrapola a capacidade de leitura (em primeiro lugar) e a capacidade de armazenamento e preservação, nem por isso a biblioteca deixa de se revestir de algumas metáforas: labirinto, bússola, refúgio, mola propulsora, coração, oceano, tesouro...

O circuito do livro e da leitura amplia-se rapidamente, agregando novos agentes e receptores. Na atualidade, ele associa e relaciona escritores (reais e fantasmas), obras (em todas as linguagens da comunicação humana), leitores (com seus repertórios pessoais e intransferíveis), editores e profissionais relacionados à confecção de impressos (ilustradores, tradutores, revisores, capistas, impressores, copidesques, diagramadores e outros), profissionais relacionados à divulgação e à venda dos produtos (agentes literários, livreiros, vendedores, páginas de comércio eletrônico, distribuidores, publicitários e outros), críticos (literários, teatrais, cinematográficos, de artes), jornalistas especializados, divulgadores responsáveis por sítios eletrônicos e programas especializados em vários suportes, bibliotecários, professores, familiares, amigos, todas as plataformas de difusão, feiras e bienais, comerciantes em geral (bancas, redes de livrarias e de produtos culturais, farmácias, supermercados e outros). Entre a mente e o imaginário do escritor/artista e a mente e o imaginário do receptor, existe não uma metáfora, mas um mundo de intermediários em graus diferentes de atuação e que fazem, em suas competências, as bibliotecas existirem.

É possível constatar, nas bibliotecas de nosso tempo, a abertura para obras em suportes e em linguagens também múltiplos, que constituem seu acervo colocado à disposição dos públicos que as frequentam. Essa multiplicidade, que a cada dia agrega novos suportes e novos conteúdos, rompe qualquer significado de finitude, de completude, de circunscrição.

Plataformas de publicação e de autopublicação abrem portas democráticas para textos de escritores em uma imensurável abundância. A fusão e a permeabilidade de linguagens expressivas abrem novos horizontes para a produção do conhecimento e da arte: a neurociência, o metaverso, as artes polimorfas, a evolução tecnológica em ritmo desenfreado e o crescimento de ofertas maior do que o das demandas são alguns dos elementos que, futuramente, envolverão o circuito do livro e da leitura em um redemoinho ininterrupto.

Síntese

Neste capítulo, buscamos expor o coletivo social na ação de ler, ao exprimir opiniões, ao relacionar-se com os livros e ao constituir, cada vez mais, uma sociedade leitora. Em um desenvolvimento cronológico, apresentamos as três revoluções do livro e, consequentemente, da leitura: a invenção da escrita, a invenção da imprensa e o surgimento do livro digital. Foram momentos inaugurais de grandes modificações na cultura e no tecido social. O livro – qualquer que tenha sido seu formato – compôs, com outros movimentos sociais, uma parte significativa dessas mudanças.

Mesmo sofrendo os desgastes da concorrência inicial com a oralidade e com a ausência de recursos físicos para sua disseminação, a escrita foi se tornando absoluta e totalmente indispensável em qualquer sociedade civilizada. Os materiais e os formatos evoluíram: da argila ao papel, das plantas aos *bites*, a escrita afirmou-se como transmissora de conhecimentos, valores, ideias, mentiras e fraudes. Permaneceu, porém, essencialmente carregada de significados e produzindo sentidos nos leitores.

Concomitantemente à evolução da escrita e de seus suportes, evoluíram a educação, os gêneros textuais, os comportamentos leitores, os modos de ler e o poder civilizatório da cultura letrada. A transformação da escrita (letras, fontes, parágrafos, pontuação) e dos formatos (o rolo, o códice, o livro, o texto digital) no decorrer dos séculos diversificou as culturas regionais e nacionais por meio da valorização do alfabetismo, do incentivo aos escritores, do respeito aos livros sagrados, bem como por intermédio da construção e da modernização de acervos e de bibliotecas. O desenvolvimento econômico e cultural dos países esteve – e está – indissoluvelmente ligado à função transformadora dos livros, de forma que sua destruição se associou e se associa a momentos históricos que a humanidade repudia e procura tornar irrepetíveis.

Neste capítulo, abordamos a lenta e definitiva evolução quantitativa de leitores e qualitativa de objetos para a leitura. Cada período da história e em diferentes regiões do planeta trouxe contribuições relevantes para que o livro impresso se tornasse o mais poderoso meio de comunicação até o advento do mundo digital.

A leitura, por sua vez, deixou de ser a repetição de padrões de elocução, de linguagem, de suportes, para se tornar multimodal na atualidade. Essa transformação aconteceu paulatinamente e ainda se encontra em curso.

Em termos sociais, é admirável o percurso do livro, que passa exclusivamente de mãos sacerdotais para a comunidade de homens em geral e progressivamente para o público feminino. Ao se tornarem protagonistas da educação, o livro e a leitura atingiram crianças e jovens com o poder da palavra e das imagens. Tiveram razão os donos de escravos e os ditadores ao manterem analfabetos seus subordinados, porque a história mostra o quanto estão entrançados a liberdade, o livro e a leitura.

Atividades de autoavaliação

1. Compare os dois parágrafos a seguir, extraídos deste capítulo.

> Essa história obedece a conjunções temporais, espaciais e até casuais. Muitos elementos transformaram a função e os modos de ler livros na sociedade à medida que o tempo cumpria seu inexorável caminhar.
>
> "A leitura permanece o estágio mais difícil de estudar em todo o circuito do livro." (Darnton, 2010, p. 205)

As dificuldades de recompor uma história da leitura decorrem:

a. da destruição sistemática das bibliotecas e dos livros que contêm os registros escritos das histórias de leitura, bem como da diversidade e da quantidade de condições individuais, sociais, históricas, econômicas e tecnológicas, as quais interferem no ato de ler.
b. do repertório inadequado e insuficiente dos leitores, de modo geral.
c. da ausência de registros confiáveis sobre os modos de ler individuais.
d. da diversidade e da quantidade de condições individuais, sociais, históricas, econômicas e tecnológicas que interferem no ato de ler.
e. da quebra frequente do circuito de leitura em que os agentes (autores, editores, ilustradores, tipógrafos, livreiros e leitores) deixam de cumprir seus papéis profissionais.

2. Matthew Battles (2003, p. 122) afirma: "No século XIX, [...] a proliferação dos livros em gênero e número fez com que a biblioteca se transformasse de templo em mercado, de cânone em cornucópia". Ele está correto em sua afirmativa porque:
a. as editoras imprimem mais livros do que as pessoas conseguem ler, já que elas dedicam seu tempo a outras atividades.
b. as leis do mercado se impuseram após a Revolução Industrial do século XVIII e dominam o mercado de livros.
c. os livros deixaram de ser propriedade dos mosteiros e foram enviados para bibliotecas públicas.
d. a censura da Igreja não conseguiu impedir que as editoras publicassem o que bem entendessem, e hoje elas só publicam obras de autoajuda.
e. as publicações são abundantes, a produção das editoras visa atender exclusivamente aos interesses do público, os livros se transformaram em objetos de consumo e descarte e têm vida efêmera.

3. Conforme Robert Darnton (2010, p. 24), "a leitura permanece o estágio mais difícil de estudar em todo o circuito do livro". Tendo isso em vista, analise as afirmativas a seguir e indique V para as verdadeiras e F para as falsas:
( ) Os leitores são pessoas com interesses diversificados e nem sempre claros ou constantes. Dessa forma, pesquisar seus comportamentos durante o ato de ler resulta em conhecimentos instáveis e mutáveis.
( ) Nem todos os leitores registram seus modos de ler e os resultados da leitura, motivo pelo qual os registros não podem ser generalizados.

(   ) A leitura não é um ato praticado por muitas pessoas, por isso é muito reduzida e difícil de definir e documentar.
(   ) O circuito do livro acompanha editores, impressores, livrarias e bibliotecas, mas deixa de valorizar os leitores.
(   ) A preocupação com o destinatário dos livros, ou seja, o leitor, é um fato recente. Por isso a história da leitura não contribui para a compreensão de todo o passado do livro.

4. Analise as afirmativas a seguir e indique V para as verdadeiras e F para as falsas:
(   ) A pontuação e a divisão das palavras também tiveram efeito sobre a maior independência da linguagem escrita em relação à oralidade.
(   ) Os copistas irlandeses trouxeram a contribuição do uso de letras minúsculas, denominadas *minúsculas carolíngias*, para a escrita medieval, toda escrita em letras maiúsculas.
(   ) O verbo latino *legere* tinha, no século XII, dupla definição: "ensinar" e "ler". Essa relação se mantém até hoje, porque o ensino escolar pressupõe a aprendizagem da leitura.
(   ) Com a popularização dos escritos e os assuntos mais próximos da realidade, aumentou a crítica aos costumes, às ideologias e aos governos e, por isso, cresceram a censura e a destruição de livros no século XVIII.
(   ) A reforma religiosa luterana prestigiou o papel do leitor porque Matinho Lutero considerava que os textos podiam falar por si mesmos, sem que fosse necessária a intervenção de dogma ou de qualquer autoridade para passar do texto à interpretação.

5. Numere a segunda coluna de acordo com a primeira, considerando os fatos listados e as respectivas consequências:

1. Período renascentista
2. Século XVII
3. Revolução Francesa
4. Século XVIII
5. Século XIX

( ) Edições mais numerosas em língua vernácula do que nos séculos anteriores.

( ) Surgimento do romance como gênero literário.

( ) Crescimento da leitura entre as mulheres e publicação cada vez mais numerosa de obras ficcionais.

( ) Livros com novas dimensões e conteúdos; aumento no número de leitores de obras populares; vendagens lucrativas e numerosas; textos com escritas acessíveis e padronizadas.

( ) Livros de filosofia, política, libelos e panfletos.

Atividades de aprendizagem

Questões para reflexão

1. Reflita sobre a diferença entre a leitura de um livro didático e a de um livro literário. Elas são iguais? Por quê?

2. Qual é ou quais são os livros e conteúdos que, na atualidade, correspondem às edições baratas e de atendimento ao gosto e à expectativa de leitores comuns, de repertório bibliográfico e cultural restrito? Você conhece alguma obra que possa ser caracterizada como popular, sem ser tradicional (como contos e narrativas folclóricas)? Gosta de ler obras dessa natureza? Indica para seus amigos e alunos? Como você justifica sua indicação? Redija um texto para desenvolver suas respostas, indicando seus argumentos.

Atividades aplicadas: prática

1. Retire da estante um livro já lido por você. Antes de abrir, considere o resultado da leitura feita. Abra o livro e observe se você fez anotações. Relembre as passagens de que mais gostou. Escreva o resultado e empreste o livro e as anotações para outro(a) leitor(a). Depois, converse com essa(s) pessoa(s) sobre as duas leituras.

2. Usando papel e cartolina, construa um livro manuscrito com as mesmas normas dos impressos (paginação, título, sumário, ilustração, se for o caso etc.). Desenhe e coloque a capa. Em seguida, mostre o livro para alguém, troque-o ou, guarde-o.

{

um	História dos livros e das bibliotecas
dois	O livro e a sociedade
# **três**	**A história do livro no Brasil**
quatro	Leitura e bibliotecas na história do Brasil

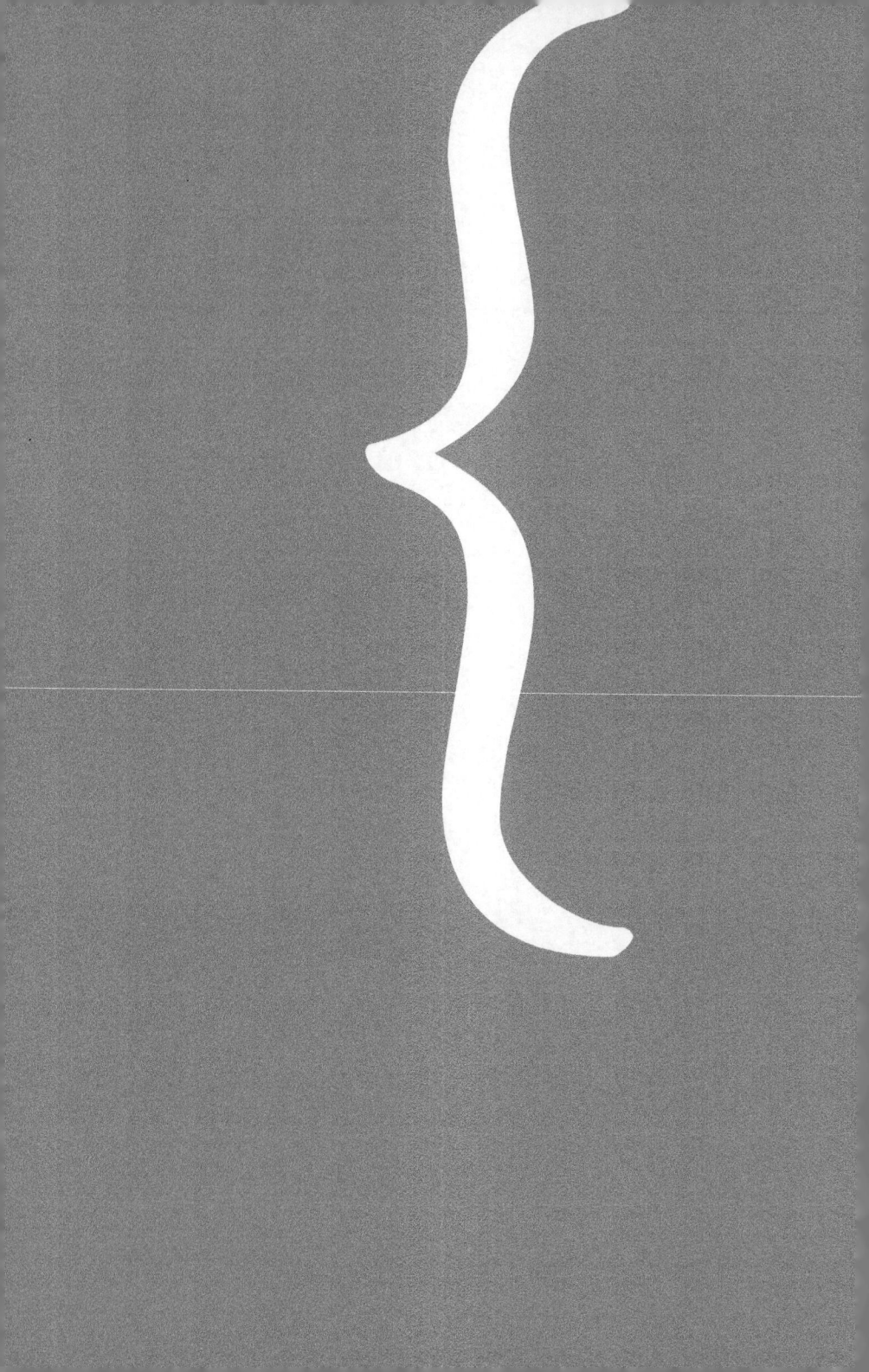

Ouvir alguém dizer que o Brasil é um país de poucos leitores não parece mais causar espanto; antes, provoca um sorriso de concordância, um tanto derrotista. O início da impressão de livros foi tardio, e a censura limitou mais ainda a escrita e a produção de livros. Não deixam de ser desabonadores os índices de analfabetismo e de alfabetismo funcional ainda vigentes no país. A mais recente pesquisa sobre o estado de leitura no Brasil, realizada entre 2019 e 2020, trouxe uma informação com sentido de alarme acionado: o país perdeu 4 milhões e 600 mil leitores em 4 anos (Instituto Pró-Livro; Itaú Cultural, 2020).

A imagem da leitura que esses fatores reunidos constroem é preocupante. No entanto, quando se conhecem a evolução da produção editorial e a quantidade de títulos e exemplares vendidos, percebe-se que a moldura que sustenta essa imagem é constante, forte e promissora. A depender da situação tecnológica da produção livreira e da proliferação positiva de novos autores e livros, é possível prever um futuro menos sombrio para a leitura no Brasil.

Perseguir essa história e aprender com a ainda pequena produção de estudos a respeito é o objetivo deste capítulo. O leitor deste texto provavelmente verificará o quanto os dados para a construção dessa evolução são dependentes de alguns clássicos da historiografia do livro brasileiro. A seus autores deve ser dado o reconhecimento pelo pioneirismo e pelo registro das fontes desse mar de livros.

Um possível roteiro para a história do livro consistiria em seguir a atividade dos impressores-editores. Ao se estudar a diversidade de sua atuação, podem ser identificados três tipos e o período em que se sobressaíram. O primeiro tipo é o do **impressor-editor**. Caracterizado por estar "ligado mais diretamente às atividades tipográficas, seleciona os livros a editar, cuida da obtenção das licenças e dos privilégios previstos nas leis, encarrega-se de sua composição e impressão, assim como de sua venda" (Abreu, 2010, p. 55). É o tipo predominante até meados do século XVI. O segundo tipo é o do **livreiro-editor**, aquele que está "mais distante da tipografia e mais próximo da livraria, também se encarrega da seleção dos títulos, da obtenção das licenças e privilégios e da venda, mas não se envolve diretamente na composição e impressão dos exemplares, arcando apenas com os gastos decorrentes" (Abreu, 2010, p. 55). É o tipo predominante entre 1550 e 1850. O terceiro tipo é o do **editor pleno ou independente**, que faz a seleção de originais e cuida do financiamento para sua impressão. O editor independente tornou-se o profissional predominante a partir da segunda metade do século XIX e continua até os dias de hoje, com algumas novas atribuições desde o momento em que foi criado o livro digital (Abreu, 2010).

Na exposição que segue, houve a intenção de mapear esses personagens históricos – em sua biografia, mas muito mais na ação desenvolvida.

trêspontoum
Como a história do livro começou: do Brasil Colônia à República

O Brasil tem uma origem mais ou menos recente quando se trata da produção de livros se esta for comparada com a de alguns países da América. O México já tinha oficinas de impressão no século XVI e, a partir de 1533, passou a publicar obras. Mais tarde, em 1584, em Lima, no Peru, Antonio Ricardo – cujo sobrenome italiano era Ricciardi –, ao imprimir em espanhol, quéchua e aimará o primeiro livro publicado na América do Sul, a obra *Doctrina christiana y catecismo para instrucción de los indios*, "foi obrigado a interromper sua impressão já no prelo" (Hallewell, 2017, p. 50-52) para publicar às pressas o opúsculo de quatro páginas intitulado *Pragmática sobre os dez dias do ano*, a respeito do calendário gregoriano criado em 1582. Assim nascia na América do Sul a imprensa com marca religiosa, tal qual na Alemanha de Gutenberg.

Como colônia de Portugal, o Brasil não tinha autorização para editar livros, porque a Coroa portuguesa temia a edição de títulos revolucionários, capazes de provocar nos habitantes da Colônia projetos de libertação. Escritores brasileiros ou aqui residentes somente editavam com o aval e os selos correspondentes da autoridade portuguesa – primeiramente os da Inquisição e, a partir de 1769, os da Real Mesa Censória. Esse fato histórico é da maior relevância, embora se modifique com a chegada ao Brasil da família real portuguesa, em 1808.

Na época, a importação de livros tinha de ultrapassar várias barreiras burocráticas, o custo do transporte transoceânico e o obstáculo do preço elevado. Havia, porém, os obstinados comerciantes, eruditos, bibliófilos, escritores e religiosos. Eles suportavam toda a espera e as dificuldades para ler obras vindas da Europa e para tê-las em suas bibliotecas. Talvez a maior delas tenha sido a do cônego Luís Vieira da Silva, que, apesar de poucos recursos financeiros, conseguiu montar uma biblioteca de 800 volumes em que havia clássicos da literatura, dicionários, livros de ciência, história, livros proibidos, autores da Antiguidade greco-latina etc. (El Far, 2006).

A população do Brasil Colônia era analfabeta em sua quase totalidade. O número de leitores era muito pequeno, e a tradição da leitura oral, em público ou em privado, predominava. Outro fator se somava a essa situação refratária à leitura: ao final do século XVI, o imenso território brasileiro era habitado por aproximadamente 30 mil colonos portugueses, dispersos, em sua maioria, por áreas rurais distantes umas das outras. A miscigenação com os indígenas era muito grande e, aos poucos, todos falavam o tupi, a primeira língua de contato, divulgada pelos missionários em suas reduções e escolas.

Entre os analfabetos, a condição feminina no século XVIII estava moldada pelos costumes sociais. Alessandra El Far (2006, p. 9-10) assim a descreve:

> *Por conta das rígidas regras morais da época, que reservavam à mulher somente o espaço doméstico, pais e maridos cientes de sua autoridade patriarcal costumavam proibir a elas o acesso à educação. Nesse cenário, eram raras as mulheres que sabiam ler e escrever com fluência. Já na atmosfera religiosa, esse quadro era bem mais animador. Tanto nos conventos quanto nas casas de recolhimento, que abrigavam moças solteiras, viúvas, representantes da nobreza ou mesmo de camadas menos favorecidas, a grande maioria das reclusas aprendia teologia, preces, biografias de santos, filosofia, letras, boa conduta, dentre várias outras disciplinas que acabavam por aproximá-las da experiência da leitura e da escrita. Algumas religiosas — como a madre Jacinta de São José, fundadora da ordem carmelita no Brasil e do Recolhimento de Santa Teresa, no Rio de Janeiro, em 1742 — escreveram obras e inúmeras cartas, relatando suas ideias e experiências místicas. Jacinta, que tinha um acervo pessoal de livros, dialogou com os valores religiosos de seu tempo e desafiou muitas vezes os limites impostos às mulheres pelos bispos e demais autoridades da Igreja.*

A Coroa portuguesa, em seu intuito de impedir publicações no Brasil, em 1747, no Rio de Janeiro, fechou uma oficina tipográfica, pertencente a Antônio Isidoro da Fonseca. Nela haviam sido impressas três peças do dramaturgo brasileiro Antônio José da Silva, o Judeu, e algumas obras portuguesas. Apesar de o proprietário requerer a reabertura de sua tipografia, a proibição foi mantida em 1750. José Veríssimo, em 1900, apresentou Isidoro da Fonseca como "patriarca da imprensa no Brasil" (Bragança; Abreu 2010, p. 25). Em Recife, no ano de 1706, e, mais tarde, em Vila Rica, em 1806, também houve fechamento de tipografias. Em 1747, foi escrito e impresso no Brasil o primeiro livro, de autoria de Luiz Antônio Rosado da Cunha, que saudava a chegada de um bispo ao Rio de Janeiro. O título, à moda da época, não era nada sucinto: *Relação da entrada que fez o Excellentissimo e Reverendissimo Senhor D.F. Antonio do Desterro Malheyro, Bispo do Rio de Janeiro, em o primeiro dia deste prezente anno de 1747, havendo sido seis annos bispo do Reyno de Angola, donde por nomiação de Sua Magestade, e Bulla Pontificia, foy promovido para esta diocesi* (Bragança; Abreu, 2010, p. 26).

As Guerras Napoleônicas na Europa, no início do século XIX, criaram um clima de violência. Contudo, a fuga da família real para o Brasil, a fim de escapar das represálias do futuro imperador francês, foi benéfica. A bordo das naus portuguesas chegaram: o título de Vice-Reino; a biblioteca do Paço de Lisboa; a Imprensa Real; a estrutura administrativa da corte; o estatuto para o Rio de Janeiro de sede provisória do governo português e de suas colônias; a presença de artistas franceses, que impulsionaram a pintura e a música no Brasil; a modernização da capital;

e o incremento à economia. Trata-se de mudanças que, aos poucos, transformaram algumas cidades (Rio de Janeiro e Salvador, por exemplo), fazendo-as passar de uma situação colonial e retrógrada à condição de núcleos de progresso.

A biblioteca trazida nas naus portuguesas era mais do que símbolo de cultura: era um atestado do poder do rei. Seu acervo, iniciado pelo Rei Afonso V no século XV e incrementado no reinado de D. João V no século XVIII, era considerado o mais rico da Europa. Em 1755, no entanto, o terremoto que atingiu Lisboa destruiu esse acervo, que estava na Biblioteca Nacional da Ajuda, de Lisboa. A biblioteca foi reconstruída no ano seguinte, e seu acervo aos poucos foi sendo refeito, de modo que, quando chegou ao Brasil, em caixotes, era composto por aproximadamente 60 mil peças, entre documentos e livros.

Assim, foi somente a partir de 13 de maio de 1808, após a fundação da Imprensa Régia por D. João VI, que nosso país teve a condição de imprimir livros, os quais eram aprovados previamente pelo rei e posteriormente pelo Imperador D. Pedro I. O primeiro livro impresso foi o volume de poesias de Tomás Antônio Gonzaga intitulado *Marília de Dirceu*, em uma tiragem de 2 mil exemplares, numerosa até para nossa época.

A carta régia que permitiu a utilização de prelos no Brasil assim estava redigida, conforme podemos ler em Lajolo e Zilberman (2002, p. 107-108):

> *Tendo-me constado que os prelos que se acham nesta capital eram os destinados para a Secretaria dos Negócios Estrangeiros e da Guerra, e atendendo à necessidade que há da Oficina de*

> *Impressão nestes meus estados; sou servido de que a casa onde eles se estabeleceram sirva interinamente de impressão régia onde se imprimirão exclusivamente toda a legislação e papéis diplomáticos [...] que se possam imprimir todas e quaisquer obras.*

Durante certo tempo, ficou garantido o monopólio de impressão para a Imprensa Régia; porém, em poucos anos, os prelos para a impressão de livros se multiplicaram no Brasil. Começaram a funcionar impressoras em Salvador (1811), Recife (1817), São Luís do Maranhão e Belém do Pará (1821) (Hallewell, 2017). Como destaca El Far (2006, p. 11), quando

> *D. João VI voltou para Portugal [1821], foi obrigado a deixar os livros, que já representavam um bem simbólico inestimável para uma nação rumo à civilização. Com seus mapas, manuscritos, ilustrações e coleções raras, esse acervo obteve até o ano de 1876 vários nomes, quando, enfim, recebeu a denominação de Biblioteca Nacional.*

Segundo Lajolo e Zilberman (2002), o aparecimento de tipografias foi uma iniciativa isolada, porque continuaram faltando no Brasil escolas, bibliotecas, meios de difusão e distribuição de livros. Consequentemente, o Brasil tinha autorização para imprimir, mesmo que não houvesse leitores em escala para consumir essa produção (Lajolo; Zilberman, 2002). Entretanto, três séculos de proibições e de escassez de livros haviam deixado sequelas profundas e avaliações equivocadas. Foi o que registrou um viajante inglês, Henry Koster, sobre a receptividade da leitura entre a população brasileira:

> Alguns de meus vizinhos, tanto em Itamaracá quanto em Jaguaribe, entravam às vezes quando eu estava lendo e achavam estranho que eu achasse prazer nessa atividade. Eu me lembro de um homem que dizia:
> – O senhor não é um padre; portanto, por que o senhor lê? O senhor está lendo um breviário? Em outra ocasião, contaram-me que eu tinha granjeado a fama de um homem muito santo, porque estava sempre lendo. (Lajolo; Zilberman, 2002, p. 108)

Talvez a estranheza das pessoas comuns com relação à leitura perdure até hoje, embora a fama de santidade não seja exatamente a qualidade atribuída aos leitores.

O Brasil ficou conhecido no Ocidente não apenas pelas narrativas orais de viajantes, tripulantes e colonos em sua volta a Portugal: notícias da nova terra foram dadas por escrito em um dos documentos mais importantes de nossa história, *A carta de Pero Vaz de Caminha*. Destinada ao rei português D. Manuel, descrevia, em primeira mão, os olhos deslumbrados dos que aqui aportaram diante da riqueza, diversidade e originalidade da terra descoberta. O documento escrito sobreviveu como a certidão de nascimento do Brasil. Ali se encontram as intenções da metrópole e do narrador, o espanto da tripulação e dos comandantes com os índios, o encantamento com a natureza e as possibilidades econômicas da nova terra. Frases como "a terra em si é de muito bons ares", "Águas são muitas; infindas. E em tal maneira é graciosa que, querendo-a aproveitar, dar-se-á nela tudo, por bem das águas que tem" e "o melhor fruto, que nela se pode fazer, me parece que será salvar esta gente" (Biblioteca Nacional, 2022) são conhecidas e acabaram por se converter em chavões a respeito do Brasil.

Caminha quis ver nos índios a inexistência de pensamento religioso; portanto, uma tarefa portuguesa seria torná-los cristãos. Embasam esse documento enganos antropológicos nos contatos com os indígenas, manifestação da ideologia dos conquistadores europeus no relato das aventuras, assim como interesses comerciais e religiosos impondo-se ao novo território. Trata-se de um relato minucioso da chegada dos europeus a uma terra desconhecida. Convém lembrar que a expedição visava chegar às Índias, e não aos índios; à Ásia, e não à América do Sul. É o século XVI europeu encontrando o passado de um território desconhecido a quem os navegantes já demonstram o desejo de aculturar, de impor outra e diferente civilização.

Esse começo colonialista teve desdobramentos contraditórios com relação aos escritos, à evolução da educação para a leitura e à construção da história dos livros e demais impressos no Brasil.

Relatos de viajantes, cientistas ou aventureiros levaram ao Ocidente informações sobre a terra, a fauna, a flora, os costumes, as relações interculturais, os projetos religiosos de catequização, as informações sobre a colônia e o enaltecimento da natureza brasileira. Foram livros publicados fora do Brasil e com o intuito de divulgar a colônia e de conquistar novos habitantes ávidos por encontrar oportunidades pecuniárias e humanitárias ou por satisfazer sua curiosidade.

Em uma lista reduzida, podem ser arrolados textos e livros que tiveram o Brasil como assunto exclusivo e foram publicados e/ou lidos no século XVI: *Diário da navegação da armada que foi à terra do Brasil* (1532), de Pero Lopes de Sousa; *Cartas do Brasil* (1549-1560), do padre jesuíta Manuel da Nóbrega; *Cartas*

(1554-1587) e *Arte da gramática da língua mais usada na costa do Brasil* (1595), do padre jesuíta, poeta e dramaturgo José de Anchieta; *Duas viagens ao Brasil* (1557), do alemão Hans Staden; *Singularidades da França Antártica* (1558), do frade franciscano francês André Thevet; *História da Província de Santa Cruz que chamamos Brasil* (1576), de Pero de Magalhães Gândavo; *Viagem à terra do Brasil* (1578), do francês Jean de Léry; *Narrativa epistolar* (1583) e *Tratados da terra e da gente do Brasil* (data incerta), de Fernão Cardim; *Tratado descritivo do Brasil* (1587), do senhor de engenho Gabriel Soares de Souza; e, por fim, *Prosopopeia* (1601), poema épico de Bento Teixeira. A enumeração demonstra o quanto o Brasil, no século em que se revelou para o mundo, foi assunto para a escrita de livros e despertou a curiosidade dos leitores, que, por sua vez e em círculo virtuoso, estimulavam a produção de mais relatos e mais informações em diferentes gêneros textuais.

Quanto à leitura pelo público interno, sabemos que as escolas jesuíticas adotavam a leitura de obras clássicas e de obras religiosas. Em seu trabalho de catequese, usavam textos escritos em tupi, como a *Doutrina cristã na língua brasílica*, um manuscrito do século XVI. Mas era um texto para ser lido pelos catequistas, e não pelos índios: para estes, a comunicação oral era suficiente. Hallewell (2017, p. 49) comenta que "onde os povos indígenas não desenvolveram um alto grau de civilização (como os índios da Idade da Pedra no Brasil) a aculturação não precisou de [...] sofisticação".

No século XVII, o governo dos holandeses em Pernambuco "foi o primeiro das Américas a mostrar interesse em usar um prelo para auxiliar o processo administrativo". Embora houvesse a proposta de contratação de um impressor, não houve interesse em trabalhar na "distante colônia açucareira" (Hallewell, 2017, p. 56). Quando um impressor aceitou a tarefa e a viagem, morreu na hora da chegada a Recife. Pouco tempo depois, os holandeses foram derrotados e se retiraram do Brasil, em 1654.

Para a publicação em Portugal, os escritores ficavam à mercê de mecenas que se responsabilizassem pelos custos da impressão do livro. A esse respeito, é exemplar o agradecimento que Nuno Marques Pereira redige em seu livro *Compêndio narrativo do Peregrino da América* (1728), considerado o *best-seller* do século XVIII no Brasil. Depois de suplicar o auxílio financeiro ao mestre de campo Manuel Nunes Viana, que governou uma parte da região de Minas Gerais, foi chefe de partido e exerceu poder de mando e fiscalização nas terras sob sua administração, Nuno Pereira (citado por Lajolo; Zilberman, 2002, p. 49) criou uma relação associativa com Nossa Senhora, de quem o patrocinador era devoto:

> *Por grande acerto tenho fazer a V. Senhoria esta Súplica, pois tendo dedicado este livro [...] à Santíssima Virgem da Vitória, e considerando-me tão falto de poder, como de cabedais para o mandar imprimir, fazendo juízo de que pessoa valer-me pudesse para debaixo de seu amparo, e proteção poder sair à luz com ele, foi sem dúvida inspiração da mesma Senhora, de quem V. Senhoria é tão devoto, que me valesse de V. Senhoria; aonde poderia achar o valimento para poder conseguir o que pretendo.*

A súplica insistente foi atendida: o livro foi impresso e o valimento do mestre de campo resultou em um livro que é um marco da literatura brasileira e, principalmente, que chegou a um número extraordinário de leitores para a época, pois teve várias edições. Embora impressa no século XVIII, a obra posiciona-se no século anterior, por manter uma estética conservadora, atacando a poesia satírica, a simbiose religiosa do catolicismo com religiões exógenas, as farsas e as comédias que apresentavam a dissolução de costumes católicos. Entretanto, ao preocupar-se com a possível recepção do público, manifesta um pensamento mercantilista próprio da sociedade burguesa ocidental.

Cumpre observar que, mesmo havendo penúria de produção de livros, havia, na elite alfabetizada, a ocorrência de disputas e debates que se apoiavam em questões de doutrina religiosa, de formação moral, de denúncia do ambiente cultural, de polêmicas entre a finalidade moralista da arte e a liberdade temática e formal. Flagrando as contradições da época, Lajolo e Zilberman (2002, p. 55) ressaltam a contribuição de Nuno Marques Pereira para a compreensão do Brasil no início do século XVIII:

> [Compêndio narrativo do Peregrino da América] *torna-se indicador de que tempo era esse: aquele em que, no Brasil, um grupo de consumidores começava a existir e manifestava de alguma maneira seus hábitos e expectativas culturais. Não se pode dizer que era uma camada culta ou elevada, pois preferia o vulgar e o extravagante, o farsesco do palco e o colorido da rua. Tinha, contudo, sua estrutura e definia certas tendências,*

homólogas às que, na arquitetura e escultura, transparecem nas igrejas mineiras, exuberantes e teatrais [...].

A Inconfidência Mineira, em 1789, contava, entre seus articuladores, com poetas de significativa importância, como Cláudio Manuel da Costa (1729-1789), Tomás Antônio Gonzaga (1744-1810) e Alvarenga Peixoto (1742-1793). Suas obras, publicadas em Portugal, eram conhecidas – lidas ou declamadas – na capitania de Minas Gerais. Todavia, como era grande o volume de títulos estrangeiros, superando em muito o dos brasileiros, é preciso levar em conta que mesmo os importantes escritores estrangeiros do século XVI e XVII, como Lope de Vega (1562-1635), Camões (1524-1580) e Bernardim Ribeiro (1482-1552), só foram lidos no Brasil cem anos depois de publicados, isto é, no século XVIII (Hallewell, 2017).

Lisboa, por sua vez, não era a capital mais importante da Europa no que diz respeito à existência de tipografias. Quando ocorreu o terremoto que destruiu a maior parte da cidade, em 1755, havia apenas 10 tipografias. Londres, em comparação, tinha 128 na mesma época. Isso significa que, mesmo podendo importar livros seculares não religiosos, o Brasil vivia uma defasagem cultural enorme em relação à Europa, assim como Portugal, embora em menor escala.

Com a criação da Imprensa Régia no Brasil, o rei manteve a censura à publicação de obras e, para tal trabalho, delegou à Mesa do Desembargo do Paço essa responsabilidade. Seus funcionários faziam a vistoria de tudo o que chegava aos portos brasileiros, fiscalizavam "o conteúdo das obras, os títulos colocados à venda e a fidelidade das impressões" (El Far, 2006, p. 10). A censura rigorosa vigorou até 1821 e foi sendo, pouco a pouco, abrandada. No entanto, permaneceu para obras teatrais. Também se encerrou nesse ano o monopólio editorial da Imprensa Régia. Na verdade, o nome já nem era esse: em 1817, o lugar passou a se denominar Real Officina Typographica. No início de 1821, mudou para Régia Typographia. Nesse mesmo ano, passou a se chamar Typographia Nacional (Hallewell, 2017).

Em 1810, apesar da demora na autorização para a impressão de obras, foram editados 24 livros às expensas do livreiro Paulo Martin Filho, e havia mais 15 programados (Abreu, 2010, p. 52-53). A necessidade de dupla autorização e os custos elevados de papel e insumos não detiveram a atividade editorial nesse ano, o que evidencia a existência de uma demanda reprimida.

Embora as pesquisas sobre a Imprensa Régia tenham sido sérias e rigorosas em seus levantamentos, ainda existem dúvidas sobre a quantidade de livros nela impressos. Dois fatores levam a essa indefinição: o desaparecimento de obras e de documentos publicados e a confusão reinante na época entre os livros importados de Portugal e os que foram impressos no Rio de Janeiro, quando não se tratava de autores brasileiros. Ambos os fatores se devem a uma inapetência da sociedade na preservação da memória cultural no país, o que aumenta a dificuldade do trabalho dos pesquisadores. Isso fica muito evidente no texto "Duzentos anos: os primeiros livros brasileiros", capítulo escrito por Márcia Abreu e integrante da obra *Impresso no Brasil: dois séculos de livros brasileiros* (Bragança; Abreu, 2010).

Em poucos anos, chegaram ao Brasil comerciantes e livreiros que, ao preverem o aumento do público leitor e os lucros advindos dessa nova configuração, vislumbraram a possibilidade de maior difusão e de melhor distribuição dos livros aqui publicados e de obras importadas. O Rio de Janeiro e, posteriormente, São Paulo se tornaram, em pouco tempo, locais de origem de grandes grupos importadores e, mais tarde, impressores de livros.

Essa primeira fase de disseminação de editoras e de livrarias gradualmente mudou as características e a quantidade do público leitor e implicou a valorização da leitura como conhecimento e como atributo social, reafirmando a crença de que o circuito da leitura vai além de livros e leitores. Este se torna mais forte e amplo, abrangendo editores, capistas, revisores, ilustradores, tradutores, impressores, livreiros, vendedores em domicílio, professores, críticos, jornalistas e outros que vão surgir, decorrentes da evolução dos livros, dos impressos, das linguagens e dos modos de ler.

Mesmo com as demandas do trabalho oficial do governo e com a impressão do jornal *Gazeta*, os prelos da Imprensa Régia atraíam encomendas externas e publicaram dezenas de livros. Os livros ali impressos eram de alta qualidade, do mesmo modo que era alto seu preço. Em virtude dessa segunda razão, o número de leitores e o desenvolvimento da leitura foram insignificantes no período. Porém, após o fim do monopólio, as tipografias e as editoras se espalharam pelo Brasil em pouco tempo e por quase todas as províncias, do Amazonas ao Rio Grande do Sul, entre 1821 e 1852.

O transporte entre as províncias brasileiras era, no início do século XIX, extremamente precário. Sem estradas e sem ferrovias robustas, "o correio pelo interior (quando havia) não cobria, em vinte e quatro horas, mais do que uma média de trinta quilômetros" (Hallewell, 2017, p. 132). O meio de transporte mais eficaz realizava-se por via marítima e fluvial. Com a chegada dos barcos a vapor, a facilidade de transportar livros, maquinário e objetos importados aumentou a oferta e a venda de materiais de leitura e favoreceu a criação de tipografias e editoras.

O Rio de Janeiro continuou sendo o centro administrativo, político, econômico e cultural do país, mas algumas províncias foram paulatinamente adquirindo protagonismo, como São Paulo, Salvador, Recife e São Luís do Maranhão (cidade conhecida como a Atenas Brasileira).

> *o Ceará recebeu um prelo nos princípios de 1824; São Paulo e Rio Grande do Sul começaram a imprimir em 1827; Goiás, em março de 1830; Santa Catarina e Alagoas, em agosto de 1831. O Rio Grande do Norte recebeu um prelo em 1832, mesmo ano em que Sergipe, apesar de a primeira gazeta e o primeiro livro terem sido impressos só em 1838. A impressão no Espírito Santo começou em 1840. O Paraná só se desmembrou de São Paulo em 1854, mas possuía um prelo desde 1849 ou 1853.* (Matos, 2010, p. 465)

Para que se possa ter um horizonte de comparação, em 1816 o Rio de Janeiro tinha 12 livrarias e, até 1822, 7 tipografias. Buenos Aires, em 1826, tinha 5 livrarias e 4 tipografias. O Chile só teve uma livraria em 1840. Os países do sul da América do Sul ainda teriam muito a se desenvolver para chegar perto de Paris, que, em 1820, tinha 480 livrarias e 850 tipografias (Hallewell, 2017).

As tipografias não imprimiam apenas livros, mas também folhetos, jornais periódicos, cartazes de rua, anúncios, documentos, panfletos e outras miudezas. São dados que repercutem na proliferação, ou não, dos escritos, em sua popularização, na relação entre leitores e impressos, na vida escolar e na vida social.

A primeira novela brasileira, de autoria de Lucas José de Alvarenga, intitulada *Statira e Zoroastes*, com 58 páginas, foi publicada na Tipografia Imperial e Constitucional de Pierre Plancher, no Rio de Janeiro, em 1826. Seu enredo aproxima a narrativa do gênero conhecido como *roman à clef*, isto é, uma narrativa que tem como personagens pessoas reais, disfarçadas em ficção, mas facilmente identificáveis pelos leitores. Também seu objetivo é claramente extraliterário, procurando descrever a realidade social e/ou política. Escrita "no estilo contemporâneo da ficção didática, buscava divulgar as ideias sociais e políticas do liberalismo. Zoroastes, príncipe do Tibete, concede a seu país os benefícios de uma constituição, da liberdade de imprensa e assim por diante" (Hallewell, 2017, p. 152). Nesse caso, a narrativa cria o protagonista Zoroastes como simulacro do Imperador D. Pedro I.

O Rio de Janeiro, capital do Império, era, na primeira metade do século XIX, uma cidade acanhada, com ruas estreitas, com comércio dependente da importação de produtos e com uma única rua de intenso tráfego de pessoas e de coches e carruagens, a famosa Rua do Ouvidor. Nela se localizava a maioria das livrarias e das tipografias. Os proprietários, a maior parte de origem francesa, apresentavam em seu acervo obras estrangeiras e traduções de obras estrangeiras. Mas algumas livrarias já se convertiam em ponto de encontro de escritores e intelectuais, criando rotinas de visitas, rodas de conversa e divulgação de obras, constituindo aos poucos círculos de amizade e de repercussão de leituras de livros.

Duas das livrarias mais frequentadas e que se tornaram lugar de encontro de escritores de relevo na época eram a de Louis Mongie e a de Baptiste Louis Garnier, ambas na Rua do Ouvidor. Próximo dali ficava a livraria de Francisco de Paula Brito, onde se reuniam os poetas e romancistas românticos, artistas, compositores e atores. Faziam parte desse clube informal personalidades da sociedade, políticos, jornalistas e um bom número de médicos. Paula Brito denominou esse grupo de Sociedade Petalógica (de *peta*, que significa "mentira"), tendo em vista a característica de seus participantes de se deixarem levar pela imaginação (El Far, 2010).

3.1.1 Novos e velhos leitores

Durante o século XIX, a taxa de alfabetização era baixíssima. Apenas algo entre 17% e 20% da população havia sido alfabetizada. No entanto, o jornalismo era uma atividade em grande expansão. Uma das explicações é que os jornais, em sua maioria, eram sustentados por grupos políticos. Cada qual tinha seu veículo de expressão e de pressão. Também se sabe que eram periódicos de curta duração. Em 1897, por exemplo, motivados pela Guerra de Canudos, surgiram, no Rio de Janeiro, 27 novos jornais (Bragança;

Abreu, 2010, p. 477). Muitos intelectuais do livro neles escreviam e publicavam poemas, contos, folhetins e até romances. Em *O Estado de S. Paulo*, Euclides da Cunha reportou a campanha de Canudos, o que se tornou parte de *Os sertões*. Machado de Assis (1839-1908), Manuel Antônio de Almeida (1831-1861), Martins Pena (1815-1848), Joaquim Manuel de Macedo (1820-1882), Olavo Bilac (1865-1918), Raul Pompeia (1863-1895) e muitos outros foram publicados primeiro em jornais e depois em livros.

No Paraná, à época do simbolismo, nos anos de passagem do século XIX ao XX, proliferaram as revistas literárias, ilustradas e muitas vezes efêmeras, que circulavam em meio a um público cativo de escritores e simpatizantes da estética literária e dos autores. Foram 15 revistas exclusivamente literárias que circularam entre 1895 e 1911. Curitiba, polo intelectual e cultural no período da *Belle Époque*, fez do livro e da literatura sua distinção entre as grandes cidades brasileiras. Cinco livrarias, nove tipografias, uma litografia e cinco colégios particulares, sete cinemas (alguns deles com palco) e um grande teatro, o Guaíra, mostravam a infraestrutura para essa relevância. A cidade tinha, na passagem dos séculos, cerca de 50 mil habitantes.

O jornal, a princípio, era uma leitura masculina e tinha na revista seu contraponto feminino. A revista tratava do que era considerado o campo exclusivo da atuação das mulheres: o doméstico. Por isso, moda, culinária, questões de saúde e de educação ligadas especialmente às crianças, conselhos estéticos, receitas, um ou outro texto de viés romântico e curiosidades estavam entre os assuntos preferenciais dessas publicações, como é o caso do

Jornal das Famílias e da revista *Ilustração Brasileira*, ambos do Rio de Janeiro.

Na terceira década do século XIX, o público feminino começou a se consolidar. O analfabetismo entre as mulheres foi considerado um sinal de pudor, já que impedia o acesso a textos imorais e obstava que as alfabetizadas trocassem correspondência amorosa secretamente. Em 1816, foi inaugurada a primeira escola para moças. Novas escolas apareceram, a maior parte delas de propriedade ou sob a direção de estrangeiras. A alfabetização permitiu a ampliação do mercado de edição de livros – geralmente romances – e de revistas direcionadas a esse público. A primeira delas surgiu em 1832: *A Mulher do Simplício, ou A Fluminense Exaltada*, editada na tipografia de Plancher até 1846. Foi sucedida por *A Marmota*, que durou até 1861.

Algumas mulheres passaram a escrever para os jornais diários e se lançavam como autoras de narrativas longas. Entre elas estão Ignez Sabino (1853-1911), Júlia Lopes de Almeida (1862-1934) e Délia (1853-1895) (pseudônimo de Maria Benedita Bormann). Suas narrativas apresentavam uma crítica aos valores da família e do casamento, como se pode comprovar em *Magdalena* (1881), *Aurélia* (1883), *Angelina* (1886), *Lésbia* (1890) e *Celeste* (1893) (El Far, 2010, p. 96). É possível inferir dos títulos o protagonismo feminino assumido nas referidas obras.

Também devemos mencionar que os conteúdos de muitas narrativas escritas tanto por homens quanto por mulheres buscavam atender ao gosto de um público mais popular, não erudito nem pertencente ao nível dos intelectuais que frequentavam a livraria de Paula Brito. Portanto, eram abundantes as histórias que procuravam causar emoções – na época, chamadas de *sensações* – por meio de uma ação repleta de intrigas, sequestros, facadas, envenenamento, assassinatos e até fantasmas. Convém esclarecer que esse formato de narrativa não era exclusividade brasileira: na Europa, nos Estados Unidos e em outros países, tinha um público cativo, cuja expectativa de sensações era atendida por romancistas que caíam no gosto dos leitores.

Assim se expandia o mercado consumidor e as editoras mantinham seus prelos em funcionamento. "Quanto mais inesperado e mirabolante fosse o ocorrido descrito nas páginas dessas brochuras, mais o leitor, preso ao texto, vibraria" (El Far, 2010, p. 97). Publicações com "eventos espantosos, fatos curiosos e informações de última hora" já eram comuns na França do século XVIII, e "O romance de cunho 'sensacional' [...] absorveu com perspicácia a narrativa desses acontecimentos de feitio curioso e inusitado, obrigando seus heróis e heroínas a enfrentar, sem descanso, situações que, para a satisfação do leitor, quebravam o ritmo previsto de todos os dias" (El Far, 2010, p. 97).

Outro era o enfoque quando se tratava de leitura masculina: os "romances para homens" tinham teor pornográfico e eram completamente proibidos para mulheres, consideradas de personalidade frágil e, por isso, suscetíveis aos "enlevos amorosos do enredo" (El Far, 2010, p. 97).

Quais eram os impressos que nessa época saíam do prelo no Rio de Janeiro? Tomando como exemplo a produção do editor--livreiro Paula Brito, verificamos que ele registrou 372 publicações não periódicas: 83 livros na área de medicina, 100 dramas teatrais e libretos de ópera, mais discursos políticos, orações fúnebres, constituições de sociedade de benemerência, propaganda de teatros, relatórios de companhias, poemas ocasionais, folhetos de menos de 20 páginas e uma centena de livros de literatura brasileira.

Com relação aos literatos brasileiros, Paula Brito foi mais que editor: revelava autores e dava-lhes emprego – Casimiro de Abreu (1839-1860) e Machado de Assis trabalharam em sua editora. De seus prelos saiu o primeiro romance de autor brasileiro, *O filho do pescador* (1843), de Teixeira e Sousa (1812-1861). Paula Brito também editou *Últimos cantos* (1851), de Gonçalves Dias (1823-1864), *A Confederação dos Tamoios* (1857), de Gonçalves de Magalhães, que deu início ao romantismo brasileiro, e as comédias de Martins Pena – o teatro era, na época, uma literatura de prestígio.

Nas províncias do Brasil Império, houve algum movimento de publicação de livros, folhetos e jornais periódicos. Hallewell (2017) destaca essas atividades em Recife, Olinda, João Pessoa, São Luís do Maranhão, Belém do Pará – a província pioneira –, São Paulo, Rio Grande do Sul, Goiás, Santa Catarina e Ceará. São histórias de empreendimentos geralmente efêmeros e dependentes da vontade pessoal de seus proprietários. Muitas dessas tipografias imprimiram jornais e poucas produziram livros, entre eles os literários. Foram prelos que passaram por muitos proprietários em razão das crises financeiras, das brigas políticas e, especialmente, da pouca demanda, pois os ambientes culturais ainda eram acanhados. A falta de leitores, de apoio governamental e de expansão de empresas formadas por vários sócios levou à extinção de muitas tipografias, e a lei da oferta e da demanda fez muitas vítimas na cultura dessas províncias, que se tornaram estados após a Proclamação da República, em 1889. Para se ter uma ideia desse processo, São Luís do Maranhão tinha, em 1900, 5 livrarias e 35 prelos em 8 estabelecimentos diferentes, além de uma biblioteca pública com 19 mil volumes. Em 1960, com uma população 6 vezes maior, havia as mesmas 5 livrarias e 5 impressoras (Hallewell, 2017).

Em seu estudo sobre o *Almanaque Garnier*, Eliana Dutra coloca em destaque um texto: "Leitura e livros", de José Veríssimo, editado no almanaque de 1904. Nesse texto, o crítico literário e historiador denuncia a escassez de leitores e a má qualidade do que liam. As mulheres, por exemplo, dedicavam-se aos "romances de folhetim e romances mundanos". Já os homens preferiam "novelas picantes e os jornais do dia". Nos dois grupos predominava a recusa dos autores nacionais e se privilegiavam autores estrangeiros, em especial os franceses: "os livros brasileiros não têm valor e só leem francês, falando e escrevendo num triste português"; são denunciados, ainda, "os católicos, o puritanismo anglicano e o positivismo comtista com sua 'biblioteca peculiar', os quais criam empecilhos à leitura e procuram restringir-lhe a prática, regulamentá-la e fiscalizá-la" (Dutra, 1999, p. 493). Feita a denúncia, o autor defende que o livro é o veículo mais perfeito para tratar de conhecimentos, de ideias, de sentimentos, de emoções e de pensamentos e passa a apresentar uma lista de sugestões de leitura. Alguns dos itens dessa avaliação, que já tem aproximadamente 120 anos, permanecem vivos na história cultural do Brasil.

3.1.2 Duas grandes livrarias-editoras e uma pequena notável

Uma das grandes empresas editoriais do Rio de Janeiro, com ramificações pelo Brasil, foi a livraria dos irmãos Laemmert, Eduardo e Henrique. De origem alemã, Eduardo, aos 27 anos, inaugurou a Livraria Universal, de sua propriedade. Associou-se ao irmão Henrique em 1838. A sociedade comercial recebeu o nome de E.&H. Laemmert, e a livraria-editora passou a se chamar Typographia Universal. No ano seguinte, editaram a folhinha anual. Essa publicação deu origem, em 1844, ao *Almanack Administrativo, Mercantil e Industrial da Corte e Província do Rio de Janeiro*, título mais tarde reduzido para *Almanaque Laemmert*. Tornou-se o mais completo dos almanaques existentes: em 1875, o volume anual tinha 1.700 páginas.

Trabalhadores do livro

Para se ter uma ideia da produção na Typografia Universal, a oficina se localizava em uma casa imensa, em que trabalhavam 120 pessoas. A produção total era de mil folhas por dia e, nos primeiros meses de 1859, foram produzidos ali 79 livros de bom porte e mais 49 brochuras. Somente na seção de encadernação trabalhavam 50 homens, que produziam de 4 a 5 mil livros encadernados e de 13 a 14 mil brochuras. E mal começava a segunda metade do século XIX!

O sucesso do empreendimento dos irmãos Laemmert é comprovável nos números: ao final de 1850, tinham sido impressos 250 títulos; em 1860, mais 400; em 1874, foram 500 e, "quando a firma abandonou a edição de livros, em 1909, havia produzido um total de 1440 obras de autores brasileiros, além de cerca de 400 traduções do inglês, do francês, do alemão e do italiano" (Hallewell, 2017, p. 259).

A sequência de números demonstra a evolução dos livros impressos no Brasil: em 50 anos, a oferta cresce de modo impressionante e sugere que havia demanda por textos impressos porque os índices de leitura também haviam aumentado. A presença maciça de autores estrangeiros fora substituída por escritores brasileiros, que publicavam obras ligadas à história, à política, à ciência e à medicina, bem como livros didáticos e técnicos (por exemplo, sobre agricultura, alimentação, dança, indústria e outros assuntos).

Em 1909, um grande incêndio devorou a livraria, que nunca mais reabriu. A tipografia, porém, continuou atuante. A partir de 1920, o *Almanaque Laemmert* havia passado a denominar-se *Anuário do Brasil* e, após várias mudanças de proprietários, em 1925, a firma passou a ter a designação de Empresa Almanack Laemmert Ltda., mesmo que, entre seus proprietários, nenhum deles tivesse esse sobrenome. O *Almanaque* adquirira vida própria. No entanto, em 1942, outro incêndio acabou com a longa existência dele, cujo último volume foi editado em 1943.

Em 1844, aos 21 anos de idade, desembarcou na cidade o francês Baptiste Louis Garnier. Veio trabalhar no Brasil no mesmo ramo de comércio do irmão, proprietário da livraria e casa editorial Garnier Frères de Paris. Aqui ficou até falecer 49 anos depois. Uma das publicações da editora foi o *Almanaque Brasileiro Garnier*, que teve seu primeiro volume em 1903 e o último em 1914, em números anuais. Os almanaques eram uma espécie de enciclopédia. Na Editora Garnier, eram volumes alentados de 400 a 500 páginas, abrangentes nos assuntos, ecléticos nos gêneros textuais e muito bem aceitos pelos leitores, dados o renome dos colaboradores, a valorização da ciência, a divulgação de novos escritores e o olhar inteligente para a realidade brasileira. Segundo Dutra (1999, p. 482), o *Almanaque Garnier* privilegiava a literatura, a história e a geografia do Brasil, sem deixar de "aliar moral e ensinamento prático, saber e diversão, sobre o tripé utilidade/verdade/entretenimento".

Os exemplares do almanaque começavam pela cronologia e pelo calendário (festas fixas; santos do dia; curiosidades sobre os calendários juliano, gregoriano, perpétuo, positivista e judaico; ciclos lunares e solares; estações do ano etc.). Outras partes tratavam de personagens ou fatos memoráveis; informações úteis (cargos públicos e seus ocupantes); endereços de repartições administrativas, de hospitais e de asilos; pagamento de impostos; taxas de correio; horários de trens; tabela de pesos e medidas; preços de funerais; tabelas de temperatura e pressão; fusos horários; preços de corridas de táxi; mapas dos teatros do Rio de Janeiro com a localização de assentos e outras informações. Na parte relativa ao entretenimento do leitor, havia piadas, charges, enigmas, jogos de adivinhação, pensamentos e provérbios. Por sua vez, na parte dos textos literários, o almanaque apresentava obras e autores da Editora Garnier. Além de divulgar textos opinativos e críticos sobre outros autores e a realidade brasileira, havia resenhas sobre livros recém-lançados, principalmente de literatura, história, geografia e filosofia.

Do ponto de vista da abrangência geográfica do almanaque, a seção de anúncios ilustrados mostrava, entre os estabelecimentos anunciantes, empresas de São Paulo, de Minas Gerais, do Rio Grande do Sul, da Bahia, do Ceará, de Pernambuco, do Maranhão, da Paraíba, além do Rio de Janeiro. A farta documentação visual era fator positivo nessas publicações: fotografias, desenhos, plantas e mapas de boa qualidade chamavam a atenção dos leitores.

A principal editora de literatura, entretanto, não foi nenhuma das duas gigantes do mercado. Foi a Livraria Moderna, de Domingos Magalhães, que imprimiu, nos anos 1890, romances e poesias de autores representativos do realismo e do simbolismo brasileiros, como Adolfo Caminha (1867-1897), Cruz e Sousa (1861-1898), Gonzaga Duque (1863-1911), Artur de Azevedo (1855--1908) e seu irmão Aluísio de Azevedo (1857-1913), Maria Benedita Bormann, Emílio de Meneses (1866-1918) e também Coelho Neto (1864-1934). Teve vida curta e, ao final do século, já estava extinta.

A importância de se estudar a editora como um ramo de negócios, bem como o comércio livreiro, não está associada à intenção de tratar de um ramo do capitalismo ou de valorizar o lucro, mas ao fato de que há uma linha que conecta obras e público e que pode ilustrar a história da leitura. O que leram os antigos? O que leem os contemporâneos? Que expectativas visavam atingir os editores ao publicar um livro qualquer? Livros vendidos eram livros lidos?

3.1.3 É a hora das crianças e das escolas

Os livros publicados durante o império de D. Pedro II nas livrarias-editoras do Rio de Janeiro nem sempre tinham o selo de qualidade literária ou eram de autoria de nomes significativos da cultura brasileira. Hallewell (2017) informa sobre publicações triviais realizadas pela tipografia que pertencia aos sócios Joaquim Caetano Villa Nova e Pedro da Silva Quaresma. Este último criou, em 1879, a Livraria do Povo e tinha como política a impressão de livros baratos de apelo popular, entre os quais estavam algumas trivialidades que chamam a atenção, como *"Arte de fazer sinais com o leque e com a bengala; Dicionário das flores, folhas e frutas; Manual dos namorados; Secretário poético; Coleção de poesias de bom gosto, próprias para serem enviadas [...] em dias de aniversários, baptismos"* (Hallewell, 2017, p. 305, grifo do original).

O editor Quaresma, no entanto, exerceu papel muito relevante ao revolucionar as edições de livros infantis. Foi o primeiro a compreender o processo de leitura de crianças, ainda com deficiências na compreensão da língua portuguesa. Os clássicos dessa literatura, importados de Portugal, vinham distanciados do público brasileiro, expressos em uma linguagem exótica. Quaresma contratou o jornalista Alberto Figueiredo Pimentel para que desvestisse a linguagem empolada e vestisse a fala das personagens com trajes brasileiros. Em 1894, a editora de Quaresma lançou *Contos da carochinha*, o primeiro livro clássico para as crianças do Brasil, e, em 1896, *Histórias da avozinha* e *Histórias da baratinha*. Os títulos, com seus diminutivos e referenciais, já traziam o mundo imaginário e familiar das crianças para as capas. Eram títulos novos para os velhos contos de Andersen, Grimm e Perrault.

Vieram depois *Os meus brinquedos*, *Theatrinho infantil* e *Álbum das crianças*. Trata-se de livros que fundaram e inauguraram a literatura infantil brasileira e povoaram as pobres estantes das escolas e as prateleiras de livrarias por todo o Brasil. "Os tradicionalistas mostraram-se horrorizados, mas a inovação garantiu a Quaresma o virtual monopólio de mercado de livros infantis. Após o falecimento do editor, essa Biblioteca Infantil Quaresma foi reeditada em 1967, pela editora de livros de bolso Edições de Ouro" (Hallewell, 2017, p. 306).

Em 1872, a Livraria Clássica, de Nicolau Alves, no Rio de Janeiro, vendia livros colegiais e acadêmicos. Mas foi a partir de 1882, quando Francisco Alves se tornou sócio da firma – já sob o nome de Livraria Alves – e mais tarde proprietário único, que a livraria passou a ser referência em livros didáticos. Embora o mercado escolar se mostrasse pequeno e os recursos financeiros dos professores ainda fossem mais reduzidos, os 20 últimos anos do Império trouxeram algum avanço na educação, com a duplicação do número de escolas no país.

> *A revolução na educação brasileira começou mais ou menos no último ano do Império, quando os políticos finalmente tomaram consciência do atraso da nação e a crescente prosperidade do comércio cafeeiro proporcionou os recursos necessários, pelo menos no centro e no sul do país. [...]. Em termos de crescimento,*

> os números [...] são impressionantes, porém, mais importantes para o mercado de livros didáticos foram os grandes progressos nos métodos educacionais. (Hallewell, 2017, p. 315)

Em 1890, foi criada a Secretaria de Estado dos Negócios da Instrução Pública, que, já em 1892, foi transferida para o Ministério do Interior e Justiça, o que evidencia o fôlego curto das mudanças na educação. Em 1891, José Veríssimo, que defendia o livro e a leitura como fatores de progresso e civilização, comentando a publicação de compêndios pela empresa Alves & C., escreveu:

> É pouco para um país em que o desenvolvimento da instrução pública é uma necessidade vital. A nossa literatura escolar está muito atrasada, não só não temos bons compêndios, como carecemos de livros para leitura das crianças e dos rapazes. Não sei se o nosso desamor à leitura não provém de que não nos habituamos a ler desde a infância, e não nos habituamos porque não há em nossa língua livros próprios para essa idade. (Veríssimo citado por Lajolo; Zilberman, 1996, p. 155)

Em Fortaleza, por exemplo, havia 8.500 crianças em idade escolar, mas apenas 1.675 frequentavam a escola. Em contrapartida, o estado de São Paulo, na passagem do século XIX para o XX, instalou aproximadamente 200 escolas por ano. Nesse estado, a taxa de alfabetização, que, em 1887, era de 45%, foi para 75% em 1920 e 85% em 1946 (Hallewell, 2017).

Esses números criaram um público que demandava novos livros e bibliotecas. Estavam criados o cenário e o mercado ideal para os livros produzidos pela editora, que em pouco tempo mudou sua sede para instalações maiores a fim de atender à demanda vigente. Mais tarde, inaugurou subsedes em Belo Horizonte e São Paulo.

A dedicação da editora aos livros didáticos e à educação afastou intelectuais da livraria. Não havia nela, como havia na Garnier, um círculo de escritores voluntariamente constantes, ocupando o espaço da loja com conversas, debates e novidades. Mesmo tendo editado aproximadamente 500 títulos de 1882 a 1916, Francisco Alves não era unanimidade entre os intelectuais do Rio de Janeiro: recebia muitas críticas por imprimir os livros de autores brasileiros em Portugal. O papel importado da Europa para o Brasil chegava aqui tão caro que ficava mais em conta publicar os livros em Portugal e trazê-los de lá para as livrarias do Brasil.

Seu testamento surpreendeu: deixou quase a totalidade da riqueza amealhada durante 35 anos de trabalho intenso para a Academia Brasileira de Letras, criada em 1897. A doação estava condicionada à realização, a cada cinco anos, de dois concursos de monografias em homenagem a ele. O prêmio concedido visava à elaboração de estudos que sugerissem modos de ampliar a educação primária no Brasil e de estudos sobre a língua portuguesa. Era uma quantia bastante grande: para o primeiro lugar, 10 contos de réis; para o segundo, 5 contos; e, para o terceiro, 3 contos.

Um dos fatos que beneficiaram a produção de livros didáticos no Brasil foi a reforma do ensino promovida em São Paulo. O ensino das primeiras letras, que havia estado sob a orientação exclusiva dos padres jesuítas até 1759, tinha caráter escolástico, típico da educação medieval europeia. O currículo era dividido em duas partes, *trivium* e *quadrivium*, com aulas ministradas em latim, leitura em voz alta, memorização de textos pelos alunos e raros livros em exemplares restritos aos professores.

Nos séculos XVII e XVIII, predominava o ensino particular, elitista, reservado às famílias abastadas. Há exemplos de filhos de escravos que aprenderam a ler ao lado dos filhos de seus proprietários. O ensino privado doméstico continuaria ainda no século XIX e começo do século XX. Neste último, apareceram as escolas com salas multisseriadas, ou seja, com alunos de diferentes idades e níveis de conhecimento convivendo no mesmo espaço e com um só professor. Tanto em um modelo quanto em outro, o método de ensino era autoritário, violento e de repetição. O conhecimento do passado superava, e muito, conhecimentos advindos da vida presente e real dos alunos. A escola servia à preservação de valores, de conhecimentos, de bibliografias antigas, canônicas, pré-formatadas. A instituição ensinava a ler e a escrever noções básicas, indiscutíveis, nunca lúdicas ou adequadas às idades dos alunos.

Alguns fatores materiais contribuíram para mudanças na educação europeia da segunda metade do século XIX: a disseminação da educação popular pela construção de escolas urbanas; o barateamento do custo do papel; a substituição da pena de ave pela pena metálica; a fabricação de livros didáticos voltados à escola e à infância. No Brasil, contam-se também fatores sociológicos: a imigração europeia; a mudança de regime político (do império à república); a facilitação de transporte pela criação de estradas de ferro (Razzini, 2010).

São Paulo, a partir de 1890, elegeu "o modelo de instrução popular que vinha sendo adotado por estados nacionais da Europa e da América [...], fundamentado nos princípios da obrigatoriedade, gratuidade e neutralidade religiosa, dentro de uma lógica que considerava a escola alavanca do progresso e símbolo da civilização [...]." (Razzini, 2010, p. 103). O ensino passou a ser simultâneo, isto é, o professor atuava diretamente e ao mesmo tempo com todos os alunos; não havia acompanhamento individualizado. O método de ensino era o intuitivo, porque valorizava a experiência do aluno, manifesta na intuição, na observação de fenômenos e objetos, nos sentidos do corpo.

> *Privilegiando a visão, com o emprego do desenho, de ilustrações e de fotografias, o método intuitivo influenciaria a concepção dos livros dirigidos ao ensino elementar (assim como os livros de literatura infantil), em que a imagem ocupava espaço tão importante quanto o texto na página, demanda que ampliaria o mercado de trabalho para artistas que até então atuavam em jornais e revistas. O uso cada vez maior da imagem em sala de aula foi facilitado pelas técnicas de impressão e de reprodução. Desta forma, além de livros ilustrados, os alunos do curso primário passaram a conviver com mapas geográficos e quadros murais (de História, Ciências, pesos e medidas) pendurados nas paredes da sala de aula, muitos deles coloridos. (Razzini, 2010, p. 106)*

Para cumprir esses princípios, o Estado construiu "grupos escolares", segundo uma concepção médico-higienista, em que havia a preocupação com o bem-estar das crianças. Estabeleceu uma hierarquia docente, introduzindo a função de diretor/diretora, e a fiscalização por meio dos inspetores escolares. Também cuidou da formação de professores para a educação estadual pública; nesse sentido, foram criadas no estado nove escolas normais. Para os estudos dos profissionais e dos alunos, o Estado comprou os livros adequados às matérias (disciplinas) lecionadas e às séries do ensino primário (hoje correspondente ao ensino fundamental).

Essas mudanças na educação de São Paulo alteraram progressivamente o sistema de ensino em outros estados brasileiros, a começar por Espírito Santo, Goiás, Mato Grosso, Paraná, Pernambuco, Piauí e Santa Catarina. Na esteira de novos públicos e novos ares da educação, livros se espalharam pelo Brasil. As compras pelos órgãos públicos incrementaram, de modo exponencial, a autoria, a impressão e a venda de livros didáticos. Como o ensino foi uniformizado e simultâneo para cada sala de aula, também cresceu a venda de material escolar: penas para escrever, lápis, lousas individuais, folhas de papel, cadernos e livros (estes antes eram partilhados e agora passam a ser de uso individual). Evidentemente, esse fato incidiu sobre as tipografias e editoras. Dessa maneira, a produção de livros didáticos e para a leitura infantil fez surgir, nesses anos iniciais do século XX, novas editoras – como a Melhoramentos e a FTD – e fez crescer enormemente a Alves & Cia., de Francisco Alves, e, em mais alguns anos, a literatura infantil e a editora de Monteiro Lobato (1882--1948) (Razzini, 2010; Hallewell, 2017; Lajolo; Zilberman, 1996).

Entre os livros publicados a partir de 1880, alguns tiveram vida longa nas escolas:

1. os livros de João Köpke: *Primeiro* (1908), *Segundo* (1908), *Terceiro* (1908), *Quarto* (1908) e *Quinto livro de leituras moraes e instrutivas* (1911), *Fábulas* (1910) e *Leituras práticas* (1915), editados pela Editora Teixeira & Irmão e posteriormente pela Francisco Alves;
2. o livro *Caligrafia vertical*, de Francisco Viana, que teve "centenas de edições até 1990, com mais de 51 milhões de exemplares produzidos" (Razzini, 2010, p. 115);
3. a coleção de Erasmo Braga (*Leitura I, II e III*) publicada pelos irmãos Weiszflog (editora que depois se fundiria com a Melhoramentos) entre 1919 e 1921 e que teve até 1956 um total de 206 edições, sendo produzidos quase dois milhões de livros.

Como as publicações didáticas são consideradas descartáveis, já que é seu uso que importa, as editoras produziram volumes em brochura, com papel inferior e em tamanhos padronizados. Essa característica dá aos livros didáticos, até hoje, um caráter depreciativo.

> *Trata-se de um livro efêmero, que se desatualiza com muita velocidade. Raramente é relido [...], por isso poucas vezes é conservado nas prateleiras de bibliotecas pessoais ou de instituições: com pequena autonomia em relação ao contexto da sala de aula e à sucessão de graus, ciclos, bimestres e unidades escolares, sua utilização está indissoluvelmente ligada aos intervalos de*

> *tempo escolar e à ocupação dos papéis de professor e aluno. [...]*
> *Sua circulação se realiza fora dos espaços das grandes livrarias*
> *e bibliotecas.* (Batista, 1999, p. 529)

Há um descompasso entre a produção de livros de todas as categorias e assuntos e a de livros didáticos: estes são muito mais numerosos e restritos (seja pelos assuntos, seja pelo envelhecimento das informações, sobretudo as científicas e as históricas, seja por sua utilização temporal na série do ensino regular, em determinada escola, atendendo a objetivos limitados). Também a preocupação com os destinatários dos textos (professores e alunos) e sua utilização pragmática conferem a esse tipo de livro um caráter peculiar, visto que exige a modernização contínua dos equipamentos e maquinários para sua produção, mas não garante a fidelização dos leitores, que, passado o período escolar, os abandona e nem sempre continuam lendo outros livros, em especial os que não são didáticos.

trêspontodois
A multiplicidade de editoras nos séculos XX e XXI

A apresentação dessa história do livro em que se caminha pelas veredas da impressão-edição do didático, de seu uso escolar e do incremento da literatura infantil encontra em José Bento Monteiro Lobato a síntese desses elementos todos. Sua biografia começou na terra, na fazenda do vale do rio Paraíba do Sul, onde conheceu de perto o que viria a ser o conteúdo e os personagens de *Urupês*, seu livro de contos publicado em 1918.

Desanimado com a profissão de fazendeiro, já formado em Direito, vendeu suas terras e emigrou para a cidade de São Paulo, onde fez história em livros, em editoras, em revistas, no periodismo e no coração de leitores crianças. Começou comprando as máquinas e os direitos da *Revista do Brasil* em 1918. No ano seguinte, criou com alguns sócios a Olegário Ribeiro, Lobato e Cia., com oficinas tipográficas próprias; todavia, a empresa se desfez no mesmo ano. Lobato não desistiu. Em 1920, tendo como sócio Octalles Marcondes Ferreira, criou a Monteiro Lobato & Cia., que obteve sucesso e, em maio de 1924, transformou-se na Cia. Graphico-Editora Monteiro Lobato. O nome da nova empresa já definia suas metas: ser responsável pela impressão e pela edição de obras, o que lhe dava independência e rapidez. Em pouco tempo, a editora já estava entre as maiores do país. Contribuiu para esse sucesso, além de um catálogo de qualidade, o sucesso espetacular da edição de *A menina do narizinho arrebitado* (1920), obra que, de princípio, vendeu 30 mil exemplares para as escolas do estado de São Paulo. O livro já nasceu um *best-seller*, principalmente por se tratar de literatura infantil, e não de um livro didático.

O prestígio da companhia se expandiu pelo círculo da intelectualidade brasileira, pelas escolas e pelos concorrentes. Monteiro Lobato não poupou esforços e dinheiro, comprando maquinário caro e moderno nos Estados Unidos, usando papel de alta qualidade, contratando funcionários, revolucionando capas e ilustrações, selecionando autores e obras que construíssem a identidade do Brasil e tratassem de sua realidade. Acima de tudo, estabeleceu uma rede de distribuição por todo o território brasileiro, valendo-se dos mais variados tipos de pontos de venda: farmácias, armazéns, bancas de jornal, papelarias, lojas de varejo, padarias. Criou aproximadamente 2 mil pontos de venda em todo o Brasil (Hallewell, 2017). A seguir, vejamos a carta comercial utilizada por ele para angariar clientes.

Carta comercial

Vossa Senhoria tem o seu negócio montado, e quanto mais coisas vender, maior será o lucro. Quer vender também uma coisa chamada "livros"? Vossa Senhoria não precisa inteirar-se do que essa coisa é. Trata-se de um artigo comercial como qualquer outro: batata, querosene ou bacalhau. É uma mercadoria que não precisa examinar nem saber se é boa nem vir a esta escolher. O conteúdo não interessa a V.S. e sim ao seu cliente, o qual dele tomará conhecimento através das nossas explicações nos catálogos, prefácios, etc. E como V.S. receberá esse artigo em consignação, não perderá coisa alguma no que propomos. Se vender os tais "livros", terá uma comissão de 30 p.c.; se não vendê-los, devolverá pelo Correio, com o porte por nossa conta. Responda se topa ou não topa.

FONTE: Hallewell, 2017, p. 357-358.

Com essa correspondência, Lobato conseguiu a adesão dos comerciantes de várias cidades brasileiras.

Entre as contribuições do autor para o avanço da indústria do livro no Brasil estão: a ampliação e a sedimentação de uma rede de distribuição com capilaridade em quase todo o território brasileiro; o pagamento de direitos autorais (o que já estava em embrião nos negócios de Francisco Alves e nos de Paula Brito); a associação com escolas e com o Estado; e a renovação gráfica de todo o material impresso que saiu de sua editora, em especial a ilustração de livros.

Um dos pilares das escolhas feitas pelo editor e pelo escritor Lobato foi, sem sombra de dúvida, a preocupação com o Brasil e a proposição de soluções para os problemas seculares que o país vivia. Tal sentimento se comprova em sua obra infantil, em que o Sítio do Picapau Amarelo representava uma metonímia do país; em seus escritos adultos literários, de que os contos são o melhor exemplo; ou em seus escritos políticos sobre as questões do petróleo e do uso da terra, sem esquecer as pessoas que nela vivem, como o simbólico personagem do Jeca Tatu. Essa posição política regeu boa parte de suas escolhas editoriais: a edição e o lançamento de escritores novos (Valdomiro Silveira, Ribeiro Couto, Léo Vaz, Paulo Setúbal, Oliveira Vianna, Toledo Malta), a valorização do aspecto visual dos livros – não apenas a qualidade do papel, mas o uso de uma linguagem visual atraente – e a valorização da literatura infantil. Daí resultou a contratação de artistas plásticos, capistas e ilustradores como Belmonte.

O sucesso da editora de Lobato ficou evidente porque, enquanto ativa, publicou mais livros significativos do que qualquer outra editora. Isso não impediu a falência da empresa. Fatores determinantes de ordem econômico-financeira, como a Revolução

Paulista de 1924, o aumento dos juros pesando sobre o empréstimo feito para a compra de maquinário, a perda de apoio do governo estadual para a compra de livros destinados às escolas e uma constante falta de luz, que inviabilizava que as máquinas continuassem trabalhando, fizeram com que, em agosto de 1925, Lobato declarasse a falência da Monteiro Lobato & Cia. Porém, em novembro do mesmo ano, ele criou uma nova editora em sociedade com Octalles Ferreira: "Monteiro Lobato & Cia, ou sua sucessora, a Companhia Editora Nacional, ocupou o primeiro lugar entre as firmas brasileiras dedicadas exclusivamente à edição de livros, desde 1921 até princípios da década de 1970, sem interrupção" (Hallewell, 2017, p. 368).

A quebra da bolsa de Nova Iorque em 1929 fez com que Lobato perdesse muito de suas posses aplicadas em ações. Por isso, vendeu sua parte na Companhia Editora Nacional, em que continuou como autor e tradutor. O historiador da literatura e crítico literário Wilson Martins (1996, p. 88, grifo do original) descreveu a trajetória do escritor:

> Lobato é um extraordinário raté [malogrado, frustrado], um raté de gênio que *realizou* tudo o que desejava, porque para ele a realidade começava e terminava dentro dos limites da *ideia*. Mostrar o que podia ser feito, o que *devia* ser feito, e lutar até o momento da aceitação das suas ideias, realizando apenas o indispensável para convencer os adversários e os descrentes, e deixando aos outros a exploração sistemática e organizada de tudo – tal parece ter sido o seu programa inconsciente de vida.

Na correspondência que manteve com Godofredo Rangel, é possível acompanhar, em uma escrita direta, cáustica e fluida, o pensamento, os sonhos, as ações e suas consequências durante 40 anos de vida.

A editora, sob a direção de Octalles Ferreira, bateu recordes sobre recordes. Hallewell (2017, p. 398) apresenta um retrato numérico da gigantesca produção editorial:

> *Um exame detalhado da produção da Editora Nacional, em 1933, pode dar uma ideia da proporção entre os diversos tipos de livros. Dos 1.192.000 exemplares produzidos naquele ano, 467 mil eram de títulos educacionais, 429.500 de livros para crianças – dos quais perto de noventa mil de obras de Lobato – e 107 mil de literatura popular ligeira. O que sobra são 188.500, dos quais 82.100 poderiam ser classificados como belles lettres [literatura].*

São números poderosos até para o Brasil de hoje, com maior população, com maior taxa de alfabetizados, com editoras em grande número e algumas de porte internacional.

A Companhia Editora Nacional publicou, a partir de 1933, a Coleção Terramarear, de livros de aventuras em que os leitores puderam ler as traduções de Edgar Rice Burroughs na série Tarzan, obras de Emílio Salgari, Fenimore Cooper, Jack London, Rudyard Kipling e outros. Trata-se de livros que formaram gerações de leitores juvenis. A editora lançou também a Coleção Paratodos e a Série Negra, de livros policiais, bem como a Biblioteca das Moças, voltada para a leitura especialmente feminina.

Em 1931, foi criada, na Editora Nacional, a Biblioteca Pedagógica Brasileira, organizada pelo educador Fernando de Azevedo. Com a saída de seis professores responsáveis pela área de didáticos na Nacional, os quais criaram a Editora do Brasil, Octalles Ferreira sofreu um duro golpe, acrescido da saída do principal auxiliar, que foi trabalhar na W. M. Jackson Company, a qual entrou no Brasil e já havia editado a primeira enciclopédia brasileira – *Enciclopédia e dicionário internacional* (1914-1921; a segunda edição é de 1936) – e a obra completa de Machado de Assis (1937).

Apesar dos altos e baixos, a Companhia Editora Nacional ocupou, nos anos 1940 e 1950, o primeiro lugar entre as muitas editoras espalhadas por todo o país. Ainda nos anos 1970, era responsável por 55% dos livros didáticos destinados ao então denominado *ensino primário e secundário* do Brasil.

Saindo da Editora Nacional, Artur Neves (1916-1971), principal auxiliar de Octalles Ferreira na editora, criou a Editora Brasiliense, que publicou a coleção completa das obras para crianças e adultos de Monteiro Lobato. Essa ciranda de novas editoras e de fusão de várias delas demonstra a dinâmica do mercado de livros, que será a tônica dos séculos XX e XXI. Também a passagem de escritores, ainda vivos, de uma para outra editora revela uma nova relação entre autores e editores/editoras. O mercado brasileiro de livros entra em uma fase mais claramente capitalista de competição, de ampliação e de conglomerados.

Artur Neves imprimiu em sua editora uma posição política progressista. Com a chegada do escritor Caio Prado Júnior, cresceu a publicação de escritores com uma visão semelhante. Foi o que ocorreu com a coleção completa das obras de Lima Barreto (1881-1922), um autor marginalizado até aquele momento. Um dos grandes sucessos da Brasiliense nesse começo foi a edição de *Éramos seis*, de Maria José Dupré (1898-1984), editada em 1943 e com reedições contínuas até a atualidade.

O catálogo da Brasiliense mostra uma boa quantidade de obras de administração de empresas e também de ciências sociais, com "interpretações esquerdistas dos problemas do Brasil" (Hallewell, 2017, p. 412). Após a censura do golpe militar de 1964 e o fim da ditadura, a Brasiliense lançou, em 1980, a Coleção Primeiros Passos, com noções básicas de assuntos gerais, como cultura, política, sociedade, economia e filosofia. São livros em formato pequeno e preço baixo que conquistaram rapidamente o mercado e foram lidos por diferentes segmentos sociais, inclusive o universitário.

No segmento de livros universitários, o mercado se dividiu entre a José Olympio, a Editora Abril, a americana McGraw-Hill – que chegou ao Brasil em 1971 –, a Editora Ática e a sempre presente Companhia Editora Nacional. Surgiram também as editoras da Universidade de Pernambuco (1955), da Universidade de Brasília (1961) e da Universidade de São Paulo (1962), pioneiramente abrindo as portas para as demais editoras universitárias hoje existentes.

A Companhia Editora Nacional criou a superlativa Coleção Brasiliana, que, entre 1931 e 1993, reuniu 415 títulos de autores brasileiros e estrangeiros. As obras tinham como tema o Brasil, "suas origens, sua formação, sua vida em todos os tempos" (Hallewell, 2017, p. 420). Hoje, essa coleção está depositada na Biblioteca

Nacional do Rio de Janeiro, onde recebeu um conjunto de múltiplas coleções, ligadas entre si pelo objetivo de descrever e estudar o país.

A Brasiliana da Companhia Editora Nacional não foi, ao contrário dos livros didáticos, um sucesso financeiro. Ao contrário, ficou na dependência do governo brasileiro. Quando este lhe faltou, chegou a ficar alguns anos sem editar títulos novos ou editou apenas um ou dois anualmente. Após a morte de Octalles Ferreira, a editora entrou em disputas entre os herdeiros e passou por gestões que aos poucos mergulharam a empresa em uma crise econômico-financeira. O resultado foi sua venda para o Banco Nacional de Desenvolvimento Econômico (BNDE), do governo federal.

No sul do país, a Editora Globo (1928-1986), de Porto Alegre, fez história, em especial sob a orientação editorial de Érico Veríssimo e a gestão de Henrique Bertaso. Especializou-se em literatura estrangeira, em especial autores americanos e europeus. Editou Ibsen, Pirandello, Tolstói, Juan Ramón Jiménez, Joseph Conrad, Somerset Maugham, James Joyce, Steinbeck, Faulkner; muita literatura francesa: Balzac e *A comédia humana* (em 18 volumes), Gide, Voltaire, Stendhal, Flaubert, Taine, Saint-Beuve; e a nata da literatura e da crítica literária em inglês, em francês e em espanhol, até os anos 1940.

Érico Veríssimo cuidava especialmente desse catálogo. Foi ele, segundo Hallewell (2017), quem introduziu na indústria editorial brasileira a função de editor profissional, isto é, aquele que edita uma obra sem ser o dono da editora. Foram 128 títulos editados entre 1933 e 1958, cuidadosamente traduzidos. As traduções colocaram definitivamente a Editora Globo em posição privilegiada entre as editoras nacionais, ao mesmo tempo que os volumes chegavam a inúmeros pontos de venda em todo o país, divulgando mais ainda essa produção.

> *A intenção de uma inserção nacional mais incisiva repercutiu rapidamente, ao menos na imprensa. Em 4 de fevereiro do mesmo ano, Waldemar Cavalcanti escreveu na* Folha Carioca, *do Rio de Janeiro, sob o título de "Imperialismo gaúcho", a seguinte nota:*
> *Os editores cariocas e paulistas precisam mesmo cuidar da vida. Os José Olympio, os Octales, os Martins não devem perder de vista as manobras do imperialismo gaúcho. O que a Livraria do Globo vem fazendo ultimamente no desenvolvimento de suas atividades editoriais é qualquer coisa de extraordinário. [...] (Revista Globo, n. 357, fev. 1944).* (Batista, 2008, p. 157)

Outra instituição relevante para o desenvolvimento e a modernização do papel e das funções do livro na sociedade brasileira foi o Instituto Nacional do Livro (INL), criado em 1937 dentro do Ministério da Educação e Saúde, no governo de Getúlio Vargas, e alocado na Biblioteca Nacional, no Rio de Janeiro. Suas atribuições, no decreto de instalação, eram:

> *Art. 2º [...]*
> *a) organizar e publicar a Enciclopédia Brasileira e o Dicionário da Língua Nacional, revendo-lhes as sucessivas edições;*

b) *editar toda sorte de obras raras ou preciosas, que sejam de grande interesse para a cultura nacional*

c) *promover as medidas necessárias para aumentar, melhorar e baratear a edição de livros no país bem como para facilitar a importação de livros estrangeiros;*

d) *incentivar a organização e auxiliar a manutenção de bibliotecas públicas em todo o território nacional.* (Brasil, 1937)

Sua direção foi entregue ao poeta gaúcho Augusto Meyer. Entre 1935 e 1936, houve um aumento de 40% no número de exemplares produzidos no Brasil. O governo, aproveitando esse mercado em expansão, procurou institucionalizar programas culturais de longo alcance, intervindo no setor. Era uma ação que se situava no âmbito da política cultural-ideológica do governo Vargas. Segundo Hallewell (2017, p. 438), o INL serviria para as "funções de instrumento do controle direto do governo sobre quais livros poderiam ser legalmente publicados ou importados". Essa função censora foi ignorada por Augusto Meyer, que concentrou sua gestão na criação e no desenvolvimento de bibliotecas, assim como na promoção e na expansão de ações de leitura.

Em 1937, no INL foi editado o *Anuário Brasileiro de Literatura*, uma publicação realizada por editores e para editores e que perdurou até 1944. Os assuntos, como seria de se esperar, consistiam em questões referentes à publicação, à difusão, às tendências e às principais ações editoriais – e seus agentes – relacionadas aos livros de literatura em todo o país. De acordo com Batista (2008, p. 202), o projeto do Anuário visava reunir "apreciações, estudos, comentários, estatísticas, publicidade, informe, resenhas, bibliografias e outras formas escritas para tornar visíveis as comunidades de escritores, editores, livreiros, tipógrafos e instituições culturais de todo o País". Mais ainda:

> *Abordava a produção cultural não só nos diversos estados do País, mas também de outros países, buscando sempre apontar a especialidade de cada um deles, as manifestações representativas de cada um desses espaços.*
> *Encontramos no ABL [Anuário Brasileiro de Literatura] apontamentos sobre a atividade intelectual geral do País [...], assinados por críticos literários do período. Nessa seção também poderiam constar os acontecimentos culturais relevantes do ano precedente, uma espécie de agenda cultural, e mapas das comunidades de escritores de cada cidade relevante, com seus respectivos endereços postais. Divulgava também notícias sobre estilos de vida e formas de trabalho dos artistas e intelectuais brasileiros.* (Batista, 2008, p. 202)

Essa publicação sinalizou questões significativas para se discutirem livros, editoras, escritores e leitores de maneira sistematizada, informativa: "a instituição e a publicação representam os primeiros indícios de construção de um mercado do livro de alcance nacional. Elas foram efeito e causa de uma transformação estrutural nos campos literário e editorial" (Batista, 2008, p. 203).

A história do INL foi encerrada abruptamente em 1990, por força de um decreto do Presidente Fernando Collor de Mello. O órgão foi reduzido à condição de Departamento Nacional do

Livro, integrado à Biblioteca Nacional, sem a abrangência e a importância que teve durante o período anterior.

A história do livro no Brasil no século XX também se escreve com as tintas editoriais da Editora José Olympio. Em sua origem está uma livraria, a Garraux, situada na cidade de São Paulo. Nela, José Olympio Pereira Filho viveu, no papel de balconista, a aprendizagem diária de mediação entre livros e leitores a partir de 1918. Embora não fosse seu projeto de vida inicial – pretendia cursar Direito na universidade –, o trabalho na livraria acendeu o interesse pelo livro e a busca por sua valorização como inserção social e negócio. Em 1930, faleceu Alfredo Pujol, cuja excelente biblioteca de 10 mil livros, com edições raras, todas encadernadas em couro, foi posta à venda pelos herdeiros. Com a ajuda de amigos, José Olympio a comprou por oitenta contos e, em 1931, iniciou a venda dos exemplares. Comprou também a biblioteca de Estevão Almeida e, em novembro do mesmo ano, abriu sua livraria na Rua da Quitanda, em São Paulo.

O que diferenciou sobremaneira a atuação da editora foi seu catálogo, construído com o objetivo de direcionar a atenção e a predisposição do leitor brasileiro para a literatura escrita por autores novos e de verdadeiro talento, em especial para o romance brasileiro. Para tanto, José Olympio e sua esposa e sócia, Vera Pacheco Jordão, canalizaram para a editora contratos com autores como José Lins do Rego, Graciliano Ramos, Rachel de Queiroz, Sérgio Buarque de Holanda, Gilberto Freyre, Dinah Silveira de Queiroz, Oswald de Andrade, Lúcio Cardoso, Vinícius de Moraes, Cornélio Penna, Murilo Mendes, Octávio de Faria, Jorge Amado e muitos, muitos outros.

Em 1934, a Editora José Olympio mudou sua sede para o Rio de Janeiro, em uma loja moderna e ampla. Dois anos depois, com a empresa consolidada, o ambiente literário e político da então capital do país já havia estabelecido para José Olympio o prestígio de maior editor nacional e um catálogo com os mais importantes escritores contemporâneos. O editor também criou a Coleção Documentos Brasileiros, que, inspirada na Brasiliana, da Companhia Editora Nacional, reuniu obras de grande importância para o conhecimento do país, como *Raízes do Brasil*, de Sérgio Buarque de Holanda, e *Casa-grande & senzala*, de Gilberto Freyre. A editora continuou sua política de grandes tiragens e, em entrevista para um jornal carioca, José Olympio a justificou:

> *Sim, chamam-me de louco porque tiro edições assim. Mas estão enganados. Já se foi a época em que o brasileiro não lia nada, em que uma edição de quinhentos exemplares era uma coisa do outro mundo. Hoje tudo está mudado. O brasileiro já vê com grande curiosidade os bons livros. E nós, editores, temos o dever de prestigiar o livro nacional bom, através do arrojo de grandes edições.* (Batista, 2008, p. 197)

Alguns poucos anos depois, em 1937, José Olympio já recebia da imprensa os maiores elogios, não só em virtude de seu modo de tratar os escritores, mas também por seu apurado tino e gosto para selecionar as obras que a editora publicava. No *Anuário Brasileiro de Literatura* desse ano, assim escreveu um jornalista (citado por Hallewell, 2017, p. 490):

> Esta importante casa editora [...] veio continuando no mais belo programa editorial até hoje empreendido no Brasil. Seu fundador e proprietário, o maior editor nacional na mais lídima acepção da palavra, não tem poupado esforços ou economizado energias no sentido de converter a pequena ou, digamos com mais propriedade, a inexistente indústria do livro genuinamente brasileiro numa realidade brilhante.

José Olympio era mais do que um comerciante de livros, um editor ou até mesmo um bom vendedor. Os escritores a quem ele publicou não poupavam elogios a seu comportamento amigável, ao estímulo para escrever e ao respeito com que tratava os que vinham trazer à editora suas cotas de talento. Há depoimentos generosos, mas verdadeiros de muitos que participaram da história da editora. Um deles é o de José Lins do Rego (citado por Hallewell, 2017, p. 497):

> É o amigo de todos os instantes e em todas as horas, em todas as circunstâncias. Às vezes até parece um furacão da Jamaica. Mas é só parecer. Atrás da fúria, está a ternura do homem de lágrimas que estão à flor dos olhos, como fonte em pé de serra. Este é o maior J. Olympio. Maior que o editor tem sido um gigante na tormenta, o editor de literatura que se projetou nos centros de cultura do mundo com sua Casa que é um modelo em tudo: na seleção de valores, na honestidade de comércio, no bom gosto da matéria que trata... Acreditando nos livros que faz com a alegria do pai que em cada filho descobre uma revelação de Deus.

No entanto, essa avaliação que combina uma perspectiva mítica com uma alusão mística não era generalizada. Havia divergências de opinião sobre a posição política de José Olympio – uns o julgavam getulista, outros o consideravam integralista, outros, ainda, comunista. Apesar disso, o editor conseguia fazer amigos de todos os espectros políticos, e a maior parte deles se reunia no que ele denominava "Casa": a sua livraria.

Mais do que escolher boas gráficas, José Olympio contratou artistas plásticos para fazer o projeto visual dos livros, especialmente as capas e as ilustrações internas. Tomás Santa Rosa, mais tarde Luís Jardim e Oswald de Andrade Filho, por exemplo, foram contratados ou convidados a participar de volumes esporádicos. Esse é o caso de Poty Lazzarotto, nas extraordinárias edições de *Sagarana* e de *Grande sertão: veredas*, de Guimarães Rosa, em 1951 e 1956, respectivamente (Hallewell, 2017). Esse cuidado transformou a visualidade dos livros – não somente os editados pela José Olympio, mas também os da concorrência. Os leitores, por sua vez, aprenderam o que esperar de um exemplar editado com qualidade gráfico-visual.

Notáveis foram os bicos de pena de Luís Jardim com o retrato dos autores nas primeiras páginas dos livros e o projeto gráfico de Santa Rosa para *O menino de engenho*, de José Lins do Rego. O mesmo vale para a edição magnífica de *História e tradições da cidade de São Paulo* (1953), em três volumes, que tinha páginas de rosto criadas por Cândido Portinari, 112 desenhos a bico de pena do também artista plástico Clóvis Graciano, além de 170 fotografias (Hallewell, 2017) – um trabalho admirável até para os dias de hoje.

O campo da política e da história também congregou escritores maiúsculos: Gilberto Freyre, Otávio Tarquínio, Astrojildo Pereira, Nelson Werneck Sodré e Sérgio Buarque de Holanda. A editora ainda publicou obras de Getúlio Vargas e de Plínio Salgado.

No final de 1955, todavia, a Livraria José Olympio da Rua do Ouvidor foi fechada para reformas e não mais reabriu. A empresa, por decisão de seu proprietário, ficou apenas como editora, com capital aberto e ações em bolsa a partir de 1960. Com a compra da Editora Sabiá, os lucros aumentaram. Foram criadas as filiais de São Paulo, Brasília, Belo Horizonte, Porto Alegre, Curitiba, Recife e Salvador.

Contudo, a queda nos negócios não se deveu apenas ao declínio das publicações. O público também se alterou, a cultura mudou, a sociedade brasileira era outra. Os apelos da literatura acabavam por encontrar novos estímulos, como o da televisão e das novelas. O teatro e a música ganharam robustez nos anos 1960 e 1970. Não se quer afirmar que haja um processo de substituição de linguagens artísticas, mas não se pode negar que a multiplicidade delas cria disputas pelo uso do tempo de lazer, que – este sim! – não se multiplica.

Além disso, a situação financeira se deteriorou enormemente com a crise econômica do início dos anos 1970. A inflação, o empobrecimento das classes sociais menos privilegiadas, o custo do papel, a falta de crédito, o custo de transporte dos livros, a primeira grande crise do petróleo a partir de 1974, o fracasso de algumas edições e do projeto de reedições dos livros de sucesso do catálogo antigo, a saída de autores que trocaram a José Olympio por outras editoras, tudo isso contribuiu para lentamente corroer os ativos da empresa, que foi comprada pelo BNDE em 1975. Em 2001, a Editora José Olympio foi comprada pela Editora Record.

> ### Histórias simultâneas
>
> A história de uma editora traz consigo contextos históricos que podem ser aplicados a outras empresas. Obviamente, ao se tratar de uma editora, nela estão compreendidos seus funcionários, autores e artistas contratados, seus livros e coleções e, em especial, os leitores que receberão os livros ou negarão sua leitura. Há histórias simultâneas na biografia de uma editora.

A Livraria Martins Editora, de José de Barros Martins, foi criada em 1937, em São Paulo, em plena ditadura do Estado Novo de Getúlio Vargas. Da pequena sala na Rua da Quitanda, a livraria, especializada em livros importados, cresceu, dedicando-se a edições de luxo trazidas de Paris. Mesmo com estoque reduzido, seu espaço era frequentado pelos bibliófilos paulistanos. No período da Segunda Guerra, José Martins criou na editora um departamento editorial e passou a publicar livros jurídicos e técnicos. Também reeditou textos que tratavam do Brasil e que estavam longe de chegar às mãos de leitores comuns. Sua personalidade editorial continuou presente nas pequenas edições de luxo, com cerca de 200 exemplares em cada tiragem. Foram editados livros na Biblioteca de Literatura Brasileira (*Memórias de um sargento de milícias*, *Iracema*); na Biblioteca Pensamento Vivo, com livros de crítica sobre filosofia; na Coleção Mosaico, dedicada especialmente à literatura contemporânea, com livros pequenos e baratos; e na Biblioteca de Ciências Sociais. Nenhuma dessas coleções chegou a alcançar grandes tiragens. O sucesso somente veio com a edição de duas antologias de contos: uma de autores brasileiros, a outra de estrangeiros; a primeira edição, de 2.500 exemplares, foi vendida em 20 dias.

A Livraria Martins Editora foi, durante 32 anos, a editora de Jorge Amado. Entre 1942 e o ano seguinte, a Martins publicou *O cavaleiro da esperança*, *Terras do sem fim*, *Brandão entre o mar e o amor* (livro coletivo de Jorge Amado, Graciliano Ramos, Aníbal Machado, José Lins do Rego e Rachel de Queiroz) e *São Jorge dos Ilhéus*. O sucesso foi crescente: por exemplo, em 1958, *Gabriela, cravo e canela* vendeu 20 mil exemplares em duas semanas e *Tenda dos milagres* (1969) chegou à cifra de 100 mil exemplares vendidos em menos de dois meses (Hallewell, 2017). Esse resultado comprova que a união entre sátira social e sexo encontrou uma recepção entusiasta no público leitor da segunda metade do século XX, inscrevendo o nome do escritor Jorge Amado no imaginário brasileiro. O mesmo vale para o cenário internacional, haja vista as traduções em várias línguas, que foram construindo uma imagem baiano-nordestina do Brasil, a qual aos poucos passou a representar o país todo.

Em 30 anos, a Martins editou 1.100 títulos e produziu 5 milhões de exemplares, afirmando-se com uma das grandes editoras do século XX no Brasil. A negativa, porém, de mudar sua política editorial para a publicação de livros de maior vendagem e de lucros mais consistentes e de manter edições mais cuidadas levou paulatinamente a empresa à insolvência financeira.

Em 1974, ano da crise econômica global gerada acima de tudo pela alta do petróleo, a editora foi extinta, mas continuou a distribuir, em associação com a Distribuidora Record, os autores fidelizados: Jorge Amado e o espólio de Mário de Andrade e de Graciliano Ramos.

A Editora Civilização Brasileira foi criada por Getúlio Costa, o poeta Ribeiro Couto e o escritor, político e folclorista Gustavo Barroso em 1929. Logo depois, em 1932, foi vendida a Octalles Ferreira, que a incorporou à Companhia Editora Nacional. Em 1950, Ênio Silveira, tendo cursado editoração em Nova Iorque, assumiu a direção da Civilização Brasileira, de que seria proprietário e editor a partir de 1963. Ele trouxe para as editoras brasileiras métodos revolucionários: na publicidade, nos procedimentos administrativos, na produção gráfica e na linha político-editorial. Historiadores do livro, como Laurence Hallewell, colocam suas contribuições no mesmo patamar das inovações de Monteiro Lobato.

Ênio Silveira criou a *Revista da Civilização Brasileira* (1965-1968), o *Boletim Bibliográfico Brasileiro* (1952-1967) e os *Cadernos do Povo Brasileiro*, bem como incrementou extraordinariamente a edição de livros de literatura (especialmente de autores de linha política progressista), de história, de sociologia, de economia e de política. Estas três últimas deram à editora um destaque excepcional, em virtude da qualidade, da diversidade ideológica e da visibilidade de seus autores (Nelson Werneck Sodré, Miguel Arraes, José Honório Rodrigues, Antônio Houaiss, Alberto Dines, Jânio Quadros e outros). Ênio Silveira lutou pela liberdade de pensamento e trouxe para o acervo dos livros brasileiros a contribuição de pensadores de diferentes posições políticas, porque, segundo ele, só assim poderia colaborar para a independência de pensamento dos leitores e para o conhecimento mais profundo da realidade brasileira. Ademais, Ênio Silveira revolucionou o aspecto gráfico dos livros, utilizando maquinário de alta tecnologia para a época e papel de boa qualidade, valorizando a visualidade das capas e contratando profissionais experientes para gerir as diferentes coleções que criou com o passar do tempo. Não hesitou, em tempos ditatoriais, em publicar autores contra o regime vigente. Foi, por isso, preso várias vezes e teve centenas de exemplares de edições de livros confiscadas pelo governo.

E no que residia essa modernidade? O leiaute das capas passou a ocupar toda a altura e largura do volume, com imagens a quatro cores; as famílias dos tipos para impressão deixaram de seguir o modelo francês e passaram a adotar o norte-americano, mais legível; adotou-se o sumário no início do volume, e não mais ao final; aumentaram-se as margens brancas da página, criando maior arejamento para a leitura; e refilaram-se as páginas, isto é, elas eram agora aparadas, e não mais colocadas em cadernos fechados, que exigiam o uso de espátula para o leitor abrir o livro e ler.

Nos anos 1970, com o propósito de combater a queda nas vendas, causada, acima de tudo, pelos constantes ataques do regime militar às publicações, que atemorizavam leitores e pontos de venda de livros, a editora de Ênio Silveira implementou a venda por correspondência, isto é, diretamente ao leitor, e assim conseguiu algum lucro. Também adotou uma política de coedições com o Fundo do Livro Didático, órgão representativo das autoridades educacionais federais e estaduais, com o qual teve, entre 1975 e 1978, 110 coedições de livros para universidades (Hallewell, 2017).

Em 1985, Ênio Silveira vendeu a Civilização Brasileira para o grupo Bertrand, mas continuou como conselheiro da empresa até 1996, quando faleceu. Hoje a editora pertence ao Grupo Editorial Record, que a comprou em 1996 da Bertrand.

3.2.1 Leitores, livros didáticos e editoras

Do ponto de vista da produção e da edição de livros, vimos anteriormente, neste panorama histórico, o quanto a edição de livros didáticos, da escola infantil à universidade, foi responsável pela boa situação financeira das editoras.

Uma das editoras que se mantiveram entre as grandes criadoras desse tipo de conteúdo foi e continua sendo a Editora Ática, pertencente ao Grupo Abril Educação a partir de 2004. Seu catálogo, em 2002, tinha mais de 2.715 títulos, de aproximadamente 1.100 diferentes autores. O objetivo inicial era imprimir as apostilas especiais feitas pelos professores para seus alunos. Mas o projeto ganhou consistência e amplitude e, a partir de 1965, passou a denominar-se Editora Ática. Em 1970, já produzia 400 mil exemplares e continuou a crescer.

Uma das coleções de enorme sucesso da Ática é a Série Bom Livro, brochuras que reúnem autores e obras clássicos da literatura brasileira em formato apropriado para a escola: prefácio, vida e obra do escritor, notas de rodapé e ilustrações. Em 1973, a editora lançou uma coleção que viria a ser referência na história da leitura para o público infantil e juvenil: a Série Vaga-Lume. Esta se tornou rapidamente uma coleção popular, principalmente em razão da adesão de professores e de escolas, pois sua linguagem era acessível, com conteúdos de alto interesse para crianças e jovens, em especial os assuntos polêmicos. A coleção tradicional é composta por mais de cem títulos em sua totalidade, contando com autores já conhecidos à época da edição de seus livros na série (Marcos Rey, Maria José Dupré, Lúcia Machado de Almeida, Orígenes Lessa, Francisco Marins, Ofélia e Narbal Fontes). Também revelou muitos outros escritores, como Luís Antônio Aguiar, José Maviael Monteiro e Luís Puntel. O mais recente original publicado (2021) foi *Os marcianos*, de Luís Antônio Aguiar.

O mérito dessa coleção é imensurável quando se leva em conta que a linguagem e os enredos dialogam direta e profundamente com os leitores. Se os professores, em um primeiro momento, foram os intermediários nas indicações e nas orientações de leitura, houve um sem-número de leitores iniciantes que se tornaram seus seguidores, lendo muito mais livros dos que as escolas indicavam. A Editora Ática tem ainda o mérito de ter formado professores com seus livros direcionados ao magistério.

Em 1983, a Ática adquiriu a Editora Scipione, criada e dirigida, até aquele ano, por Scipione Di Pierro Netto. Formaram, então, o grupo Somos Educação, mas mantendo operações editoriais separadas; também separados são o quadro administrativo e as instalações. Em 1999, a Ática foi vendida para a Editora Abril e para o grupo francês Vivendi. Em 2004, a Abril Educação se tornou a única proprietária e a revendeu ao grupo francês Havas.

> *O Brasil apresenta no campo editorial, como em tudo o mais, uma ampla gama de superlativos extremos. Poucos países levaram tanto tempo para desenvolver uma indústria editorial nacional. Mas poucos a desenvolveram tanto nos últimos anos. E nenhum país do Terceiro Mundo possui hoje uma indústria editorial, em uma única língua, tão grande. A amplitude da produção editorial brasileira é, também, enorme: desde o autor de poesia popular que imprime, apregoa e vende seus próprios folhetos, até uma editora de livros didáticos para o ensino fundamental do tamanho da Ática, por exemplo, com seu cadastro computadorizado no qual estão arrolados meio milhão de professores.* (Hallewell, 2017, p. 32)

A proeminência das editoras brasileiras na área de publicação de livros didáticos fica evidente no relatório Global 50, de 2019, emitido pela consultoria Ruediger Wischenbart, citado por Rodrigues (2020). No documento, foi divulgada a lista das 56 maiores editoras do mundo – as que vendem mais de 150 milhões de euros por ano. Nessa classificação constam duas editoras brasileiras: a Somos, em 39º lugar, e a FTD, em 56º.

A Editora FTD é a mais antiga editora de livros didáticos do Brasil. Foi criada em 1902 pela Ordem dos Irmãos Maristas e produzia livros didáticos para suas escolas confessionais, religiosas. Aos poucos foi expandindo e diversificando sua produção e hoje é a segunda maior editora brasileira em faturamento e número de exemplares produzidos.

A Saraiva foi fundada em 1910 por Joaquim Ignácio Fonseca e era primeiramente um comércio de livros usados. Tornou-se editora especializada em livros jurídicos três anos depois. Apenas em 1938, aproveitando a ampliação e a valorização dos livros didáticos, é que a Saraiva passou a produzir materiais desse segmento, em que veio a se sobressair apenas na década de 1970.

O mercado do livro didático, entretanto, passou por momentos de crise em vários períodos da história do Brasil. Nos anos 1940, por exemplo, a guerra, a inflação e a falta de experiência administrativa provocaram sérios problemas financeiros nas editoras. Estima-se que 20% dos livros didáticos eram importados; a metade deles vinha dos Estados Unidos e da Argentina. Nos primeiros anos da década de 1980, houve certa estabilidade de preços, mas, em 1986, a inflação alta e o fracasso do plano econômico que criou o cruzado geraram uma nova crise no setor.

Em 1992, o consumo de livros didáticos era de apenas um terço do que havia sido em 1982. No Brasil, em 1990, um livro custava 30% do salário mínimo, ao passo que, em países desenvolvidos, o custo era de 5% da renda (Hallewell, 2017). Nesse ano, os livros didáticos constituíam 43% do mercado livreiro, e apenas quatro editoras eram responsáveis pela produção de 70% do total de livros impressos: Abril, Ática, FTD e Saraiva.

O Programa Nacional do Livro Didático (PNLD) foi criado pelo Decreto n. 91.542, de 19 de agosto de 1985 (Brasil, 1985), pelo então ministro Marco Maciel. Tem por objetivo principal a seleção, a aquisição e a distribuição de obras didáticas, pedagógicas e literárias destinadas a alunos da rede pública, além de instituições comunitárias, confessionais ou filantrópicas sem fins lucrativos e que sejam conveniadas com o poder público. Atende anualmente as escolas com a reposição de livros didáticos para séries diferentes da educação básica.

Graças ao PNLD, as editoras FTD e Somos Educação, juntas, faturaram mais de R$ 600 milhões no ano de 2018. Não obstante, o mercado editorial em geral se encontra em crise: encolheu 25% entre os anos 2006 e 2018, o equivalente a uma queda de R$ 1,6 bilhão. O setor de livros didáticos, mais robusto, experimentou uma queda de 8% no mesmo período.

A Somos Educação conta com um grande catálogo de produtos e serviços educacionais. Ele compreende livros didáticos, sistemas de aprendizado e plataformas de ensino; tem também um expressivo número de cursos de línguas. Em 2018, o grupo Somos Educação foi adquirido pela Kroton Educacional e passou a integrar um dos maiores conglomerados educacionais no Brasil. Em números, a empresa atinge na atualidade mais de 3 mil escolas, 1,2 milhão de estudantes do ensino infantil, fundamental e médio, além de 25 mil alunos de escolas de língua. Esses números, que se alteram com o tempo, demonstram palidamente a abrangência das editoras e dos livros que formarão leitores no Brasil.

Dados o imenso território brasileiro, a proporção diminuta de livrarias em relação ao número de habitantes, as distâncias continentais, o histórico de desvalorização da educação e dos livros no Brasil, a desproporção entre o preço dos livros e o salário das famílias, é possível perceber que existe ainda espaço de crescimento para o mercado de livros no Brasil se forem resolvidos alguns impasses, razão pela qual os grupos internacionais se interessam em comprar os ativos de empresas editoriais brasileiras.

Vale lembrar que o final do século XX e, principalmente, os anos iniciais do século XXI favoreceram a entrada de grupos estrangeiros na área de publicação de livros didáticos. Como resultado, muitas editoras até então de capital brasileiro foram vendidas.

Por sua vez, as livrarias brasileiras não têm melhores notícias a dar. Em 2016, a comercialização de livros caiu 8,9%. As vendas *on-line* cresceram muito, especialmente após a chegada a empresa americana Amazon. De alguma forma, a venda de livros acabou capitalizando editoras que viram lucros e número de exemplares crescerem com as vendas *on-line*, mesmo que por intermediação da Amazon. As principais prejudicadas foram as livrarias físicas, grandes e pequenas. Redes com várias lojas, como a Cultura e a Saraiva, entraram em recuperação judicial. As livrarias pertencentes à rede Fnac fecharam, e a empresa deixou o Brasil em 2017.

3.2.2 Editoras universitárias

No campo das publicações voltadas à educação, merecem menção as editoras universitárias. A primeira delas foi criada na Universidade Federal de Pernambuco (UFPE), em 1955. Em 1961, acompanhando a criação de Brasília, surgiu a Editora da Universidade de Brasília (UnB). No ano seguinte, foi criada a Editora da Universidade de São Paulo (Edusp). O maior número delas surgiria na década seguinte. Como aconteceria com muitas outras editoras desse setor, o objetivo era realizar publicações de caráter científico e intelectual produzidas nas instituições de ensino e destinadas ao estudo e à pesquisa, dentro e fora das universidades.

Mas foi na década de 1980 que

> *a volta de maior independência administrativa universitária resultou numa transformação das suas editoras. Muitas daquelas que tinham sido meramente departamentos gráficos tornaram-se editoras acadêmicas com um alto grau de autonomia, que lembra o padrão anglo-saxônico, não somente na sua política de editoração, como também, igualmente importante, no desenvolvimento de um meio eficiente de distribuição.* (Hallewell, 2017, p. 767)

Atualmente, há mais de uma centena de editoras ligadas a universidades ou a outras instituições científicas. Elas estão reunidas na Associação Brasileira de Editoras Universitárias (Abeu), que foi constituída em setembro de 1987 e busca estimular o surgimento de novas editoras e o intercâmbio entre elas e entidades congêneres dentro e fora do país, mantendo serviços de informações comerciais, jurídicas e bibliográficas (Hallewell, 2017). Segundo Paulo Franchetti (2018),

> *Na verdade, uma análise desses catálogos, por mais rápida que seja, permite dividir a produção em dois grandes blocos: livros originalmente escritos em português e livros traduzidos. E esses dois blocos se dividem por sua vez em três outros: livros de referência para a pesquisa nos vários campos do saber, livros que apresentam inovações significativas nas suas áreas de conhecimento e livros destinados à utilização em sala de aula, normalmente agrupados em coleções específicas e temáticas.* [...]

Em 2003, as editoras universitárias já publicavam 800 novos títulos anuais. Com a profissionalização de seus editores e funcionários, foram criados selos e coleções e expandiu-se a publicação de autores clássicos em diversas áreas do conhecimento. A evolução em número e qualidade dos cursos de pós-graduação incrementou a pesquisa e favoreceu a escrita de ensaios relevantes que acabaram publicados.

Essas editoras não apenas servem à comunidade universitária, como também já ganham destaque no mercado, merecendo prêmios concedidos pela iniciativa privada, como o Prêmio Jabuti, o mais prestigioso e prestigiado prêmio literário do Brasil. A Editora da Universidade Estadual Paulista (Unesp), por seu turno, coleciona indicações e prêmios recebidos – 58 obras até o momento – em diversos campos do conhecimento: saúde, educação, literatura, gastronomia, filosofia, tradução. Em 2011, ganhou o Prêmio Jabuti de Comunicação com o livro *Impresso no Brasil: dois séculos de livros brasileiros*, organizado por Aníbal Bragança e Márcia Abreu. Esse livro premiado compõe a bibliografia básica deste pequeno ensaio sobre a história do livro no Brasil que você lê agora.

Entre todas as editoras universitárias, a Edusp, da Universidade de São Paulo, é a mais premiada. São 68 Jabutis, em várias categorias, recebidos até 2016. No total, a editora conquistou uma centena e meia de prêmios nacionais e internacionais, desde que, a partir de 1989, a editora passou por reformulação administrativa e gráfica e seu catálogo se expandiu. Franchetti (2018), em seu artigo, conclui:

Seu papel, do meu ponto de vista, é formar catálogos especializados, de retorno financeiro baixo ou mesmo nulo, mas de relevante impacto científico e educacional. Em resumo, seu lugar é o da autoridade intelectual. E é por isso que se justificam num mundo de produtos abundantes, de crescimento enorme na oferta de títulos. São como filtros: o que publicam e chega às prateleiras das livrarias vem com a marca da excelência acadêmica da universidade que as mantém e que o seu catálogo confirma.

A relevância das editoras universitárias não está, como nas editoras comerciais, na quantidade de livros vendidos, mas em sua qualidade científica. Geralmente, essas publicações servem de substrato para pesquisas relevantes e para outras obras que enriquecem o saber sobre os mais diferentes campos de estudo.

3.2.3 Editoras relevantes na atualidade

A Companhia das Letras foi fundada em 1986, em São Paulo, por Luiz Schwarcz, para quem importa mais a "coerência da linha editorial" do que "as oportunidades de mercado" (Hallewell, 2017, p. 730-731). Em 11 anos, a editora já havia produzido os primeiros mil títulos de obras de qualidade. Há uma cuidadosa seleção de originais e, por isso, a editora aposta alto em grandes tiragens. Um dos campeões de vendas é o livro *As barbas do imperador*, de Lilia Schwarcz, que venceu o Prêmio Jabuti em 1999.

O primeiro sucesso de vendas foi *Rumo à estação Finlândia*, de Edmund Wilson, escrito em 1940 e editado pela Companhia em 1986. Trata-se de uma história sobre o pensamento revolucionário e o socialismo. Escrita em estilo jornalístico, a obra conta os bastidores das revoluções. Hallewell (2017) distingue a personalidade dos livros editados pela Companhia das Letras: a qualidade dos textos, o cuidado com a tradução, o bom gosto das capas e a atenção à apresentação gráfica e artística. As duas principais linhas editoriais da editora são, desde o início, literatura e ciências humanas, que se ramificam em: ficção brasileira, ficção estrangeira, poesia, policiais, crítica literária, ensaios de história, ciência política, antropologia, filosofia, psicanálise, além de séries de fotografia, gastronomia, divulgação científica, biografias, memórias, relatos de viagem e projetos especiais.

A Editora Nova Fronteira foi fundada no Rio de Janeiro pelo jornalista e político Carlos Lacerda. Especializou-se em literatura estrangeira, tanto a europeia quanto a americana. Também prestigiou autores brasileiros como Antonio Callado, Paulo Francis, Josué Montello e Murilo Mendes. Grande sucesso alcançaram o *Dicionário Aurélio*, de Aurélio Buarque de Holanda, e a *Gramática do português contemporâneo*, de Celso Cunha.

Uma das editoras campeãs em vendagem começou como uma distribuidora de livros nascida em 1942: a Distribuidora Record de Serviços de Imprensa. Sua mercadoria predominante eram tiras e histórias em quadrinhos. Apenas em 1962 a editora publicou o primeiro livro, e logo vieram ininterruptamente as traduções de literatura estrangeira. A partir dos anos 1990 e, principalmente, nos anos iniciais do século XXI, a Record foi adquirindo outras editoras, que atualmente formam o conglomerado do Grupo Editorial Record, o maior do Brasil neste momento histórico. Além das livrarias, os livros da Record contam com uma imensa rede de distribuição e venda: bancas de jornal, lojas de conveniência e supermercados.

A Editora Melhoramentos tem uma história peculiar. Nasceu em 1877, pertencente ao Coronel Antônio Proost Rodovalho, como uma empreiteira de obras públicas e, mais tarde, em 1890, constituiu-se como uma indústria de fabricação de papel, uma das atividades que ela exerce e que a identifica até hoje. Em 1915, associou-se à firma editorial independente dos irmãos Weiszflog. Alfred Weiszflog assumiu o controle da fábrica de papel em 1920 e uniu as duas empresas. O primeiro volume editado foi *O patinho feio*, de Hans Christian Andersen, ilustrado por Francisco Richter. O crescimento foi espantoso: em 1928, a produção editorial chegou a um catálogo de 248 títulos e 670 mil livros impressos.

O maior sucesso da editora veio em 1968, quando foi publicado o livro *Meu pé de laranja lima*, de José Mauro de Vasconcelos. Em menos de 10 anos, vendeu a fabulosa quantia de 1 milhão e 200 mil exemplares e mais que o dobro disso em traduções no exterior.

Na editora foi criada a Coleção Biblioteca Infantil, com livros atraentes por seu colorido. Em 1927, surgiu a Biblioteca de Educação, cujo consultor editorial era o educador paulista Lourenço Filho, um dos pioneiros da Escola Nova, um ativista do ensino para quem a editora deveria ser uma das fontes de transmissão de conhecimentos e de técnicas para a vida em sociedade e, portanto, ligada a atividades reais em sala de aula.

Mas a empresa que dominou o mercado de livros nos anos 1970 foi a Editora Abril, de Victor Civita. Criada em 1950, em sociedade com Giordano Rossi, seu objetivo era a publicação de revistas. Em 1970, a Abril publicava aproximadamente 80 revistas diferentes, inclusive para crianças, e também as exportava para a Argentina, a Espanha e o México.

No mercado de livros, segundo Hallewell (2017), o primeiro sucesso foi uma edição ilustrada da *Bíblia* em fascículos: *A Bíblia mais bela do mundo*, em 1965. Os fascículos eram em formato de cadernos que poderiam ser, ao final do número previsto pela editora, encadernados pelos compradores. A novidade da edição, somada ao grande número de pontos de venda (18 mil bancas de revistas em todo o país), resultou em 150 mil exemplares vendidos de cada fascículo. E vieram novas coleções em fascículos: dicionários, enciclopédias, artesanato, automóveis, ciência, filosofia, artes plásticas. Foram lançados também livros de literatura, em coleções como Os Imortais (clássicos) e Teatro Vivo. A Abril vendeu 230 mil exemplares do primeiro livro publicado na coleção Os Imortais: *Os irmãos Karamázov*, de Fiódor Dostoiévski. Na coleção Grandes Sucessos, composta por *best-sellers*, o primeiro título publicado foi *O dia do Chacal*, de Frederick Forsyth, obra que vendeu 250 mil exemplares. Os outros livros da mesma coleção saíam com uma tiragem média de 100 mil exemplares, um sucesso estrondoso na história dos livros no Brasil.

Surgiram depois as coleções de música, que uniam ao fascículo um LP (disco de longa duração), e a coleção de ciências Os Cientistas, na qual o fascículo vinha acompanhado de um estojo de materiais para experimentos. Por sua vez, a coleção de 46 *Estorinhas de Walt Disney*, publicada no Brasil entre 1969 e 1971, trazia os enredos dos estúdios de animação dos Estados Unidos adaptados pela escritora Edy Lima em 24 páginas ilustradas.

O disco de vinil que acompanhava o volume tinha a narração de Ronaldo Batista e a dramatização dos diálogos pelo elenco do estúdio da Radio Corporation of America (R.C.A.). Entre 1974 e 1976, outras 12 histórias foram editadas e gravadas. Eram clássicos de Perrault, Grimm, Júlio Verne e Andersen e narrativas mais recentes, como *Mary Poppins*, *Os 101 dálmatas* e *Aristogatas*.

A popularização dos livros decorreu também da busca por edições mais baratas, com tamanho menor e capas simples em brochura, da troca da costura dos cadernos impressos pela cola, da opção por um papel de menor qualidade, da quase ausência de margens nas páginas – era o livro de bolso, que desde o século XVIII a Europa já publicava.

Editoras brasileiras, como Globo, Monterrey, Tecnoprint/ Ediouro, Dominus, José Olympio, Artenova, Edibolso e L&PM, também produziram livros de bolso nas décadas de 1960 e 1970. Mais recentemente, a L&PM e a Companhia das Letras criaram selos de sucesso nesse formato.

Hallewell (2017, p. 752) propõe três saídas para a conquista de mais leitores e de sua fidelização:

> *Foram descobertas até agora apenas três soluções. O livro de bolso descartável, exposto à venda em lugares onde se vendem outras mercadorias, atrai a atenção pela capa vistosa (ou sensacional) e custa tão pouco que o leitor sente que pode permitir-se "correr o risco" de comprá-lo e jogá-lo fora se não lhe agradar. [...] Outro modo é promover uma determinada coleção ou marca editorial em que o leitor possa sempre confiar como garantia de uma "boa leitura". [...] Foi isso realmente que a Abril*

Cultural conseguiu com sua coleção Grandes Sucessos. O terceiro modo é o dos clubes do livro, e foi aqui que a Abril, através do seu Círculo do Livro, provocou, nos anos de 1980, um dos maiores impactos exercidos até então sobre a venda de livros no Brasil.

Assim descreve o historiador a criação, em março de 1973, do Círculo do Livro da Abril: o sistema do Círculo consistia na "distribuição gratuita pelo correio de uma revista promocional quinzenal, pela qual o leitor, para continuar filiado ao clube, tinha de encomendar no mínimo um livro (entre cerca de uma dúzia)" (Hallewell, 2017, p. 753). A distribuição seria feita por vendedores domiciliares. Em janeiro de 1983, havia "800 mil sócios espalhados por 2.850 dos 4.099 municípios do Brasil, atendidos por 2.800 vendedores. As vendas alcançaram, em 1982, 5 milhões de exemplares, totalizando 17 milhões na primeira década de existência do Clube" (Hallewell, 2017, p. 753).

Um novo fenômeno de vendas aconteceu, favorecendo a Editora Rocco – que se tornou marcante nas áreas de saúde, de autoconhecimento e de espiritualidade – e tornando-a uma das mais importantes do Brasil: foi o período das seguidas edições do escritor esotérico e de autoajuda Paulo Coelho. Em 1988, a Rocco editou O *alquimista* e, em 1992, começou a publicação dos romances policiais de John Grisham. Em 2000, foi a vez da série Harry Potter, de J.K. Rowling, com o primeiro volume: *Harry Potter e a pedra filosofal*. A editora iniciou com esse livro sua forte presença no mercado de livros juvenis: vieram na sequência

A herança, *Jogos vorazes*, *Pretty little liars* e as obras de Thalita Rebouças e Anne Rice.

A venda de livros passou por alterações ano a ano. Em 1988, foram vendidos 320 milhões de exemplares; 212 milhões em 1990; 289 milhões em 1991; 159 milhões em 1993; e 267 milhões em 1994 (Hallewell, 2017). A variação acompanhou as linhas da inflação, com o Plano Cruzado e o Plano Collor. Por se tratar de uma atividade inserida no mercado capitalista, mudanças econômicas impactaram diretamente o consumo. De todo modo, o que se observa é que a venda de livros (e possivelmente a leitura dela decorrente) decresceu no decorrer de seis anos.

Em 2014, a Amazon, gigante do *e-commerce* de livros, entrou no país e rapidamente se estabeleceu como uma rede de sucesso, provocando o desaparecimento de pequenas livrarias. Isso se acentuou com a pandemia de covid-19, nos anos 2020 e 2021. O *e-commerce* passou a ser praticado também pela Livraria Cultura, pela Editora Saraiva, pela plataforma Submarino e pela Estante Virtual (que congrega sebos de todo o Brasil para a venda de livros usados).

3.2.4 Os segmentos na produção de livros

Editoras criam nichos de mercado e neles apostam suas publicações. Romances *best-sellers* e literatura têm uma aura própria: aos *best-sellers* se atribui a qualidade do envolvimento e do entretenimento, mesmo que os livros sejam recheados de lugares-comuns de narrativas e ideias. Por sua vez, obras do subsistema *literatura*, que dizem respeito à literatura infantil, assim como os livros didáticos, miram simultaneamente dois públicos (adulto e infantil) e duas instituições sociais (a família e a escola), além de ter nos governos municipais, estaduais e federal os subsídios para compras em números de muitos dígitos.

Passada a novidade da obra infantil de Monteiro Lobato e sua extraordinária vendagem, a literatura infantil somente retomou o caminho aberto pela obra *O Sítio do Picapau Amarelo* a partir dos anos 1970. Uma geração de escritores talentosos reuniu contos tradicionais com contos autorais sobre o cotidiano infantil e seu imaginário e começou a ascender, pouco a pouco, na escalada de vendas e, acima de tudo, na aceitação do público infantil brasileiro, processo auxiliado pela atuação de professores e escolas e do Programa Nacional da Biblioteca Escolar (PNBE). Ana Maria Machado, Ruth Rocha, Ziraldo, Joel Rufino dos Santos, Lygia Bojunga, José Paulo Paes, Eva Furnari, Pedro Bandeira, Maria Heloísa Penteado, João Carlos Marinho, Ricardo Azevedo, Marina Colasanti e dezenas de outros escritores despontaram para uma florescente e marcante literatura destinada a crianças e adolescentes, hoje detentora de prêmios internacionais.

De 1986 para 1990, a venda dessa literatura passou de 7,84% para 11% do total de livros vendidos no Brasil; em 1992, já constituía 20,3% do total nacional (Hallewell, 2017). Atualmente, esse segmento não chega a 10% das vendas, acompanhando a diminuição progressiva de leitores e de aquisição de livros.

Uma enorme quantidade de livros já nasce com olhos voltados para segmentos específicos do mercado consumidor. A produção editorial mira destinatários específicos, grupos restritos, mas com maior possibilidade de adesão e fidelização. Contribuem, e muito, para o sucesso dos livros comerciais os investimentos em propaganda e *marketing* das editoras. Para tanto, recorrer a entrevistas, a anúncios, a séries, a filmes, a debates, a feiras, a um novo visual, a um planejamento gráfico, a novas plataformas (*audiobook*, *e-book*) entra necessariamente como estratégia para obter bons resultados. O livro de culinária, o artista (de qualquer área) e sua biografia, a história de superação dos jogadores de todos os esportes, a dieta da moda, os planos de negócio do empreendedor e do novo milionário do momento, a cobertura jornalística do escândalo mais recente etc.: eis ingredientes que podem tirar as editoras do prejuízo financeiro ou catapultar a empresa para o paraíso dos "livros mais vendidos do ano".

A história do livro no Brasil – como em todos os países do mundo – é repleta de obras e fatos que bem documentam o sobe e desce da atuação de uma editora. Há um prazo de validade para o lançamento de um livro em um processo normal: três meses. Todo livro que ultrapassa esse tempo e continua em vendagem numerosa tem a probabilidade de se tornar um *best-seller*. E, se, ano após ano, continuar pontuando, pode estar a caminho de se tornar um clássico, não importa qual seja a categoria ou o segmento que ocupe no catálogo da empresa.

Uma das maiores dificuldades das editoras para atender aos diferentes públicos está em saber exatamente qual a expectativa desses leitores e qual a obra adequada para satisfazê-la. Em razão disso, cresce a importância da publicidade. Também auxilia na escolha a recepção havida em outros países. Por isso, muitas dessas obras já chegam ao Brasil com um histórico de sucesso e provocam a avalanche de textos traduzidos, o que pode ser prontamente identificado nas vitrines e nas prateleiras das livrarias e nas ofertas dos *sites* das empresas ligadas ao comércio digital.

> ## Os mais vendidos
>
> Em 2012, as vendas no Brasil eram distribuídas entre 25% de livros científicos, 36% de didáticos e 39% de obras gerais. Convém registrar que o PNLD é responsável por 40% dos livros comprados no país. A *Bíblia* continua sendo a campeã de leitura e de vendas no Brasil, acompanhada de uma vasta bibliografia religiosa que atende ao gosto dos fiéis.

Um segmento que vem ocupando espaço nas editoras desde os anos 1990 é composto pelos denominados *livros de autoajuda*. Em 1999, o brasilianista Thomas Skidmore (citado por Hallewell, 2017, p. 821) já observava a mudança: as "livrarias que tinham poucas obras literárias novas nas estantes agora estavam superlotadas de livros de autoajuda".

No ano de 2021, o varejo de livros registrou 43,9 milhões de livros comercializados, com faturamento de R$ 1,83 bilhão. No ano anterior, haviam sido 32,99 milhões de unidades vendidas, totalizando uma receita de R$ 1,39 bilhão. É um número bastante significativo. No entanto, se dividido o total de livros pelo número de habitantes do país, o resultado é desolador. Se considerarmos que 40% desses livros são didáticos, o quadro fica ainda mais constrangedor.

O final do século XX e os anos iniciais do século XXI registraram um número crescente e espantoso de editoras, pequenas em sua maioria, especializadas e de vida efêmera. Nascidas para atender a nichos específicos, tentando, com o passar dos anos, diversificar seu catálogo, mas pressionadas pela inflação resistente, pelo descaso da cultura brasileira pelos livros, pela falta de apoio da sociedade e dos governos, pelos impostos sobre o papel, pela concorrência com grandes grupos editoriais – vários deles pertencentes a conglomerados estrangeiros –, acabam indo à falência e silenciando seus editores e autores.

O Sindicato Nacional dos Editores de Livros (SNEL) contabiliza, entre seus associados, 296 editoras, que correspondem a 74% do total de editoras brasileiras em 2021. Não entram nesse cômputo as universitárias e as de outras instituições, governamentais ou não. Hallewell (2017, p. 823) afirma que "o Brasil já pode orgulhar-se de ter a maior indústria livreira unilíngue dos países em desenvolvimento".

Apesar dessa história de superações e conquistas das editoras brasileiras e a despeito da criação de livros para os mais diferentes públicos e interesses, há um desencontro entre o objeto de leitura e o leitor que deveria utilizá-lo, o que é consequência de um contexto complexo que interfere na formação dos leitores.

> *A maioria dos brasileiros deixa de comprar livros para leitura de lazer porque simplesmente não sabem que outra coisa ler além dos autores conhecidos e detestados do tempo de escola. E, naturalmente, as livrarias não os atraem, porque as pessoas que não têm familiaridade com livros e autores não veem sentido em entrar nessas lojas. E aqui se encontra, talvez, o problema fundamental da indústria do livro em todo o mundo. Os livros vendem-se bem no seio de pequenas elites que se mantêm em*

estreito contato social e intelectual e entre cujos membros as novidades e discussões sobre literatos e os acontecimentos literários são lugar-comum e circulam rapidamente [...]. (Hallewell, 2017, p. 751-752)

Como veremos no próximo capítulo, os brasileiros em geral não veem a leitura como necessidade e, portanto, a produção e a venda de livros são percentualmente ínfimas. Uma das razões, sem dúvida, é a presença ainda poderosa da oralidade, venha ela em formato de narrativas orais, de conversas, de fuga ao exercício da escrita ou de tecnologias que privilegiam a oralidade, como o rádio e a televisão. Os audiolivros e os filmes dublados se posicionam nessa maré de oralidade. As pesquisas sobre leitura, cada vez mais frequentes e abrangentes, demonstram estatisticamente um estado contraditório entre a leitura e a sobrevivência de autores e editoras.

Síntese

Neste capítulo, esboçamos, do ponto de vista da edição de livros, uma evolução do livro no Brasil: do impressor-editor ao livreiro-editor e, finalmente, ao editor pleno. A distinção entre eles, elaborada por Márcia Abreu, indica o quanto a história do livro no Brasil é um percurso rumo à profissionalização, não apenas dos editores, mas também de todo o circuito do livro e da leitura. À medida que o tempo passa, todos os elementos que compõem esse circuito ganham valorização e pedem aperfeiçoamentos. A edição de livros, com todos os seus atores (escritores, revisores, impressores, ilustradores, gráficos etc.), ganhou volume e representatividade social nas várias editoras aqui referenciadas, bem como em seus inúmeros profissionais do livro, que deixaram o registro de suas atividades e de sua colaboração em diferentes dimensões para que se possa conhecer a história do livro no Brasil.

De modo semelhante e não menos relevante, configura-se a história da leitura, atrelada ou não à pedagogia e à educação, que resultou em um país de poucos leitores, mas, mesmo assim, defensor acirrado da leitura e do livro. Conceitos diferentes e até divergentes a respeito da formação de leitores e das funções da leitura não impediram os mediadores (professores ou não) de constituir uma parcela da população em defensores da importância da leitura para a população e para cada indivíduo em particular.

O Brasil Colônia, censurado, alcançou sua independência em 1808, graças, paradoxalmente, ao conhecimento técnico, às máquinas, aos funcionários e ao poder real português. Aos poucos e a duras penas, foram construídos os alicerces para o desenvolvimento de escritores, obras e público leitor, tornando-se possível publicar, em oficinas ainda deficitárias, os registros históricos, científicos e literários de uma nação jovem e de maioria analfabeta.

As conquistas não aconteceram apenas nos campos econômico e político: a cultura foi se desenhando autóctone na literatura romântica, nos estudos sobre o Brasil, no trabalho crescente do maquinário impressor em várias regiões do país. Importantes nesse processo foram as editoras estrangeiras (Garnier, Laemmert) que, no século XIX, mantiveram viva a leitura de almanaques, em formato de livros-coletâneas, que espalharam pelo país textos e modos de ler multimodais, antes que o termo e a ideia nele contida fossem inaugurados pelos livros digitais.

As escolas foram paulatinamente saindo de uma pedagogia da vara e da palmatória para as disciplinas ainda mecânicas da leitura em voz alta, da literatura atrelada à moral, da cópia e do ditado. Apesar disso, o livro foi crescendo e conquistando um público especial, o das crianças. Monteiro Lobato se converteu em um dos patronos no século XX de uma revolução na leitura e na edição de livros. Não ganhou todas as batalhas, mas desenhou um caminho promissor.

Vieram, então, as grandes e históricas editoras (a José Olympio, a Editora Nacional de Octalles Ferreira, a FTD, a Civilização Brasileira), entre tantas outras menores, mas notáveis, até chegarmos aos conglomerados atuais, em que compras e vendas reúnem, sob a mesma empresa, várias pequenas editoras, cada uma com sua história de ganhos e perdas.

A história das editoras brasileiras, tão rica e variada como a de tantos outros países, não poderia ser escrita sem a existência de leitores. Eles se mostram de maneiras ora comuns, ora inusitadas, em ações diversificadas de leitura e em expectativas de textos diferenciados no decorrer do tempo. A história da leitura no Brasil, foco insistente e rico nas pesquisas atuais, está em processo e mostra em cada estudo, em cada artigo, em cada livro uma luta valorosa entre a crença no livro e o inclemente, mas constante, analfabetismo funcional, o qual coloca as razões de sua existência na falta de tempo e no pouco gosto pela leitura.

Mesmo assim, o livro continua sua caminhada histórica no Brasil, seja no formato impresso, seja em sua forma digital. Os leitores também continuarão, com passo firme ou hesitante.

Atividades de autoavaliação

1. Relacione as colunas a seguir:

   (1) Século XVIII
   (2) Século XIX
   (3) Século XX

   ( ) Livraria Garnier
   ( ) Livraria Paula Brito
   ( ) Empresa Melhoramentos
   ( ) Editora Ática
   ( ) Companhia Editora Nacional
   ( ) Tipografia de Antônio Isidoro da Fonseca
   ( ) Editora José Olympio
   ( ) Editora Laemmert
   ( ) Imprensa Régia
   ( ) Editora Abril

2. Qual frase melhor define a relação atual de livros e leitores no Brasil?
a. Na penúria de produção de livros, havia, na elite alfabetizada, a ocorrência de disputas e debates que se apoiavam em questões de doutrina religiosa, de formação moral e de denúncia do ambiente cultural.
b. Segundo Lajolo e Zilberman (2002), o aparecimento de tipografias durante o século XIX foi uma iniciativa isolada, porque

continuaram faltando no Brasil escolas, bibliotecas, meios de difusão e distribuição de livros.

c. O Rio de Janeiro e, posteriormente, São Paulo se tornaram, em pouco tempo, locais de origem de grandes grupos importadores e, mais tarde, impressores de livros.

d. A alfabetização das mulheres permitiu a ampliação do mercado de edição de livros – geralmente romances – e de revistas direcionadas a esse público.

e. A presença maciça de autores estrangeiros fora substituída por escritores brasileiros, que publicavam obras ligadas à história, à política e à ciência, bem como livros médicos, didáticos e técnicos.

3. Analise as afirmativas a seguir e indique V para as verdadeiras e F para as falsas:

( ) Rio de Janeiro e São Paulo se tornaram grandes importadores de livros, em especial da França e de Portugal, no início do século XIX, após a chegada da família imperial portuguesa ao Brasil.

( ) Já no início do século XIX, a taxa de analfabetismo no Brasil caiu acentuadamente: de 80% chegou a 50% de toda a população brasileira.

( ) A primeira novela brasileira foi de autoria de Lucas José de Alvarenga, intitulada *Statira e Zoroastes* e publicada, em 1826, na Tipografia Imperial e Constitucional, de Pierre Plancher.

( ) O Paraná, à época do simbolismo, era um lugar em que se imprimiam muitas revistas ilustradas e livros.

( ) As leitoras se tornaram cada vez mais numerosas a partir do final do século XIX e surgiram várias jornalistas e escritoras, que criaram protagonistas femininas em seus romances.

4. Numere a segunda coluna de acordo com a primeira, considerando as editoras listadas e os fatos a elas relacionados, respectivamente:

1. Imprensa Régia
2. Editora Laemmert
3. Editora Quaresma
4. Livraria Francisco Alves
5. Livraria Editora Nacional

( ) Publicou os primeiros contos de fadas, adaptados para a realidade brasileira por Figueiredo Pimentel.

( ) Tornou-se referência nacional na publicação e na venda de livros didáticos.

( ) Tinha o monopólio da publicação de livros sob a autorização real.

( ) Faliu e renasceu sob nova direção, tornando-se a maior empresa editora do Brasil nos séculos XIX e XX.

( ) Foi responsável pela publicação de mais de 1.440 livros de autores brasileiros.

5. Analise as afirmativas a seguir e indique V para as verdadeiras e F para as falsas:
( ) Já nos séculos XVII e XVIII, teve início o ensino público, de caráter popular, deixando-se as escolas particulares para as famílias abastadas.
( ) A taxa de alfabetização no estado de São Paulo passou de 45% em 1887 para 75% em 1920 e 85% em 1946.
( ) Os grupos escolares paulistas obedeciam a uma orientação médico-higienista, havia uma preocupação com o bem-estar das crianças.
( ) A modernização do ensino e da gestão das escolas, na primeira metade do século XX no Brasil, não elevou os índices de leitura, porque não havia interesse e utilização de livros didáticos.
( ) Há muita valorização do livro didático nas editoras, porque ele é um material de uso permanente e que se mantém inalterado com o passar dos anos.

Atividades de aprendizagem

Questões para reflexão

1. Quantas livrarias existem em seu bairro? E em sua cidade? Quantas editoras? Quais e que tipo de livros produzem? Com as respostas, reflita e faça um diagnóstico sobre a cultura apoiada em livros em sua cidade. Descreva o resultado e, depois, proponha mudanças.

2. Quantas bibliotecas públicas existem em sua cidade? Escolha uma e faça uma visita. Verifique suas condições físicas, seu acervo, o atendimento prestado e as atividades culturais ali realizadas. Faça um relatório com as informações reunidas e troque ideias com os bibliotecários e seus colegas.

Atividade aplicada: prática

1. Escolha uma história. Decore o texto. Proponha a realização de uma atividade de contação de histórias em uma biblioteca escolar de seu bairro. Você não precisa usar as roupas dos personagens, mas não se esqueça de levar o livro em que consta a história contada! Mostre-o ao final da atividade. Se você for tímido(a), leia em voz alta a história. Depois, converse sobre o que os ouvintes entenderam da contação ou da leitura em voz alta.

um   História dos livros e das bibliotecas
dois   O livro e a sociedade
três   A história do livro no Brasil
quatro   Leitura e bibliotecas na história do Brasil

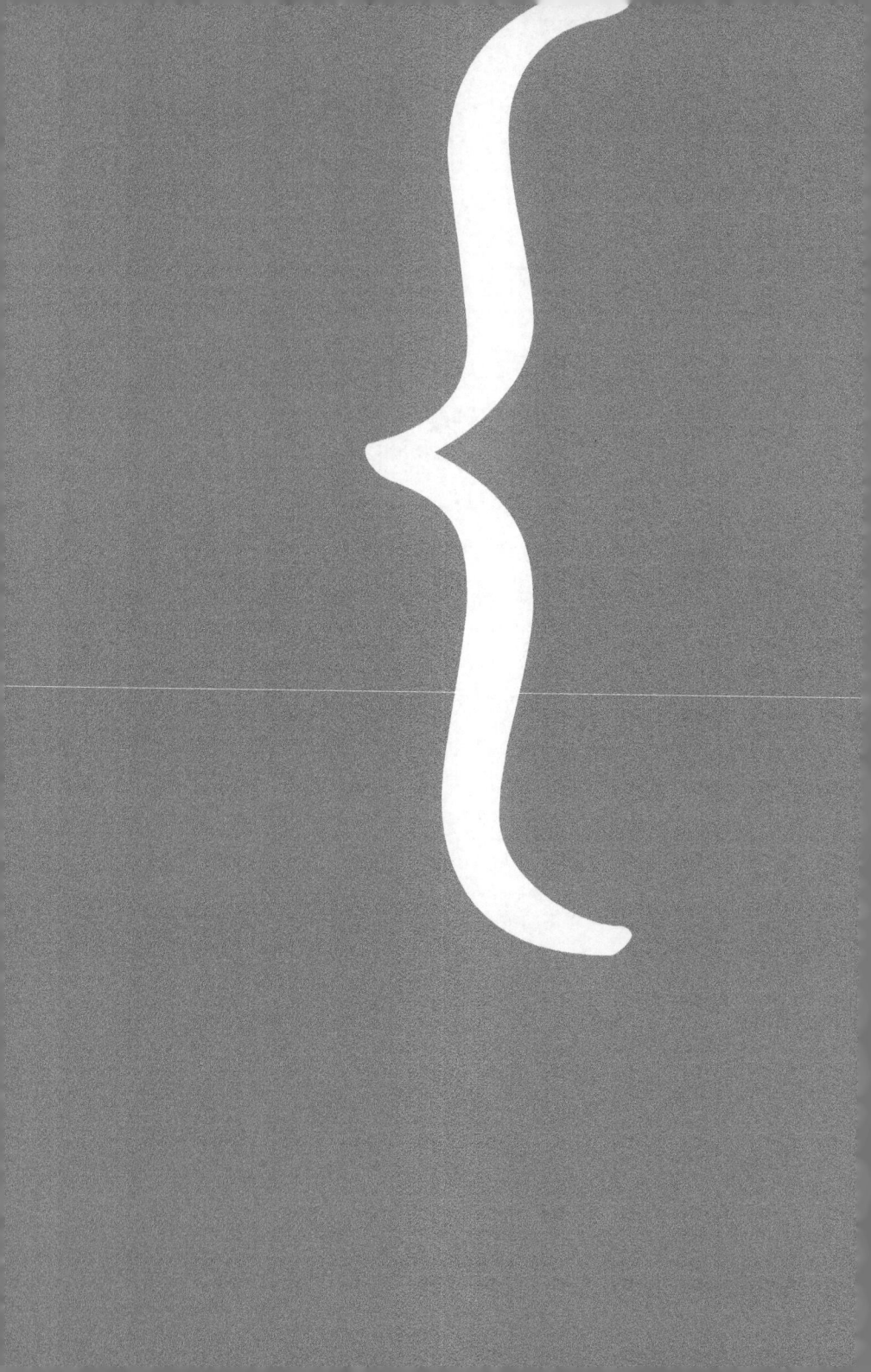

❰NO PRESENTE CAPÍTULO, o alvo da pesquisa, das reflexões e das perguntas é o livro, em seus formatos históricos – incluindo o livro digital e os didáticos –, e as questões a ele relacionadas, como as bibliotecas e os modos de ler através do tempo e nos contextos culturais em que ele foi centro e irradiação no Brasil.

Nos Capítulos 1 e 2 deste livro, abordamos a história em um panorama abrangente. A partir do Capítulo 3 e agora, a evolução histórica está centralizada no Brasil. De início, convém deixar claro que se trata de um recorte fictício. A evolução do Brasil acompanha, não necessariamente sem controvérsias, as mudanças em outros países. Também o ato de ler – e suas consequências – em determinada época mantém resquícios de outros tempos e de outros espaços. Como um país que tem na formação de sua população a miscigenação, é preciso reconhecer as dívidas culturais e intelectuais de outras histórias e de outras culturas.

A *Carta de Pero Vaz de Caminha* teve um destinatário claro e reconhecível: D. Manuel, rei de Portugal. As várias intenções de seu narrador-emissor foram expressas nos verbos que o destinatário facilmente decodificaria: *descrever, relatar, pedir, prever, agradecer, supor, reconhecer*. O intuito de fazer a propaganda da nova terra está semeado no relato. Os nomes dados à terra encontrada indicam, em sua sucessão, um percurso ideológico e de acúmulo de descobertas. Era a terra de Pindorama dos indígenas, nominação logo recoberta por Ilha de Vera Cruz, tendo como causa um erro geográfico e a dedicação religiosa. Em 1501, os cronistas viajantes, que não reconheceram a ilha, mas uma enorme extensão de terra, enfeitada e sonorizada por aves multicoloridas, denominaram o lugar provisoriamente de Terra Nova e Terra dos Papagaios. Dois anos depois, imprimiram-se as marcas religiosas em Terra de Vera Cruz e Terra de Santa Cruz. Enfim, em 1505, aparece a identidade do país: com as árvores vermelhas e majestosas, cobiçadas pela Europa, bateu-se o martelo, e o lugar passou a se chamar Terra Santa Cruz do Brasil e Terra do Brasil.

A interpretação, via topônimos, infere a hesitação dos colonizadores quanto ao território descoberto e a anulação do povo nativo e de sua cultura, uma população superior em número, mas submetida ao Estado português. A Carta incluiu esses habitantes, mas não os compreendeu nem respeitou sua diversidade: o Brasil nascia com documento e com diversidade e desigualdade. A história da leitura dos textos surgidos em cinco séculos de convivência social e trocas culturais reflete o que de início já se anunciava; a leitura da certidão de nascimento identifica um primeiro discurso sobre a nação que viríamos a ser.

Nessas sociedades diferentes – indígenas, portugueses e africanos – predominava a oralidade, uma das razões para uma história de "leitura rarefeita" (Lajolo; Zilberman, 2002), que perdura até o tempo presente.

quatropontoum
As funções do livro no decorrer do tempo e as transformações dos leitores no Brasil

A educação formal teve início, no Brasil, em 1548, com a chegada de 13 missionários jesuítas e a fundação do Colégio São Paulo, que deu origem à Vila de São Paulo. Esses padres católicos eram formados nos princípios jesuíticos da *Ratio Studiorum*, um compêndio de normas para a educação dos padres e, por extensão, de seus alunos no trabalho pedagógico de catequização e formação moral.

A base da educação jesuítica consistia em um currículo dividido em dois blocos: o *trivium* (gramática, retórica e lógica) e o *quadrivium* (aritmética, geometria, astronomia e música, esta última entendida como a aplicação da teoria dos números). No Brasil Colônia, esse conjunto de disciplinas foi reduzido apenas ao *trivium*. A gramática e a retórica restringiam-se ao estudo de textos clássicos, geralmente religiosos e em latim. Em alguns colégios, estudavam-se também o grego e o hebraico. O estudo da lógica levava à filosofia, mas esta ficava subordinada à teologia, católica naturalmente.

Essas escolhas conferiram ao ensino um caráter estilizado, nada prático, normativo e reprodutivo. O método de aprendizagem era o da memorização. Os colégios eram abertos a todos: brancos ou mamelucos aprendiam a ler e escrever e havia um pouco de música e muita catequese. Os livros que circulavam pelo ambiente dos colégios eram raros, e a leitura em voz alta predominava.

Cabe salientar dois aspectos positivos nesse início da formação escolar na Colônia: (1) o privilégio dado às disciplinas humanistas e (2) a pesquisa intensa dos jesuítas para compreender, registrar e sistematizar a língua tupi. O jesuíta José de Anchieta escreveu um dicionário dessa língua geral dos indígenas brasileiros em 1595: *Arte de gramática da língua mais falada na costa do Brasil*. Anchieta foi poeta e dramaturgo, tendo escrito peças teatrais em três línguas: português, espanhol e tupi. A representação delas era feita por padres, colonos e índios.

A *Ratio Studiorum* tinha como diretriz a formação clássica aliada à formação moral, cuja base eram os preceitos católicos, expressos por Tomás de Aquino. Com relação à leitura, os textos adotados eram de autores greco-romanos, particularmente Aristóteles. Essa leitura servia para a elaboração de composições escritas, das quais se exigia rigor gramatical e retórico. O latim, além de ser a língua privilegiada, auxiliava no domínio da língua portuguesa, dele derivada. Entre as estratégias de aprendizagem estavam exercícios complementares aos ensinamentos de sala de aula, discursos, declamações, representações teatrais e pregações durante as refeições.

A pedagogia jesuítica continuou até 1759, quando a ordem religiosa foi expulsa do Brasil por determinação do Marquês de Pombal. Os colégios foram fechados e instituiu-se a educação por meio de "aulas régias", isto é, aulas sobre assuntos independentes e ministradas por professores designados pelo rei, por isso o adjetivo *régias*. O mundo ocidental vivia o período do Iluminismo: com as aulas régias, buscava-se dar um cunho mais prático e de utilidade social ao ensino, eliminando o caráter religioso. Dessa forma, seria possível atingir mais rapidamente os objetivos econômicos e políticos do governo colonial. Na passagem do século XVIII ao XIX, as famílias com posse enviavam seus filhos para estudarem em Coimbra e Lisboa. Era a época dos bacharéis, isto é, a maior parte deles voltava formada em Direito.

As aulas régias foram a primeira manifestação organizada de ensino público em Portugal e no Brasil. O primeiro concurso para professores para atuar nessa reforma no Recife e no Rio de Janeiro foi realizado em 1750, mas, por falta de recursos, os aprovados só foram contratados em 1765. Também foi criado, em 1772, um imposto para subsidiar o pagamento dos professores, denominado *subsídio literário*. Era cobrado sobre transações com carne fresca e bebidas, como o vinho e a aguardente, e vigorou até 1839 (Lajolo; Zilberman, 1996).

A leitura teve um caráter de formação profissional, como a formação de bacharéis. Além disso, é preciso ressaltar a presença de livros que trouxeram ao Brasil as ideias revolucionárias do Iluminismo por meio de alguns de seus maiores pensadores (Voltaire, d'Alembert e a *Enciclopédia*, de Diderot). Uma das contribuições dessa filosofia foi a acentuada valorização das ciências em detrimento da teologia. A Inconfidência Mineira foi uma das expressões desse pensamento revolucionário.

A combinação entre as ideias iluministas, que pregavam o valor da razão e da ciência, e as mudanças econômicas – do ciclo da cana de açúcar para a extração de ouro – resultou em impactos diretos na exaltação do conhecimento, na função social da educação, na superioridade dos livros e da alfabetização. Os frades franciscanos abriram suas bibliotecas ao público em geral no século XVIII. Por falta de mestres régios, eles haviam assumido a responsabilidade da educação de religiosos e leigos. O acesso aos livros era de extrema importância para os intelectuais e para aqueles que visavam aos cursos superiores na Europa.

Em 1800, o Seminário de Olinda inovou na educação dos futuros sacerdotes, ao acrescentar à área das humanidades algumas disciplinas de ciências da natureza. Essa mudança provocou nos alunos maior consciência política, e a instituição se tornou um núcleo de formação de ideias liberais e maçônicas.

Com a vinda da família real portuguesa ao Brasil, D. João VI criou a Escola Anatômica, Cirúrgica e Médica do Rio de Janeiro, a Escola de Cirurgia da Bahia, a Academia Real Militar (onde se ensinavam as ciências matemáticas, as naturais e as militares), a Academia da Marinha (dedicada às ciências matemáticas, à física, ao estudo da artilharia da navegação e do desenho), entre outras instituições. O ensino público tinha então ofertas, embora limitadas, da alfabetização à profissionalização, mas a falta de professores inviabilizou o projeto das aulas régias.

A Imprensa Régia não publicou apenas livros, mas o jornal *Gazeta do Rio de Janeiro*, uma espécie de Diário Oficial do

Vice-Reino, e o jornal literário *O Patriota*. Vale observar que o índice de analfabetismo entre 1872 e 1920 variou de 83,6 a 71,2% dos brasileiros (Ferraro, 2002, p. 34). O Brasil levou quase meio século para diminuir em 12% a quantidade de pessoas incapazes de ler e escrever.

Os livros escolares vendidos por volta de 1811 na loja do livreiro Paulo Martins eram, em sua maioria, importados de Portugal. Entre os livros arrolados por Hallewell (2017), estão manuais de retórica, gramáticas latinas e portuguesas, obras de matemática e de arte poética, manual de cartas, de "instrução literária", de regras de civilidade, de educação física e de moral para meninos.

Em 1822, a Imprensa Nacional publicou o *Plano em que se dão as ideias gerais de educação e se mostra o estado em que ela se acha no Brasil*, de Antônio José Leal. Esse balanço da situação educacional no alvorecer da independência prenunciou uma das iniciativas importantes na área. D. Pedro I, após a independência, imbuído pelo desejo de arejar o conhecimento trazendo novas ideias e provocando novas formas de pensar, importou para o Brasil um método inglês, criado por Joseph Lancaster no século anterior e, por isso, denominado *método lancasteriano*.

O objetivo principal do método, em sua origem, era instruir os filhos de operários; concebiam-se classes numerosas, de 150 a 300 alunos, os quais eram divididos em grupos de 8 e posicionados em bancos em uma grande sala retangular. Era um ensino mútuo, tutorial ou monitoral, isto é, um aluno mais avançado passava a ensinar e monitorar os grupos de alunos iniciantes, sob a supervisão de um professor inspetor. O professor dirigia a escola: controlava a frequência, inspecionava o trabalho dos monitores, programava o ensino de leitura, da escrita e de cálculo, promovia as mudanças necessárias nos exercícios e outras atividades de controle e de direção. A leitura era feita pelo grupo em textos expostos em cartazes afixados nas paredes.

Aos poucos, o método foi sendo implantado em algumas escolas brasileiras e, a partir de 15 de outubro de 1827, foi oficialmente adotado no país. Todavia, dois fatores principais inviabilizaram efetivamente o método no Brasil: (1) a falta de professores devidamente preparados para as tarefas e (2) o minguado número de alunos nas escolas.

Em 1837, foi criado, por decreto, um grande estabelecimento escolar público no Rio de Janeiro: o Imperial Colégio D. Pedro II, que começou a funcionar no ano seguinte. Era exclusivamente de ensino secundário, semelhante aos liceus europeus. Aliava modernos conceitos científicos do século a respeito de educação e de ensino de ciências. Era financiado pelo governo de D. Pedro II, homenageado com o nome do colégio.

Lajolo e Zilberman (1996) especificam o currículo do Instituto Brasileiro, de Porto Alegre, fundado por Apolinário Porto Alegre nos moldes do Colégio D. Pedro II. O nível secundário do ensino (hoje, ensino médio) era dividido em "preparatório e facultativo" e "predominavam no primeiro as disciplinas propedêuticas – português, francês, inglês, latim, geografia, história, retórica, poética e literatura, filosofia –, acompanhadas das matemáticas elementares, a aritmética, a álgebra, a geometria e a trigonometria" (Lajolo; Zilberman, 1996, p. 138-139).

A proliferação de disciplinas continuou nos currículos de escolas brasileiras até a segunda metade do século XX. Mas, ainda segundo Lajolo e Zilberman (1996, p. 139), foi na opção do viés facultativo que a inovação ocorreu: "disciplinas práticas, de teor modernizante". O curso comercial, por exemplo, tinha disciplinas de "aritmética comercial, escrituração mercantil, correspondência comercial em português, francês, inglês, alemão e elementos de economia aplicada ao comércio e à indústria" (Lajolo; Zilberman, 1996, p. 139). É importante observar o quanto as línguas, a retórica e a literatura eram relevantes na formação geral; mesmo na profissionalizante, a escrita em línguas estrangeiras se equiparava ao ensino das ciências matemáticas e da prática comercial. As línguas vivas superavam, enfim, o latim, que participou ativamente da escola e da escrita no Brasil em tempos coloniais, imperiais e republicanos até meados do século XIX. O ensino das línguas estrangeiras modernas mantinha, no entanto, a mesma metodologia do ensino de latim, que foi, pouco a pouco, desaparecendo dos currículos: tradução, análise e leitura de textos. Foi apenas em 1896 que a Lei n. 489, de 29 de dezembro, tornou obrigatório o ensino da língua nacional (São Paulo, 1896).

Apesar dos relativos avanços da educação em alguns colégios-modelo, José Veríssimo (citado por Lajolo; Zilberman, 1996, p. 155), em 1891, lamenta:

> *A nossa literatura escolar está muito atrasada, não só não temos bons compêndios, como carecemos de livros para leitura das crianças e dos rapazes. Não sei se o nosso desamor à leitura*

não provém de que não nos habituamos a ler desde a infância, e não nos habituamos porque não há em a nossa língua livros próprios para essa idade.

Percebe-se nesse comentário a consciência de que a cadeia de protagonistas da leitura (autores, escola, editores, leitores) não pode ser rompida, sob pena de prejuízo para o país. A "instrução pública" – leia-se a "instituição escolar" – é vital, os livros são vitais, a leitura e a adequação dos livros ao público escolar são vitais. Se esse conjunto não trabalha em harmonia, sabemos hoje que o resultado não é apenas o "desamor à leitura": o progresso em todos os setores da vida social estará prejudicado. Em cada 1.000 habitantes em idade escolar, somente 137 estavam matriculados, mas apenas 96 frequentavam as aulas em 1907. Mesmo que o Rio de Janeiro ostentasse um percentual de 40% de matriculados, o restante do país vivia um apagão escolar e de alfabetização.

Enquanto uma parte do país, a mais urbanizada, vivia a substituição de metodologias na escola, o restante do país continuava rural, esquecido, de tradição oral. Até o século XIX, a leitura era para raros, especialmente os clérigos, os profissionais liberais com algum estudo, viajantes e mercadores de livros que podiam ler, em voz alta, textos restritos à religião ou à literatura clássica, todos interpretados sob um viés moral.

Anne-Marie Chartier (2012), em artigo-síntese, apresenta com clareza o que foi o percurso da história da leitura até chegar à atualidade. Além do enlace entre os dois campos de investigação – a leitura escolar e as modalidades sociais –, Chartier (2012) considera a dimensão da história do ensino da leitura em relação a outras pesquisas, como a história da escola, a história da cultura escrita, a sociologia dos leitores, as aprendizagens, bem-sucedidas ou não. Ela toma como ponto de inflexão de sua síntese os anos 1980, quando "a história da alfabetização entra na era das comparações internacionais" (Chartier, 2012, p. 52). É o momento do início dos debates e das pesquisas a respeito do letramento (*litteracy*, em inglês). A partir dessa época, até os questionamentos que direcionam as pesquisas mudam seu trajeto: "a história quantitativa das estatísticas (quantos leitores?) dá lugar a uma história qualitativa (por que e como ler?)" (Chartier, 2012, p. 52).

Depois de marcar os anos 1990 como o período em que se discutiram muito o fracasso escolar da leitura e o iletrismo dos adultos, Chartier (2012) desenha um panorama da questão, que vai do fim do Império Romano até os anos 2000. O que sobressai em suas palavras é uma noção de que a história, embora trace uma linha do tempo cronológica, apresenta, em termos de cultura, simultaneidades. Assim, mesmo que o Brasil só entre na história do mundo no último ano do século XV, alguns procedimentos do ensino da leitura – e que repercutem no mundo dos livros, na sociedade leitora e na história particular dos leitores – que vigoraram em escolas brasileiras de pequenas cidades do interior do país mantinham semelhanças com os da Idade Média europeia em séculos posteriores.

Para Chartier (2012), a aprendizagem da leitura entre os séculos XIX e XX seguiu determinados rituais e procedimentos, que resumiremos nos parágrafos seguintes, em busca de construir um quadro sintético do que foi o processo de alfabetização na Europa e no Brasil.

Houve um tempo em que ler era apenas repetir de cor um texto que se conhecia oralmente. Não havia um conhecimento de palavras, mas um reconhecimento do oral na escrita.

Houve um tempo em que a leitura só se fazia em voz alta, como na Baixa Idade Média, ou, como atualmente ainda fazem os professores, para verificar se a leitura flui ou se é interrompida em hesitações.

Houve um tempo em que decorar e repetir se tornou uma experiência de coordenação entre olhos, dedo e voz. A leitura era sempre dos mesmos textos e não era acompanhada de nenhuma escrita. Ainda hoje as justificativas para a separação leitura-escrita incluem até impedimentos econômicos, como no caso de se alegar que o papel é caro, os lápis se gastam, rapidamente e também custam caro, e a escrita não é útil, pois os textos não têm sentido prático.

Houve um tempo de soletração em que a palavra era isolada e fatiada. Ainda existe o critério de que saber enunciar os componentes sonoros correspondentes à grafia é a forma lógica de averiguar, avaliar e decretar o estágio da alfabetização.

Mas há um tempo em que a história da cultura apresenta obstáculos e novas propostas, e aí o leitor soletrante e a escola que o instrui se veem obrigados a aprender um letramento generalizado (Chartier, 2012).

Podemos complementar esse resumo histórico realizado por Chartier (2012) dizendo que também há tempos em que a provocação vem contrariar a forma de aprendizado das sílabas (ga + to), passando-se para o enfrentamento da palavra global, sem decomposição em elementos menores.

Atualmente, há tempos e modos de ler na escola que se combinam, que se contrapõem e que se completam. O que a instituição escolar está aprendendo com os textos é que eles estarão sempre propondo desafios que se manifestam na circularidade dos métodos e que, no Brasil, ano após ano, constroem algumas histórias de superação e muitas de fracasso.

Há tempos e modos de ler que se organizam e se praticam fora das instituições escolares por uma combinação de agentes oriundos de outros campos sociais, como a imprensa, as artes, as famílias, as igrejas, as redes afetivas pessoais, as editoras, a multimodalidade das formas de comunicação – tecnológicas ou não.

quatropontodois
A literatura e as mediações: os livros didáticos

A leitura de livros de literatura esteve presente na história da cultura brasileira, seja no formato impresso, seja no cancioneiro e no folclore, na forma oral. As obras literárias adotadas pelas escolas estavam, inicialmente, em latim ou em grego, mas foram sendo expressas, pouco a pouco, em língua portuguesa, por força dos exercícios de tradução nas escolas públicas ou particulares. A despeito disso, foi apenas em 1896, por determinação da lei, que o ensino da língua portuguesa tornou-se obrigatório no Brasil (São Paulo, 1986).

As bibliotecas, ainda incipientes e muitas vezes inacessíveis ao público, por serem particulares, eram, até a abertura da Real Biblioteca do Rio de Janeiro, em 1810, proporcionalmente pobres em textos de literatura. A abundância ficava para as obras religiosas, filosóficas, históricas, jurídicas e científicas. Classificavam-se como literatura inicialmente todos os tipos de narrativa (de viagens, de histórias de santos, de devoção e até a literatura jurídica) e de poemas (religiosos, líricos, satíricos, épicos, laudatórios). O final do século XVIII e, principalmente, o século XIX viram nascer na Europa um novo conceito de *literatura* – não mais relacionado a qualquer assunto que estivesse escrito em letra (a literatura religiosa, a literatura jurídica, a literatura científica etc.). A partir de então, o texto classificado como literatura se relacionava com a forma como o assunto era tratado, entrando nesse conceito as noções de *belas-letras,* de *arte da escrita,* de *imaginação* (fantasia) e de *sentimento.*

A partir do final do século XVIII, tomando-se por base o pensamento de Voltaire e de Lessing, *literatura* passou a designar o relato ou a poesia com valor estético. Contribuiu para essa mudança na cultura europeia a ascensão da burguesia e de seus valores realistas, os quais permitiram ao escritor ser individualista e contestador e expressar o que via e sentia. A comunicação entre países e culturas se fez mais rapidamente, criando pontes entre Europa e Brasil, o que favoreceu a chegada de novas ideias, autores e livros. À medida que o século XIX avançava, também os costumes, as cidades e a educação refletiram o novo tempo. A cultura francesa chegou de maneira arrasadora, e a Rua do Ouvidor, com seu comércio vibrante, com suas livrarias atraentes e com a movimentação de pessoas e dinheiro, foi construindo uma imagem de progresso que os jornais recém-chegados passaram a divulgar para as demais províncias do país. Logo, várias regiões do Brasil começaram a imitar a capital do Império e, posteriormente, da República.

Nesse século, a literatura incorporou mais um atributo: passou a representar "a feição característica de um povo", noção defendida por Araújo Porto-Alegre em 1875 (Lajolo; Zilberman, 1996, p. 78). Essa função especular e imitativa da literatura surgiu das gerações de intelectuais que, em seus livros, fizeram a crônica de um país que parecia estar em sintonia com o momento efervescente da cultura ocidental. O Brasil via florescerem Gonçalves Dias, Martins Pena, Visconde de Taunay, Álvares de Azevedo, Machado de Assis, Aluísio de Azevedo, Raul Pompéia, Olavo Bilac, Artur Azevedo, e suas histórias foram mapeando o povo brasileiro que vivia em regiões remotas, em diversos modos de vida e variados cenários, falando de dificuldades e utopias, desvendando os bastidores de fotos idealizadas e realidades camufladas, divulgadas por jornais e almanaques. Revelou-se um país de diferenças abissais: de um lado, todo o tradicionalismo e o conservadorismo do mundo interiorano e, de outro, a civilização posada e de fachada da capital do país – opostos associados e constituintes de um país jovem de velhas ideias. Machado de Assis, com o bisturi de sua literatura, mostrou as incongruências sociais, as ironias dos disfarces, a pose dos retratos, a nudez das hipocrisias sociais.

Em um país de múltiplas editoras e livrarias, o século XIX assistiu à convivência delas com um país de poucos leitores.

Ouviam-se e liam-se as queixas continuadas de um público restrito, de escritores vivendo de migalhas, de editores a pagar direitos autorais minguados, de um público leitor fascinado por obras de pouca valia – enfim, um cenário pouco animador para a leitura.

No interior, livros eram vendidos na mesma loja em que eram vendidos cobertores, porcelanas, chapéus, rapé, tecidos, velas e uma série de artigos de subsistência. Sem distinção, sem orientação, sem propaganda. Eram poucos os leitores, e a leitura da literatura, na segunda metade do século XIX, estava concentrada em romances previsíveis e apoiados na ação cheia de acontecimentos e sem profundidade. O jornal e as coleções produzidas por algumas editoras visavam educar o público para a leitura da literatura escrita por autores brasileiros. Com isso, um dos formatos de venda era o de subscrição. Os leitores pagavam mensalidades e recebiam livros em casa. A intenção era dupla: promover os escritores brasileiros e vender livros que pudessem modificar o gosto dos leitores, substituindo a literatura sem profundidade por textos de real qualidade estética. Com essa função formadora das editoras e dos jornais, ao publicarem o lançamento de novidades editoriais, procurava-se, acima de tudo e em uma visão idealista, alimentar o sentimento patriótico, como parte da concepção de que ler a literatura nacional se associava à tomada de consciência sobre a nação brasileira (Lajolo; Zilberman, 1996).

Em outra perspectiva sobre a formação de leitores, as escolas, na primeira metade do século XIX, padeciam da falta de livros didáticos e mostravam as condições precárias do ensino da leitura e da escrita. Sem livros, muitas instituições recorriam a textos manuscritos por professores e pais, assim como utilizavam como fontes de leitura cartas, documentos de cartórios, editais, memorandos administrativos, isto é, o que estivesse ao alcance. Poderíamos pensar que a diversidade de gêneros textuais enriqueceria o exercício da leitura, mas não podemos esquecer que, naquele tempo, ler era apenas decodificar as letras, memorizar regras de gramática e valorizar nos escritos o respeito às normas da gramática normativa.

Os professores, por sua vez, eram frequentemente leigos e improvisados. Sem escolas normais, profissionais de várias áreas se apresentavam como professores particulares. Os anúncios de jornais ofereciam frequentemente emprego a professores para ensino domiciliar, uma alternativa para suprir a carência de escolas públicas, geralmente obsoletas na construção arquitetônica e no ensino oferecido. Também os profissionais dessas escolas viviam a precariedade de salários baixos e pagos sem regularidade.

A leitura consistia apenas em soletrar palavras e sílabas em voz alta. A disciplina da palmatória era a principal do currículo; afinal, nem mesmo a sociedade dispensava a leitura em voz alta nas igrejas, nos salões e em seus saraus, nas associações literárias, nos serões em casa. A leitura se confundia, assim, com a fala e a audição. São muitos os relatos de intelectuais e escritores que, ao tratarem de sua infância e juventude, fazem referência aos serões domésticos em que uma pessoa (o pai ou um dos filhos) lia um livro em voz alta enquanto os demais realizavam alguma atividade – as mulheres, por exemplo, bordavam ou tricotavam. Desse modo, a leitura, nesses serões ou nos saraus da sociedade, cumpria um papel de entretenimento e de reforço de laços sociais ou familiares (Abreu, 2003; Matos, 2010).

E qual era a qualidade dos livros vendidos no comércio? Ao caracterizar a leitura em Florianópolis, Felipe Matos (2010, p. 468) faz uma descrição do que ocorria na cidade, retrato que pode ser estendido aos rincões do território brasileiro:

> *Outro ponto de venda de livros era o bilhar da rua da Cadeia, loja na qual o proprietário [...] vendia o romance* Um enigma, *as* Eneidas [sic] *de Virgílio, traduzidas em oitava rima por João Franco Barielo; dois tomos do* Dicionário de todos os nomes próprios; *e um* Dicionário da fábula, *tudo por "módico preço". [Em outra loja] além de livros de medicina, [havia] as* Fábulas de Esopo, *a coleção* Thesouros de meninos e meninas *e as* Geographias Gaulteer. *Faziam sucesso o* Manual de civilidade *e os* Elementos de civilidades, *indícios de uma sociedade preocupada em aristocratizar-se, constituir-se como categoria social distinta na aparência e nos costumes, diferenciando-se das camadas rústicas, sem os refinamentos burgueses.*

Esse conjunto de obras sinalizava uma oferta reduzida, baseada em possíveis interesses de compradores, mas principalmente oferecia o que estava circulando no comércio de livros na ocasião: a literatura clássica, que incluía poesia épica e fábulas (Virgílio, Esopo); dicionários e livros para uso escolar (*Thesouros de meninos e meninas*); livros funcionais (sobre medicina ou civilidade); e um romance cujo título pudesse despertar interesse de algum leitor em busca de exercícios de previsão para resolver enigmas. Predominavam títulos que privilegiavam o destinatário infantil, como a enfatizar que a leitura se dava principalmente na tenra idade, mas permanecendo no gênero clássico e escrito por fabulistas igualmente clássicos. Para os adultos, a preocupação era com conteúdos mais práticos.

> ### Os queridinhos do público
>
> Como destaca Matos (2010), eis alguns dos títulos de romances que circulavam na segunda metade do século XIX: *Cavalheiro da casa vermelha*; *O colar da reinha*; *Os amores de Pariz*; *Condessa de Monreon*; *Isidoro e Horaide*; *Meu vizinho Raimundo*; *Mistérios de Lisboa*; *Duas Dianas*; *A dama do lago*; *O salteador saxônico* e outros do gênero.

O que fascinava o público nessas narrativas era a possível identificação entre o leitor e os personagens, mais pela via de sentimentos do que pela classe social. Havia um quê de leitura infantil nessa aproximação com os romances, em especial porque o público mais fiel eram as mulheres, consideradas frágeis e suscetíveis a enredos mais idealizados: elas tinham o tempo livre e a mente romântica, permitindo-se leituras silenciosas e solitárias, que geravam devaneios e o desejo de ler outras narrativas semelhantes.

Não faltam registros escritos sobre a real situação da leitura feminina. Entre 1865 e 1866, Elizabeth Agassiz e Louis Agassiz, naturalistas suíços, viajando pelo interior das regiões do Rio de Janeiro, de Minas, do Nordeste e da Amazônia, escreveram:

> *Efetivamente, nunca conversei com as senhoras brasileiras com quem mais de perto privei no Brasil sem delas receber as mais tristes confidências acerca de sua existência estreita e confinada. [...] [Elas levam] uma vida de repressões e constrangimento. Não podem transpor a porta de sua casa, senão em determinadas condições, sem provocar escândalo. A educação que lhe dão, limitada a um conhecimento sofrível de Francês e Música, deixa-as na ignorância de uma multidão de questões gerais: o mundo dos livros lhes está fechado, pois é reduzido o número de obras portuguesas que lhes permitem ler, e menor ainda o das obras a seu alcance em outras línguas. Pouca coisa sabem da história de seu país [...]. (Agassiz; Agassiz, citados por Lajolo; Zilberman, 1996, p. 243)*

No capítulo "Inventando a leitora", Lajolo e Zilberman (1996) tratam do aparecimento da leitora como força cultural. As autoras vão buscar no século XVII essa origem e a trazem até o século XIX:

> *A literatura, já beneficiada com as modificações impostas ao sistema educacional, sofre alterações também em virtude da emergência simultânea do público feminino, representado pelo contingente de leitoras, obrigadas a ficar em casa, pois era-lhes vedada a atividade pública. Aumenta com isso o número de obras em prosa, de consumo mais fácil que os textos em verso, sobretudo os de tendência épica, como eram as expressões nobres na Renascença: aparecem gêneros originais, de trama prolongada e atraente como o romance e o folhetim; priorizam-se os*

> enredos romanescos e de aventuras, herdeiros do roman courtois, mas dissociados da religião; enfatiza-se a apreensão dos comportamentos a partir de um ângulo interno, gerando a narrativa psicológica; e valoriza-se a personagem feminina enquanto protagonista de grandes amores. (Lajolo; Zilberman, 1996, p. 237)

Nem mesmo na escrita de uma mulher se conseguia desfazer os laços dourados da visão burguesa da figura feminina na passagem do século XIX ao XX. Júlia Lopes de Almeida (citada por Lajolo; Zilberman, 1996, p. 264), escritora respeitada, aconselha as mulheres a fazer uma "leitura sã, bem-feita". Orienta que elas mantenham na estante os livros como uma espécie de "mestres sempre consoladores e sempre juntos" na educação dos filhos, função a que se destinava exclusivamente a mulher. A estante que abrigasse esses livros seria "um altar onde seu pensamento [o das mulheres] vai, cheio de fé, pedir amparo numa hora de desalento, e conselho num momento de dúvida" (Almeida citada por Lajolo; Zilberman, 1996, p. 264). Nessas curtas frases, retiradas de um livro para noivas, escrito em 1895, Júlia cria uma figura imaginária e utópica de leitora. Na mesma obra, ela protesta contra o analfabetismo feminino:

> Os pais antigos proibiam a leitura às filhas, afirmando que os livros eram os piores inimigos da alma. Para livrarem então as pobres inocentes [...], não as ensinavam a ler! [...] Hoje em dia o não saber ler é, felizmente, considerado uma vergonha, e não há uma pessoa que propositalmente condene os filhos a

tamanha desgraça; agora o que ainda há são chefes de família que abominam os livros, ordenando às filhas que não toquem nunca em semelhante coisa. (Almeida, citada por Lajolo; Zilberman, 1996, p. 263)

Apesar da opinião expressa de maneira clara e contundente pela escritora, a mancha vergonhosa do analfabetismo atingia 82% da população à época. Ademais, os jornais, as revistas, os anuários, os hebdomadários, os guias, as obras científicas e a literatura elevada ficavam rotulados como textos para a leitura masculina. A não ser os periódicos voltados à moda, à culinária, à saúde e à educação infantil, tipicamente de interesse atribuído às mulheres, pouco restava à leitura feminina que não fossem obras de devoção e um ou outro romance, já devidamente aprovados pelo pai, pelo padre ou pelo marido. Assim ficava mantida a missão civilizatória das mulheres, que consistia em "levar adiante o sistema social ordenado", como afirma Matos (2010, p. 471).

Outra contribuição dos professores para a história da leitura veio por meio da atuação de Arnaldo de Oliveira Barreto e Lourenço Filho. O primeiro foi professor do Colégio Caetano de Campos, em São Paulo, e criou e organizou a Biblioteca Infantil da Editora Melhoramentos, para a qual escreveu 28 dos 100 títulos da coleção. Lourenço Filho foi educador de renome, um dos protagonistas da revolução educacional do Brasil nas décadas de 1920-1930 e o responsável pela Biblioteca de Educação da Melhoramentos. Entre 1926 e 1937, realizou uma revisão completa da Coleção Biblioteca Infantil na mesma editora. Aplicou as referências teóricas e científicas da educação com base psicológica na revisão dos livros, que passaram a articular concepções literárias, estéticas e editoriais. Para tanto, emitiu mais de 30 mil pareceres durante décadas para a editora. Sua concepção de base era a de que a literatura infantil tem a particularidade de, por meio da criatividade e do entretenimento, chegar mais próximo do leitor criança.

Gabriela Soares (2010, p. 162) analisa esse novo enfoque e valor para a literatura infantil:

> o trabalho de edição supõe diferentes instâncias de mediação, que interagem no resultado final da obra publicada. E as formas de mediação envolvem não apenas o confronto entre concepções plurais sobre o conteúdo, o estilo e a apresentação do livro, mas também a dinâmica das sociabilidades e das relações de poder que se estabelecem dentro e fora da editora.

Logo após a Proclamação da República (1889), o ensino público em São Paulo remodelou o ensino de leitura e escrita, de modo a organizar, sistematizar e estabelecer funcionalidades de sua prática. Em pouco tempo, os demais estados copiariam o exemplo paulista. Em que consistia essa reestruturação?

A leitura deixava de ser um processo de interpretação do pensamento expresso pelo texto, uma resposta fiel ao suposto pensamento do autor. A nova concepção dava às palavras força para funcionarem como estímulos do pensamento e das estruturas emocionais. Portanto, os vocábulos ganhavam peso e materialidade em si. Preocupado com a formação da psique infantil em harmonia com a formação da sociedade, Lourenço Filho (citado por Soares, 2010, p. 163) defendia a ideia que conferia à literatura infantil um importante papel nessa formação:

> *Como expressão de arte, que é, a leitura para crianças deve [...] tender a fornecer ao espírito infantil certa provisão de beleza, de graça, de harmonia, a fim de que não agrave os conflitos mentais e sentimentais, mas procure resolvê-los de forma suave e criadora. A criança precisa acreditar na vida, acreditar no bem, na bondade, na justiça, nas formas criadoras da vida social e não nas forças que a corrompem e a destroem.*

Essa missão conformadora, idealista e controlada aproximou a literatura da psicologia e da educação, desviando-a da função contestadora da arte literária. Os finais felizes passaram a representar o bem, a bondade, a justiça. A leitura de narrativas deveria evitar aquelas que estivessem fora da adequação à faixa etária dos leitores, recomendando-se que as crianças não lessem historietas que tratassem de sexo ou de revolta contra as leis. Da mesma forma, Lourenço Filho considerava que a literatura deveria ser para as crianças um instrumento de aprendizagem de padrões linguísticos e, para tanto, condenava plebeísmos, modismos e regionalismos (Soares, 2010).

Considerando-se a forte presença da Melhoramentos no mercado de livros didáticos e a importância para a formação de leitores por meio da alfabetização e do acesso aos primeiros livros de leitura na escola, é possível entrever o quanto determinada escolha político-ideológica na edição de livros acaba por influenciar modos de ler e modos de interagir com a escrita impressa.

Convém ressaltar que um livro didático, mesmo que dirigido ao aluno, tem importância também para o professor que o escolhe. Tal fato converte o didático em um elemento de aprendizagem e, ao mesmo tempo, de ensino, uma vez que também pauta o trabalho do professor.

É verdade que nem toda experiência com literatura no passado ficava restrita ao ambiente escolar. O modo de ler atrelado à gramática, à biografia do escritor e à análise de texto adotado em sala de aula criava nos estudantes uma perspectiva enfadonha e pouco prazerosa. Fora da escola, o cotidiano lhes apresentava os relatos, as cantigas, os saraus familiares e os livros e revistas mais atraentes (romances, quadrinhos, cordel, a literatura proibida, almanaques). As adolescentes abandonavam a escola e ficavam à espera do casamento enquanto liam os romances românticos abundantes e em coleções baratas, como a Biblioteca das Moças, editada pela Companhia Editora Nacional entre 1920 e 1960. Para os adolescentes, não faltavam os volumes da Coleção Terramarear, publicados a partir de 1933 pela mesma editora. Sobre essa coleção, o poeta Lêdo Ivo (citado por Lajolo; Zilberman, 1996, p. 229) testemunhou:

> *A Coleção Terramarear abriu para mim as suas imensas portas de maresia; e os piratas e as pirogas me levavam, por entre ondas altas, às paragens onde o mundo ao mesmo tempo começava com seu sol ofuscante e findava no cortejo de suas estrelas. Romances? Apesar da dignidade desta palavra, prefiro compará-los aos astros da mais bela constelação que jamais pousou sobre uma infância sedenta de aventuras. Seja-me permitido*

mencionar, da relação ditosa: A vingança do iroquês, Songkai, o pirata e Caminhos do Pacífico, *de Emilio Salgari;* Os náufragos de Bornéu, *de Mayne Reid;* A ilha de coral, *de R.M. Ballantine.*

A convivência de obras lidas na escola, muitas vezes distantes da leitura voluntária e agradável, com livros escolhidos pelos leitores, em uma ação livre de exercícios e tarefas, foi permanente no Brasil e vigora até os dias atuais. Estão na essência da cultura escolar tanto o pragmatismo, a aplicação prática e disciplinada dos efeitos da leitura e dos modos de ler, quanto a leitura livre de leis e códigos, feita ao bel-prazer, em horários e locais alternativos. Essa dicotomia, longe de ser combatida, deveria ser entendida, explicitada e estimulada: a escola tem suas amarras, e a liberdade do leitor fora dela não deveria ter limites. Marisa Lajolo e Regina Zilberman (1996, p. 231) assim se pronunciam sobre essa dicotomia: "se a escola patrocinar leituras que atendam apenas à imaginação e ao gosto, rompe o pacto educacional; se evitá-las, torna-se detestável, sem impedir que as leituras prediletas continuem a proliferar, na clandestinidade ou não".

Outro caminho para a literatura na escola foi apontado por Monteiro Lobato: livros com narrativas e linguagem que rejeitam formatos ortodoxos e engessados e associam ao narrar a força da origem das narrativas orais, que cativaram e continuam cativando contadores e escritores, leitores e ouvintes. A verdade é que os pioneiros da literatura infantil, como Monteiro Lobato, José Mauro de Vasconcelos, Cecília Meireles e Vinícius de Moraes, encontraram seus continuadores nos anos 1970, com a *Revista Recreio* e os talentosos escritores que recriaram e recrearam leitores para narrativas e poemas em formato moderno.

    A leitura na escola, no final do século XX e intensamente no século seguinte, cresceu em quantidade e qualitativamente passou a integrar em sua compreensão o leitor como um produtor de sentidos toda vez que interage com o texto. Os livros didáticos e infantis foram se tornando mais ricos em linguagens visuais, o que trouxe a necessidade de enfrentar outros desafios e também de obter novas conquistas. Além disso, a evolução gráfica e tecnológica permitiu a alteração da visualidade dos livros, e a literatura passou a exigir do leitor mais habilidades aplicáveis à convivência entre a palavra e a ilustração. "Pode-se dizer que no texto do livro didático há diferentes maneiras de relacionar os elementos relativos à configuração textual (*mise en texte*) e os elementos gráfico-editoriais que extrapolam o texto (*mise en page*) e se constituem em protocolos de leitura e de escrita" (Frade, 2010, p. 173).

Os livros *pop-up*

A *mise-en-page* pode mesmo aproximar os livros das experiências sensoriais, pelo uso de materiais tácteis com texturas e formatos diferenciados, ou converter o livro em uma espécie de jogo ou brinquedo, como acontece com os *pop-ups* – livros dobráveis, feitos com dobraduras –, de que a editora Salamandra foi a precursora no mercado brasileiro. Embora tenham uma história de quase 800 anos, os livros feitos por meio da aplicação de

> mecanismos ou de dobraduras foram particularmente criados pelo editor John Newbery no século XVIII, para narrar fábulas às crianças. O termo *pop-up* foi registrado pela Editora Blue Ribbon Books em 1932 (Uma breve..., 2020).

Atualmente, a evolução tecnológica nos livros já permite edições em 3D. São produtos que encantam os olhos e as mãos das crianças, mas quase nunca privilegiam a qualidade da narrativa, chegando mesmo a nem ter um texto verbal.

É preciso salientar que a dupla linguagem (verbal e visual) já estava proposta em livros didáticos do final do século XIX:

> os manuais escolares apresentavam modos de organização da página, composição, edição, encadernação, tipografias e ilustrações bem peculiares, ou seja, ganharam certa identidade como livro escolar. Os livros de ensino da leitura e da escrita para iniciantes apresentavam recursos mais específicos ainda, mostrando certa complexidade na relação entre a visualidade e os aspectos formais do conteúdo que se queria ensinar. (Frade, 2010, p. 175)

Outra linha de similaridade entre o conceito de livro didático, seu uso na escola e as funções que deveria exercer é estabelecida pela relação entre a leitura do livro e suas consequências na formação dos leitores pela atribuição de sentidos e sua apreensão pelos alunos. Um livro didático não é apenas um objeto que serve para a aprendizagem do conhecimento em geral: ele é também um irradiador de posições pedagógicas, que, por sua vez, expressam um modo de entender a sociedade e o momento histórico em que aparecem. A criação da Biblioteca Pedagógica Brasileira, na Editora Nacional, orientada por Fernando de Azevedo, veio comprovar que a tríade formada por livro, cultura e civilização se configura como uma marca indelével do trabalho pedagógico.

Vale lembrar que os livros didáticos constituem, até hoje, quase a metade da produção nacional de livros. Em razão disso, é possível inferir a influência enorme que as escolhas editoriais exercem sobre a leitura inicial dos brasileiros. Ao verificar que o maior comprador desse tipo de publicação é o Estado e que a utilização desse material acontece nos mais longínquos lugares do país e na mais diversificada rede escolar, é necessário levar em conta igualmente que

> essa mercadoria produzida para a escola é também [...] dependente do estado das relações de força entre os diferentes grupos sociais e políticos de uma determinada formação social e, assim, do modo como o Estado, por meio de sua ação, legitima a estrutura dessas relações ou deseja modificá-las. Desse modo, o livro escolar é um campo por excelência da ideologia e das lutas simbólicas e revela sempre, pelas suas escolhas, um viés, um ponto de vista parcial e comprometido sobre a sociedade, sobre seu passado, seu presente e seu futuro. (Batista, 1999, p. 566)

A presença da literatura e das artes nos livros didáticos contemporâneos extrapola as disciplinas, podendo ser observada em diferentes campos do conhecimento, como ciências, matemática, geografia, história, meio ambiente, sociologia e educação física.

Ela ganhou foros de linguagem universal, relaciona-se com a construção de identidades pessoais e permite a conexão com contextos ilimitados.

Na atualidade, com outras metodologias e outros materiais didáticos, essa expansão de conteúdos e práticas continua a expressar valores da leitura e da aprendizagem. Quando se defende a ideia de que o livro e a leitura podem constituir cidadãos, conscientizar leitores do respeito à diversidade e amadurecer práticas pessoais que se refletem na sociedade, o que se afirma no fundo é que o livro didático, tal como a literatura, contribui para a cultura e a civilização. Também, é óbvio, serve de base para aprendizagens que levam ao conhecimento, o que dá aos alunos a segurança para garantir um lugar na sociedade letrada.

quatropontotrês
As vozes na vez dos escritores

No coletivo de protagonistas do circuito da leitura, os educadores, os professores, os alunos e seus pais estão geralmente em uma das pontas, a do consumo. Na outra extremidade estão os escritores, profissionais ou não, produtores de ficção ou de livros didáticos.

Desde o início da colonização, os autores dos livros viveram situações negativas relacionadas ao produto cultural que inventavam e escreviam. Censurados, esquecidos, conhecidos por poucos, obrigados a ter outras profissões além da escrita, esporadicamente homenageados, mais frequentemente marginalizados, eles sobreviveram em condições precárias ao longo da história. A falta de recompensas ao trabalho dos escritores no Brasil se manifestou de várias formas. Olavo Bilac, em 1904, apresentou um quadro nada positivo sobre a profissão de escrever:

> *Há quarenta anos não havia propriamente homens de letras no Brasil: havia estadistas, parlamentares, professores, diplomatas, homens de sociedade, ou homens ricos, que, de quando em quando, invadiam por momentos o bairro literário – alguns deles com um certo vexame, encapotando-se, disfarçando-se, escondendo-se, cosendo-se às paredes com medo da murmuração da gente séria, como se entrassem em lugares proibidos, centros de frívolas ou condenáveis diversões. E esse vexame não era descabido, porque raramente a gente séria lhes perdoava a fraqueza moral revelada por essas rápidas e furtivas incursões nos domínios das letras. [...]*
> *Que fizemos nós? Fizemos isto: transformamos o que era até então um passatempo, um divertimento, naquilo que é hoje profissão, um culto, um sacerdócio; estabelecemos um preço para o nosso trabalho, porque fizemos desse trabalho uma necessidade primordial da vida moral e da civilização da nossa terra; forçamos as portas dos jornais e vencemos a inépcia e o medo dos editores.* (Bilac citado por Lajolo; Zilberman, 1996, p. 86-87)

As relações de trabalho e os contratos entre editoras e intelectuais, apesar da simpatia e do incentivo de alguns editores e de proprietários de tipografias, sempre se caracterizaram por um delicado equilíbrio, quando não pelo tom de aberta denúncia, especialmente em razão da cota ínfima de remuneração. A maior parte recebia de 5 a 10% do valor de cada livro vendido. Os mais beneficiados não passavam de 15% do total do preço. Como resultado, na história do livro no Brasil, muitos escritores não podiam dedicar-se exclusivamente à escrita: repartiam seu tempo com outras profissões, como as de médico, de diplomata, de engenheiro, de funcionário público, de advogado e de professor.

Talvez os primeiros a se profissionalizar tenham sido os autores de livros didáticos. Isso provavelmente em virtude de dois fatores: (1) o investimento tinha bom retorno financeiro para as editoras e (2) o fato de os livros se sucederem em séries e coleções criava laços mais duradouros entre o escritor e as editoras. Um autor aceito pela comunidade escolar implicava um retorno continuado de publicações.

Segundo Lajolo e Zilberman (1996, p. 101), em 15 de maio de 1890, o jornal carioca "*Correio do Povo* noticia a fundação de uma Sociedade dos Homens de Letras", que, em sua diretoria, tem os nomes de Machado de Assis, José do Patrocínio, Alcindo Guanabara, Emílio Roède e Pardal Mallet. Em seus estatutos, reivindicavam-se os seguintes objetivos:

> [...] *Conseguir do governo brasileiro uma lei regulando os direitos autorais.*
> [...] *Socorrer, a juízo da diretoria, os que sendo reconhecidamente homens de letras caírem na indigência, ou às suas famílias, em caso de morte.*
> [...] *Influir para a publicação de obras de reconhecido mérito escritas pelos sócios.*

[...] Estabelecer as condições para a formação de um fundo social. (Lajolo; Zilberman, 1996, p. 101)

Na mesma obra, as autoras incluem o relato de Luiz Edmundo, que é, além de um documento sobre a situação, uma denúncia velada da situação financeira dos escritores:

> Paga-se a um bom autor por um bom romance ou um bom livro de contos, que [sic] quinhentos mil réis a um conto de réis; por uma novela popular, de cincoenta a quintos [quinhentos] mil réis. Para os livros de versos, abundantíssimos, não há tarifa. Em geral, são impressos por conta do próprio autor, ou entregues ao editor, sem compromisso de paga. As exceções à regra são raras. (Lajolo; Zilberman, 1996, p. 103)

Monteiro Lobato reuniu os vários prismas da atividade com livros: escreveu, editou, vendeu, formou leitores e com eles conversou. A primeira edição de *A menina do nariz arrebitado* foi além das expectativas em vendagem: dos 20 mil exemplares iniciais, 20% foram vendidos em um mês. O autor atribuiu a rapidez com que vendeu toda a edição às mudanças positivas na educação e na metodologia do ensino de "matérias abstratas". Explicou, ainda, que, por ter estado entre as crianças, acabou atendendo ao pedido delas de fazer um livro sobre a aritmética com os personagens do Sítio do Picapau, visto que, segundo ele, "todos os livros podiam tornar-se uma pândega, uma farra infantil" (Lobato citado por Lajolo; Zilberman, 1996, p. 110). O resultado foi que as crianças reagiram positivamente à coleção: "dei boas risadas com o seu livro, mas não gostei de ser tão pequeno. Por que não faz sair todo o mês um pedaço como o *Tico-Tico?*" (Lobato citado por Lajolo; Zilberman, 1996, p. 110).

A revista para crianças *O Tico-Tico*, surgida em 1905, circulou ininterruptamente até 1957 e depois esporadicamente até 1977. Foi nas páginas da revista que, pela primeira vez, foram publicadas histórias em quadrinhos no Brasil. Foi um sucesso a iniciativa do jornalista Luiz Bartolomeu de Souza e Silva ao publicar a revista. Criou personagens inesquecíveis (Reco-Reco, Bolão e Azeitona), copiou revistas estrangeiras (francesas e norte-americanas), publicou, além de quadrinhos, passatempos, contos literários e fatos da história do Brasil. O *Tico-Tico* reinou absoluto até 1939, quando começou a enchente de revistas em quadrinhos com origem nos Estados Unidos, com predominância da Disney e de super-heróis.

Um dos pequenos leitores de Lobato elaborou uma avaliação que aqueceria o coração e o bolso de todos os autores de literatura infantil no decorrer do tempo, ao narrar a causa da aceitação das narrativas e da identificação com os personagens, além das diferentes reações de outros leitores:

> *O livro que eu gostava mais era* Os contos da avozinha. *Agora é o que o senhor mandou. Já li três vezes e estou lendo para a Carmita, que já riscou com o lápis a barata invejosa, de raiva. Vovó também leu. Disse que gosta de livro assim, de letras e bem grandes figuras engraçadas. Eu queria saber como é que se pinta as figuras. Nenezinha disse que vai escrever uma história como aquela, veja que prosa!...Tem continuação?* (Lajolo; Zilberman, 1996, p. 111)

Monteiro Lobato é uma exceção entre os autores e um precursor das teorias de recepção, ao levar em conta os modos de ler de seus leitores. A resposta a seus livros indica o quanto ele estava atento a seu público e o quanto esse atendimento não apenas vendia livros, mas formava e acrescentava leitores (e até futuros escritores) à sociedade brasileira. Esse movimento em direção à busca de harmonia entre escritor, obra e público é fundamental para se compreenderem três fatores que fazem a história da leitura: a evolução da escrita, dos modos de ler e das funções do livro na sociedade.

Além dessa tríade de componentes, a criação e a disseminação de livros contam com outros agentes. A respeito dessa múltipla responsabilidade, ao final do livro sobre a história da leitura no Brasil, Lajolo e Zilberman (1996, p. 309) esclarecem:

> *Ao fim e ao cabo, esta é também a história de pactos constantemente feitos, desfeitos e refeitos, entre escritores, mecenas, editores, críticos, leitores, livrarias, livreiros e demais participantes deste elenco ao qual hoje se acrescentam outros figurantes, como agentes literários, publicitários, professores, bibliotecários, animadores culturais.*

Nessa corrente humana, não há hierarquia: todos são leitores. Entre os elos, ligados pelo adesivo indissolúvel do texto, a interpretação que mora em cada um dos agentes tem no escritor o primeiro leitor. Ao reler o que escreveu, ao corrigir, ao somar ou subtrair, esse leitor privilegiado tem consciência de que escreve porque muito leu. Nesse processo de ler para escrever, de ler para apagar, reescrever, renegar e/ou armazenar, a leitura por vezes produz situações que desafiam a ordem do próprio tempo.

> *Sentado diante do meu livro eu [...] percebo não apenas as letras e os espaços em branco entre as palavras que compõem o texto. Para extrair uma mensagem desse sistema de sinais brancos e pretos, apreendo primeiro o sistema de uma maneira aparentemente errática, com olhos volúveis, e depois reconstruo o código de sinais mediante uma cadeia cognitiva de neurônios processadores em meu cérebro, cadeia que varia de acordo com a natureza do texto que estou lendo e impregna o texto com algo – emoção, sensibilidade física, intuição, conhecimento, alma – que depende de quem sou eu e de como me tornei o que sou.* (Manguel, 1997, p. 53-54)

Essa citação evidencia, com palavras poéticas, a força da leitura, que se manifesta nas reações do corpo e do espírito. Mais profundamente ainda, a leitura de um texto significativo pode influenciar modos de ser e de pensar e ser capaz de promover no leitor mudanças inimagináveis e até mesmo irreversíveis.

quatropontoquatro
As heroicas bibliotecas brasileiras

As primeiras bibliotecas do Brasil estiveram localizadas nos colégios jesuítas e ligadas à educação. O propósito desses estabelecimentos tinha dupla atenção: aos índios, catequizando-os, e aos colonos, instruindo-os. No século XVII, outras ordens religiosas, como os franciscanos, os carmelitas e os beneditinos, também colocaram nos espaços escolares livros com finalidade educacional.

Em 1835, o Marquês de Pombal editou um decreto proibindo o noviciado nos conventos e seminários brasileiros. Com isso, as bibliotecas foram abandonadas: insetos e umidade tomaram conta, os acervos ficaram sem atendimento e cuidados (Silva, 2011). Nos colégios religiosos que atendiam crianças, adolescentes e famílias dos alunos, as bibliotecas continuaram a manter um acervo, principalmente de obras voltadas à religião e aos conhecimentos escolares. Havia também bibliotecas particulares e acanhadas, de poucos exemplares e tão raras que se tornavam itens de inventários e índices de riqueza ou poder no século XVIII. Foi o caso dos habitantes da capitania de Minas Gerais, objeto de relevantes estudos de Márcia Abreu, em "Presença de livros em inventários" (2003), e de Luiz Carlos Villalba e Christianni Cardoso Morais (2010), em "Posse de livros e bibliotecas privadas em Minas Gerais (1714-1874)". De todo modo, os autores da segunda pesquisa alertam para uma questão permanente sobre a relação impossível de rastrear entre posse de livros e leitura: "tais fontes [os inventários] fornecem indícios sobre a circulação e posse dos livros, mas não sobre as práticas de leitura e muito menos sobre as possíveis apropriações dos materiais lidos – se é que realmente os títulos arrolados foram lidos por seus proprietários" (Villalba; Morais, 2010, p. 403).

Nessa pesquisa, foram analisados 76 inventários de homens e mulheres, livres, brancos, mulatos e um negro alforriado. Eram clérigos, militares, proprietários de terras, boticários, advogados, comerciantes, cirurgiões, músicos e professores. A maior parte dos livros identificados indicava que eram utilizados para o exercício das profissões. Curiosamente, uma das mulheres se distinguia dos demais analisados: além dos livros, "não possuía bens de raiz e tampouco escravos, sendo, porém, senhora de joias em ouro e prata, de um expressivo guarda-roupas (com direito a 'lenços de pescoço bordados' e xales de seda) e de um rebanho de 9 cabeças de gado, 12 de carneiros e 1 potro de três anos brabo" (Villalba; Morais, 2010, p. 409).

O número e a qualidade dos livros variavam muito. Eram obras estrangeiras, a maior parte vinda de Portugal e da França. Em São João del Rei, a biblioteca com o maior número de volumes era de um advogado e contava com 122 títulos e 326 volumes. A maior biblioteca de Diamantina era de um guarda-livros, composta por 140 títulos e 360 volumes. A menor delas era a de Francisca Maria de Jesus e tinha um único livro, *Gemido da mãe de Deus*.

De que tratavam esses livros? Eram dicionários eclesiásticos e de medicina, cânones religiosos, breviários, livros de teologia, de liturgia e de devoção, de medicina, matemática, botânica, física, agronomia, farmácia, química, história natural, legislação, artes militares, história militar e obras didáticas. Havia livros iluministas e sobre o Iluminismo, como os de Luís Antônio Verney, Voltaire, d'Alembert, Diderot e Montesquieu (Villalba; Morais, 2010). À circulação restrita vieram unir-se o analfabetismo imperante e a sobrevalorização dos volumes. Há relatos de livros que foram deixados para pagamento de dívidas, alguns em tão mau estado de conservação e deteriorados que serviriam apenas para embrulhar mercadorias (Villalba; Morais, 2010).

Também no final do século XVIII, em São Paulo, o bispo Frei Manuel da Ressurreição abria as portas de sua biblioteca de 2 mil volumes para os padres da diocese. Entre os livros, encontravam-se "sermonários, manuais em latim, estudos sobre o Antigo e o Novo Testamento, autores clássicos em obras completas, que contemplam os escritores latinos, portugueses e franceses, dicionários geográficos, históricos e eclesiásticos" (Deaecto, 2010, p. 424).

Apontada como a biblioteca mais antiga do Brasil, a do Mosteiro de São Bento, em Salvador, era uma biblioteca jesuítica, fundada em 1581 no mesmo local em que existira uma aldeia indígena. O acervo, constituído por cerca de 60 mil peças, trazido pela família real em 1808, ficou inicialmente (mal) acomodado nas dependências do Hospital da Ordem Terceira do Carmo e, ao final do ano, D. João VI autorizou a construção da Real Biblioteca, que iria abrigar o acervo. Esta foi fundada oficialmente em 29 de outubro de 1810 e só poderia ser frequentada com autorização do imperador; até ser aberta ao público, em 1814. A partir de 1825, passou a denominar-se Biblioteca Imperial e Pública da Corte.

Como seu acervo crescia constantemente em razão de doações e da obrigatoriedade de depósito de obras publicadas em Portugal e depois no Brasil, a biblioteca mudou de endereço. O prédio atual foi construído apenas em 1905, segundo o projeto do engenheiro militar Souza Aguiar, em estilo eclético, uma mistura elegante de clássico e *art nouveau* (o estilo do início do século XX). Foi inaugurado em outubro de 1910.

Atualmente, seu nome oficial é Fundação Biblioteca Nacional e é a maior biblioteca da América Latina e uma das maiores do mundo, de acordo com a Organização das Nações Unidas para a Educação, a Ciência e a Cultura (Unesco). Calcula-se que abrigue mais de 10 milhões de peças, entre livros, periódicos e fotos. Está atualizada com sistemas de catalogação e classificação do acervo, mantém intercâmbios com o mundo todo, recebe milhares de usuários por mês e conta com vários departamentos, projetos e programas dedicados ao livro, à leitura e às bibliotecas.

Entre as obras raras que abriga em cofres especiais estão:

- Primeira edição da obra *Os Lusíadas*, de Luiz Vaz de Camões, de 1572.
- Pergaminho datado do século XI com manuscritos em grego sobre os quatro evangelhos. É o exemplar mais antigo da Biblioteca Nacional e da América Latina.
- A *Bíblia* de Mogúncia, de 1462, primeira obra impressa a conter informações como data, lugar de impressão e os nomes dos impressores, os alemães Johann Fust e Peter Schoffer, ex-sócios de Gutenberg.
- *A crônica de Nuremberg*, de 1493, considerado o livro mais ilustrado do século XV, com mapas xilogravados tidos como os mais antigos em livro impresso.
- A *Bíblia poliglota* de Antuérpia, de 1569, obra do mais renomado impressor do século XVI, Cristóvão Plantin.

- A primeira edição da *Arte da gramática da língua portuguesa*, escrita pelo Padre José de Anchieta em 1595.
- O *Rerum per octennium... Brasília*, de Baerle, escrito em 1647, com 55 pranchas a cores desenhadas por Frans Post.
- Um exemplar completo da *Encyclopédie Française*, uma das obras de referência para a Revolução Francesa.
- O primeiro jornal impresso do mundo, datado de 1601.

Para saber mais

Conheça outras obras raras consultando o acervo da Biblioteca Nacional no *link* indicado a seguir:

BIBLIOTECA NACIONAL. **Obras raras.** Disponível em: <https://antigo.bn.gov.br/explore/acervos/obras-raras>. Acesso em: 17 nov. 2022.

A primeira biblioteca do Brasil e da América Latina a receber o público em geral foi a Livraria Pública da Bahia, criada por Pedro Gomes Ferrão Castelo em 1811, com acervo de 3 mil livros. Em 2021 completa, portanto, 210 anos. Com o passar dos anos, mudou de nome – hoje é Biblioteca Estadual da Bahia, ou Biblioteca dos Barris, nome do bairro em que se localiza. Seu acervo atingiu aproximadamente 600 mil itens, entre eles periódicos e obras raras, mapas, filmes, obras de arte, periódicos correntes, livros em braile, audiolivros, livros infantis e juvenis e coleções privadas.

Mas foi principalmente a abertura da primeira biblioteca pública de São Paulo, em 1825, que agregou algumas bibliotecas privadas, o que resultou em um acervo de 3.196 volumes e incrementou a leitura na cidade (Deaecto, 2010).

O Brasil tem uma das mais lindas bibliotecas do mundo, o Real Gabinete Português de Leitura, no Rio de Janeiro, que conta atualmente com 350 mil volumes em seu acervo. Um grupo de 43 imigrantes portugueses fundou essa instituição em 1837, para manter e difundir a cultura portuguesa na antiga colônia. A nova sede, em estilo neomanuelino, foi projetada pelo arquiteto Rafael de Souza Castro. Sua construção durou de 1880 a 1887, quando foi inaugurada oficialmente pelo Imperador D. Pedro II. Somente a partir de 1900 foi aberta ao público. Serviu de sede para algumas sessões da Academia Brasileira de Letras, fundada por um grupo de escritores a partir da ideia de Lúcio Mendonça de seguir os moldes da Academia Francesa, com 40 membros.

Em estudo sobre a leitura nas escolas de Minas Gerais nos anos 1920, Karina Klinke (2000, p. 2) destaca modos de ler e funções da leitura e da biblioteca:

> *Os principais enfoques sobre leitura, nas fontes analisadas, eram três: seu ensino e os métodos, os livros de leitura e o hábito da leitura, adquirido a partir da aprendizagem escolar para se tornar uma prática indispensável à formação do homem. Nas escolas se aprenderia a ler para adquirir na vida o hábito da leitura, um dos objetivos maiores do ensino primário. Para tanto, os livros de leitura escolares serviriam para aprender a*

ler e compreender, com histórias, contos, descrições, cartas e poesias. Tais livros tornariam os alunos "ilustrados", para depois de terminado o curso primário, formarem bibliotecas com bons livros: de conhecimentos úteis, passatempo, que afastassem de coisas prejudiciais, preparassem para a vida social e abrissem caminhos novos.

É relevante observar alguns pontos dessa citação. A leitura foi vista no período como indispensável à formação do caráter humanizado nos alunos. Há insistência na criação de um hábito de leitura, supondo-se que sua prática repetitiva criaria a necessidade de continuar lendo, mesmo depois da saída da escola. Por fim, aprender a ler, tornar a leitura uma atividade contínua e criar uma biblioteca em razão dessa aprendizagem são questões interdependentes. O veículo que daria suporte a essas atitudes consistiria em livros de diferentes gêneros textuais, sendo a literatura o principal deles.

Contudo, o modo de ler esses livros mantinha os princípios da alfabetização: decompor as palavras em sílabas, montar novas palavras, copiar textos, ler em voz alta, testes de leitura e de compreensão. No que se refere à essência imaginativa da literatura, cabia aos alunos exercitar "os 'meios práticos de cultivar a memória e a imaginação da criança durante o curso primário: ver e observar, ler e imaginar, sentir e reproduzir,' [...] que teriam fins específicos, tanto estéticos quanto psicológicos" (Klinke, 2000, p. 3).

A leitura silenciosa era considerada um complemento da leitura oral – esta, sim, mais presente em sala de aula. Não se faz menção à existência de uma biblioteca escolar. Estas passaram a integrar necessariamente um espaço dentro das instituições escolares a partir da adoção dos princípios da Escola Nova, em 1935, sobretudo por meio da atuação dos educadores Fernando de Azevedo e Anísio Teixeira. Em 1942, um documento do Ministério da Educação e Saúde orientou as escolas para que tivessem um acervo de livros nas bibliotecas. Nele constava a indicação de

> livros sobre viagens, ciências naturais (tanto quanto possível sob a forma atrativa), biografias, poesias, obras didáticas, dicionários, revistas e jornais ilustrados, [...] coletâneas feitas por alunos com recortes de jornais reunidos pelos assuntos: poesias fáceis, poesias para classes adiantadas, artigos sobre economia política, charadas, notícias históricas e outros. (Silva, 2011, p. 496-497)

Até os anos 1980, não houve uma política nacional que integrasse ações e diferentes tipos de bibliotecas (escolares, públicas, universitárias, comunitárias, especializadas, populares e outras). Os anos 1990 trouxeram, no entanto, alguns avanços. Foi criado, em 1993, o Programa Nacional de Incentivo à Leitura (Proler), com o apoio da Biblioteca Nacional, que, em atuações por várias regiões do Brasil, cumpriu seu papel de estímulo à leitura, à criação de bibliotecas com atividades culturais, a ações culturais nos municípios, a autores locais e à criação de comitês locais para a continuidade de ações. Teve sede própria na Casa da Leitura, no Rio de Janeiro, iniciativa que se espalhou por outras cidades brasileiras, como Curitiba.

Com relação às bibliotecas escolares, o Instituto Nacional de Estudos e Pesquisas Educacionais Anísio Teixeira (Inep) tem o registro de uma situação preocupante. Por força da Lei n. 12.244, de 24 de maio de 2010 (Brasil, 2010), assinada pelo Presidente Luiz Inácio Lula da Silva, estabeleceu-se que, em até dez anos, cada escola pública brasileira deveria ter biblioteca própria e que esse espaço deveria abrigar acervo bibliográfico, "materiais videográficos e documentos, armazenados em qualquer suporte, destinados à consulta, pesquisa, estudo ou leitura" (Brasil, 2010). Em 2011, eram 162.819 escolas públicas municipais, estaduais e federais de ensino básico (infantil, fundamental e médio) no Brasil. Entretanto, apenas 43.717 escolas contavam com bibliotecas e/ou salas de leitura. Somadas às escolas particulares, o número já é superior a 300 mil instituições.

Em 2020, das 180 mil escolas pesquisadas, apenas 98 mil, ou seja, 55% do total, tinham biblioteca escolar, não atendendo ao estabelecido na Lei n. 12.244/2010. Além disso, no mesmo ano, estavam cadastradas no sistema da Biblioteca Nacional 7 mil bibliotecas públicas (municipais, estaduais, universitárias e institucionais), em uma proporção de uma para cada 30 mil habitantes. Porém, estão distribuídas de modo irregular pelo país, sendo as regiões Norte e Nordeste pouco atendidas.

Sabendo-se que é impossível o progresso científico de um país sem a educação, que a educação se faz prioritariamente na escola e que uma biblioteca é, talvez mais do que a sala de aula, o local em que esse conhecimento está abrigado, supor uma instituição escolar sem biblioteca é imaginar um corpo humano vivo, mas sem coração. Tendo isso em vista, fez-se necessário criar uma lei que estabeleceu um prazo de dez anos (o que equivale a uma geração de estudantes de ensino fundamental) para que fossem criadas bibliotecas em todas as escolas públicas brasileiras, o que significou reconhecer que muitas delas funcionavam de modo incompleto, sem um centro complementar necessário de formação de leitores, sem apoio a processos de leitura e de escrita. Não custa lembrar que a leitura, a escrita e a capacidade de lidar com números sempre foram o objetivo central de qualquer processo de ensino.

Todavia, para que a biblioteca possa assumir integralmente o nome e suas funções, alguns requisitos são básicos e fundamentais: a organização, que compreende o planejamento e a operacionalização (o acervo e sua atualização permanente, o pessoal capacitado e formado especialmente para as funções, a política de gerenciamento e atendimento ao público, a organização e o controle do acervo, a sinalização dos espaços); um espaço físico adequado às atividades realizadas na biblioteca (condições de iluminação, higiene, amplitude, acesso às estantes, recursos tecnológicos, internet, móveis ergonômicos); e uma comunidade de usuários (para ler, pesquisar, participar de atividades, realizar campanhas de doação, sugerir, manter canais de comunicação pessoal e coletiva).

Assim, uma biblioteca terá mais condições de dar autonomia aos leitores, de emancipá-los e de encantá-los.

quatropontocinco
Uma radiografia do estado da leitura: *Retratos da leitura no Brasil*

A única pesquisa sobre leitura em nível nacional e com periodicidade regular é a *Retratos da leitura no Brasil*. Sua primeira edição data de 2001 e foi promovida pelo Sindicato Nacional dos Editores de Livros (SNEL), em parceria com a Câmara Brasileira do Livro (CBL), com metodologia própria e com o objetivo de mapear, para a indústria do livro, a situação da leitura e da produção e venda de livros.

A edição de 2007 já adotou uma metodologia de pesquisa criada pelo Centro Regional para o Fomento do Livro na América Latina e o Caribe (Cerlalc), com sede na Colômbia, o que lhe deu respaldo internacional. Mantida a base da nova metodologia, foram realizadas edições em 2007, 2011, 2015 e 2019. A quinta edição foi realizada pelo Instituto Pró-Livro (IPL) em parceria com o Itaú Cultural.

Os objetivos atuais da pesquisa consistem em mapear e avaliar os comportamentos dos leitores brasileiros em relação aos livros e a outras linguagens, fora de instituições escolares, embora em alguns quesitos ainda obedeçam às categorias da educação básica escolarizada, tais como taxas de escolaridade, adequação a idade ou estágio de escolarização, bem como à avaliação do desempenho dos entrevistados.

As práticas de pesquisa e posterior avaliação passam a integrar, no século XXI, um conjunto de ferramentas que permitem conhecer as práticas de leitura vigentes no país e, com base nesse conhecimento, implementar políticas públicas e privadas de estímulo à leitura por meio de projetos de alcance social. Não se trata, portanto, de instrumentos de demérito ou de supervalorização, ou até mesmo de disputas entre os estados da Federação, mas de um esforço que une iniciativa privada e governos para que os cidadãos possam efetivamente fazer valer sua identidade e sua voz.

A leitura no Brasil, em razão de sua história truncada e censurada, não alcançou ainda seu potencial de leitores autônomos e experientes, nem alcançou uma produção de livros e textos em múltiplas linguagens à altura da riqueza e da diversidade cultural que formam o povo brasileiro.

Os resultados da *Retratos da leitura no Brasil* em sua quinta edição demonstram o quanto de trabalho em prol de livros, leitura e bibliotecas ainda precisa ser feito no país. Essa edição, referente à pesquisa realizada no período de outubro de 2019 a janeiro de 2020 e analisada e dada a público em 2020, foi a mais ampla de todas as edições. Aliás, cada nova edição apresenta um conjunto de dados permanente (o que possibilita a comparação de resultados em diferentes anos e constitui a série histórica) e de acréscimos que surgem em razão de alterações tecnológicas, sociais e culturais, como no caso de dados relativos aos livros e à leitura em suportes digitais.

Os dados e as informações básicas que serão apresentados na sequência foram coletados na quinta edição da *Retratos da leitura no Brasil* e encontram-se acessíveis em <http://plataforma. prolivro.org.br/retratos.php>. O objetivo principal é o de estabelecer uma moldura confiável para conhecer o estado de leitura da população brasileira. A descrição da história do livro, da leitura e das bibliotecas que até este momento viemos seguindo desemboca nesta pesquisa atual com o propósito de esboçar um quadro pertinente, pintado aos poucos com pinceladas escolhidas, ora leves, ora fortes. A intenção é que, ao final deste livro, seja possível olhar para uma paisagem que aponte caminhos a serem trilhados dentro e fora da moldura.

A quinta edição da pesquisa estabeleceu algumas premissas que direcionaram a coleta de 8.076 entrevistas, realizadas em 208 municípios brasileiros (e em todas as capitais) de todas as regiões do país, com depoentes de 5 a mais de 70 anos de idade, com percurso escolar e profissional diverso e interesses individuais – como não poderia deixar de ser. As perguntas dessa edição contemplaram novas áreas de interesse, a saber, indicação de livros lidos, modos de acesso aos livros, formatos dos livros lidos e preferidos, audição de *audiobooks*, visita a eventos literários, investigação sobre indicação e sobre influência de influenciadores digitais no hábito de leitura, inclusão de novos motivos para a visita ou não à biblioteca, investigação de novos hábitos envolvendo leitura na internet, inclusão de variável de raça e gênero declarados para análise dos resultados. A lista de novos "indicadores e opções de resposta" reflete um duplo olhar: para as edições passadas (que, provavelmente, deixaram algumas dúvidas sobre o desempenho leitor) e para o presente, destacando novas situações tecnológicas, pessoais ou sociais, bem como questões sociais de diversidade sobre raça e gênero e precisão na identificação de preferências bibliográficas.

Estabelecida na pesquisa de 2007, a definição de *leitor* e de *não leitor* é crucial para o entendimento dos números da pesquisa. *Leitor* é, para o Instituto Pró-Livro, aquele que leu, inteiro ou em partes, pelo menos 1 livro nos últimos três meses (tempo marcado pela data da entrevista realizada), e *não leitor* é aquele que declarou não ter lido nenhum livro nos últimos três meses, mesmo que tenha lido nos últimos 12 meses.

Duas observações são necessárias: em primeiro lugar, tomou-se o cuidado de não classificar aquele que não leu por um critério de alfabetização, ou seja, usando-se termos como *analfabeto* ou *analfabeto funcional*. Em segundo lugar, pelo fato de se ter adotado o critério da unidade *livro*, flexibilizou-se a noção de *leitura*, considerando não apenas o todo do volume, mas qualquer outra medida que lhe fosse pertinente, isto é, ler algumas páginas já autoriza a entrada na estatística de leitura e de leitor.

Como resultado dessa posição, quando se chega à conclusão sobre o número de livros lidos, seja por pessoa, seja pela totalidade da população, deve-se levar em conta que nem sempre se está falando da leitura do livro por inteiro.

Em 2019, a base de cálculo da população foi de 193 milhões de brasileiros. Leitores são 52% desse total. Na pesquisa de 2015, proporcionalmente à população eram 56%. Esse dado estatístico confirma a queda no número de leitores, validada pelo quantitativo que acabou sendo manchete de jornais quando a pesquisa foi divulgada: o Brasil perdeu 4 milhões e 600 mil leitores em

4 anos! O fato ocorreu em quase todas as faixas etárias, à exceção do grupo de crianças de 5 a 10 anos, idade correspondente à educação infantil e ao ensino fundamental, em que a promoção da leitura cresceu muito nos últimos anos, acompanhada pela excelente produção de literatura infantil, que conta com qualidade gráfica e de conteúdo.

Que leitores são os entrevistados? As mulheres correspondem a uma porcentagem ligeiramente mais elevada quando comparada à dos homens: 54% na média. O mais interessante, porém, é verificar a variação ocorrida na porcentagem de leitores quando apresentados por faixa etária e por tipo de livro.

QUADRO 4.1 – PERFIL DOS LEITORES: COMPARAÇÃO – IDADE

Idade	5 a 10	11 a 13	14 a 17	18 a 24	25 a 29	30 a 39	40 a 49	50 a 69	70 e mais
Leitor de livros	12	7	10	14	9	18	12	17	3
Leitor de livro de literatura	14	8	13	15	9	15	11	14	1
Leitor de literatura apenas em outros formatos	4	4	9	16	10	23	15	18	3

FONTE: Instituto Pró-Livro; Itaú Cultural, 2020, p. 29.

A separação entre livros em geral e livros de literatura (em papel ou em outros formatos) permite verificar que a literatura é o gênero mais lido entre todos os possíveis (entre os mais editados: biografias, ciências, técnicos, profissionais, artísticos e religiosos). Somados os livros de literatura em papel e em outros formatos, a predominância se torna mais evidente ainda. Esse resultado talvez seja o componente do argumento de que, quando se fala sobre leitura, a primeira e imediata associação seja com a literatura. Nesse caso, a rima não é solução, nem explicação.

A distribuição dos números percentuais demonstra a existência de faixas etárias de intensa leitura, dos 30 aos 39 anos, e outra em que, talvez por razões de saúde, a leitura se torna quase um desvio. Mas é justamente no período dos 70 anos ou mais que, por recomendação médica, a leitura teria efeitos terapêuticos.

De maneira geral, a porcentagem de leitura é realmente muito inferior ao desejável. O máximo que aparece no quadro são 23% de leitores da faixa de 30 a 39 anos que leem literatura em outros formatos. Mesmo os jovens, tão afeitos às tecnologias, não se sentem atraídos pela literatura em formatos digitais.

Quando se observa a relação entre livros e escolaridade, o ensino médio é superior em leitura a todos os outros três estágios da educação. Ultrapassa até mesmo o fundamental I, em que a literatura infantil é objeto de práticas leitoras de todos os tipos (rodas de leitura, contação de histórias, visita a bibliotecas escolares, dramatização etc.).

Quadro 4.2 – Perfil dos leitores: comparação – Escolaridade

Escolaridade	Fundamental I	Fundamental II	Ensino Médio	Superior
Leitor de livros	21	23	34	21
Leitor de livros de literatura	18	26	36	20
Leitor de literatura apenas em outros formatos	14	24	42	19

FONTE: Instituto Pró-Livro; Itaú Cultural, 2020, p. 30.

Talvez o ensino médio, por sua proximidade com os exames vestibulares concorridos, provoque a maior necessidade de leituras, mas qualquer explicação será sempre controversa: os números procuram ser exatos, mas favorecem diversidade de teorias e reflexões. De todo modo, os índices de leitura continuam aquém do esperado. Se a escola é o território em que a leitura ganha musculatura e importância, os resultados ainda deixam a desejar.

Um número global que resume a relação quantitativa entre leitores e livros é a que informa a média de livros lidos no Brasil por habitante. Sempre convém lembrar que, como média, supõem-se leitores ávidos que colaboram para suprir a ausência de leitura da metade da população brasileira. Um novo quadro ajuda a melhor visualizar o resultado.

QUADRO 4.3 – MÉDIA DE LIVROS LIDOS POR ANO

Edição da pesquisa	2007	2011	2015	2019
Livros lidos em partes	–	2,0	2,5	2,4
Livros lidos integralmente	–	2,1	2,4	2,5
Livros lidos por habitante/ano	4,7	4,0	5,0	5,0

FONTE: Instituto Pró-Livro; Itaú Cultural, 2020, p. 41.

Em 12 anos de pesquisa, a quantidade de livros lidos por ano passou de 4,7 para 5,0 livros, dos quais apenas 50% foram lidos integralmente. Quantitativamente, foram 12 anos de manutenção do índice, o que significa que, se não houve avanço, houve perdas. Não foram apenas 4 milhões e 600 mil leitores a menos. A pesquisa demonstrou que, apesar de esforços, campanhas, bienais, feiras, edições a baixo custo, livros em formato digital, a leitura de livros (por extensão, qualquer texto escrito e impresso) não é prioridade.

As prioridades culturais são, em ordem decrescente de atividade: assistir à televisão; usar a internet; escutar música ou rádio; usar o WhatsApp; assistir a vídeos e filmes em casa; escrever; reunir-se com amigos e família; usar o Facebook, o Twitter ou o Instagram; ler jornais, revistas e notícias; praticar esportes. Não fazer nada ou dormir nas horas livres supera a ida ao cinema, a exposições, a bares e restaurantes, a realização de trabalhos manuais e até a atividade de jogar *games* e *videogames*.

Se considerarmos que usar a internet pode compreender também o uso de aplicativos de mensagens, o tempo gasto com essa comunicação digital é enorme. Também chamam a atenção as respostas dos entrevistados sobre a atividade de escrever para ocupar o tempo livre: 46%. Por outro lado, apenas 24% dedicam-se a ler livros em papel ou digitais. Sabemos que pouca leitura não produz escrita de qualidade, nem em termos linguísticos, nem em termos de conteúdo. Esse desequilíbrio raramente resulta em bons escritores, mesmo que a escrita seja de textos em *blogs*, no Facebook ou no Twitter.

Mas há realmente obstáculos à leitura. A razão mais indicada pelos entrevistados foi a "falta de paciência para ler", que atinge um quarto dos participantes da pesquisa. Outros empecilhos são a leitura lenta (19%), problemas de visão e dificuldades físicas (20%), falta de concentração (13%), dificuldade de compreensão do texto lido (9%) e o fato de não saber ler (4%), além de haver assustadores 33% de entrevistados que não leem e não apresentam dificuldade alguma que impeça a leitura. Isso significa que um terço dos entrevistados, mesmo alfabetizados, não lê.

Um dado altamente positivo é a porcentagem de 4% de pessoas que não sabem ler, sobretudo quando lembramos que, em 1872, o Brasil tinha uma população imensa de 82,3% de analfabetos! Dados do Instituto Brasileiro de Geografia e Estatística (IBGE) esclarecem que são 11 milhões de pessoas analfabetas no Brasil, que correspondem na média a 6,6 % da população total. Esse resultado aponta para a proximidade com a meta estabelecida para 2015, ou seja, há um atraso de 4 anos para a progressiva extinção do analfabetismo no Brasil, prevista para 2024.

Mesmo praticando intenso otimismo, já é possível prever que a meta não será cumprida, ao menos nas regiões que apresentam os maiores índices: o Nordeste, o Norte e o Centro-Oeste do país, com 13,9%, 7,6% e 4,9%, respectivamente.

O livro e a leitura, mesmo diante de um panorama de retardo e de perda de leitores, significam algo para os participantes da pesquisa. As razões que levam as pessoas a avaliar a importância do livro e da leitura estão distribuídas em argumentos conhecidos e até mesmo patrocinados pelas campanhas de valorização da leitura ao longo dos anos e por todo o país, além do trabalho da escola. Ler é, para os participantes, uma forma de acessar o conhecimento, de aprender a viver melhor, de atualizar e promover o desenvolvimento profissional, de facilitar a aprendizagem e de melhorar a situação financeira. Toda essa positividade tem seu contraponto em argumentos apresentados por uma parcela minoritária: ler ocupa muito tempo, é uma atividade cansativa, só executada por obrigação. Alguns poucos, mais incisivos, responderam que a leitura não serve para nada.

Quanto às bibliotecas, 68% dos entrevistados não as frequentam. Entre os estudantes, esse índice é de 37% e, entre os leitores, 52% não utilizam livros de bibliotecas. Elas são vistas como lugares para pesquisar ou estudar, predominantemente. Apenas 33% as veem como locais onde é possível ler por prazer.

As respostas a uma questão instigante a respeito das condições ideais que fariam o leitor frequentar a biblioteca resultaram na descrição de um espaço atraente. A biblioteca deveria estar perto da casa do leitor, ter um acervo atualizado e com títulos interessantes, bem como um bom atendimento com profissionais competentes, permitir acesso à internet, oferecer um ambiente bem iluminado, com atividades culturais e um horário ampliado e ser de fácil acesso às estantes. A descrição lida pelo avesso parece indicar uma experiência ruim com espaços já visitados e pode justificar em parte por que as pessoas não frequentam bibliotecas.

As características também sugerem um ponto de chegada da evolução histórica das bibliotecas. Como vimos em momentos anteriores deste livro, as formas de acesso ao espaço e aos livros, a atualização do acervo, a iluminação e a orientação adequada foram conquistas lentas dos usuários. O aspecto de modernidade fica com as atividades que podem vivificar a biblioteca, entendida como um centro cultural, não como o reino do silêncio.

Um aspecto privilegiado nessa pesquisa de 2019 é o que se refere à leitura digital. Para 78% dos entrevistados que utilizam a internet, ela serve principalmente para ler e redigir mensagens e postagens no WhatsApp e no Facebook, para ouvir música ou jogar, para estudar e fazer trabalhos escolares. Mas já existem pessoas que usam a plataforma digital para ler livros, para pesquisar sobre literatura, para participar de fóruns sobre literatura e leitura e até para criar *fanfics*, elaborando e escrevendo histórias coletivas.

Esse é um dado relevante para qualquer estudo sobre a leitura na contemporaneidade e para a história do livro. O advento do livro digital não é apenas uma modernidade tecnológica: implica novos modos de ler, um relacionamento diferenciado com o livro, uma maneira diferente de selecionar e descartar. É fundamental conhecer as ações e reações dos leitores em face dessa nova realidade. Por isso, neste momento da vida cultural, uma pergunta fundamental é: "Já ouviu falar de livro digital?". As respostas indicam que, mesmo entre leitores, 56% deles nunca ouviram falar da existência desse formato de livro. Entre os leitores de literatura em outros formatos que não o livro, 49% não têm conhecimento dessa modalidade e alguns gostariam de conhecê-la. O que podemos inferir é que o livro digital já está conquistando o mercado. Durante a pandemia de covid-19, segundo dados da consultoria Nielsen BookScan para o SNEL, as livrarias virtuais venderam 154% a mais de livros digitais de março a maio de 2020 e houve um aumento de 227% na venda de livros infantis e juvenis de junho a agosto. Supõe-se que, passada a pandemia, leitores de livros em papel possam continuar a consumir livros digitais, agora exclusivamente ou alternadamente com os livros impressos (CBL, 2021).

A diversificação de dispositivos em que o leitor pode armazenar textos e ler conforme seu tempo e vontade favorece esse acesso: celulares, *smartphones*, computadores, *tablets* e leitores digitais, como o Kindle, são hoje de uso comum. Também o formato de audiolivro começa a chegar ao mercado brasileiro, facilitando ainda mais a leitura (ou a audição) de textos selecionados de acordo com o interesse do leitor.

Síntese

Neste capítulo, o centro de atenção residiu nas bibliotecas e em sua relação com os leitores no Brasil. Também conferimos destaque à educação para a leitura, uma vez que a escola foi e tem sido a principal formadora de leitores. Por isso, métodos, livros e ações de leitura ganharam mais detalhes e descrição.

No entanto, os esforços para obter a adesão de novos leitores de modo permanente têm encontrado muitos obstáculos. Por essa razão, Marisa Lajolo e Regina Zilberman (2002) qualificaram de "leitura rarefeita" a situação histórica do país, principiada, do ponto de vista educacional, em 1548 com a chegada dos padres jesuítas e a criação de seus colégios, com metodologia própria. Era um ensino engessado e baseado em regras, normas e muita reprodução de textos, o qual não permitiu o arejamento pedagógico e a diminuição do analfabetismo. Com a expulsão dos jesuítas em 1759, as poucas escolas existentes no imenso território brasileiro ficaram sob o regime das aulas régias, com professores designados pelo governo português.

Apenas em 1896 e por força de lei, a língua portuguesa se tornou obrigatória no Brasil. Apesar da circulação de livros de autores brasileiros e estrangeiros – especialmente a produção bibliográfica vinda de Portugal e da França –, os leitores continuavam a ser poucos. Os escritores, por sua vez, queixavam-se da remuneração minguada paga pelas obras publicadas. Os editores vendiam edições reduzidas. As raras bibliotecas estavam entregues às moscas e com acervos defasados. A situação da leitura, do ponto de vista do circuito do livro, era bastante deplorável. E assim permaneceu até o século XX.

A despeito das campanhas jornalísticas em prol da leitura e da venda de livros, os leitores preferiam outras formas de diversão. As mulheres, pouco instruídas e mal orientadas, não chegavam a constituir um público numeroso. Pais e esposos consideravam que a leitura poderia alterar valores morais de filhas e esposas.

 O período literário romântico que existiu na segunda metade do século XIX pleiteava, entre outras causas, a presença da natureza, dos tipos e da linguagem brasileira. Os românticos da época eram partidários de uma literatura que servisse para mostrar o Brasil aos brasileiros. Fracassaram em parte, porque o Brasil era – e continua a ser – diverso e múltiplo. Contudo, as narrativas e os poemas conseguiram deixar mais próximo dos leitores um Brasil conhecido e, ao mesmo tempo, escondido. A literatura exerceria um papel preponderante nessa cruzada de abrasileiramento.

 Uma trajetória semelhante foi cumprida pela educação. Coleções literárias e didáticas nascidas de orientações pedagógicas aplicadas em várias regiões do país foram, aos poucos, levando para as salas de aula textos e livros. A formação de leitores ganhou, também, o reforço de educadores como Lourenço Filho e Fernando de Azevedo.

 Teve início, nos anos 1940, a distribuição pelo território nacional de uma produção editorial vitoriosa: a dos livros didáticos, hoje ainda responsáveis pela metade da produção editorial brasileira. Nesse campo de atuação, Monteiro Lobato foi uma presença icônica, pois produziu livros de qualidade literária e, ao mesmo tempo, de alta utilização pedagógica nas escolas. É verdade que sua concepção de aprendizagem inovou a forma de ensinar pelo uso do humor, da intertextualidade e do abrasileiramento de personagens e situações.

No quesito relativo às bibliotecas, a história brasileira pouco tem a contar. Da Biblioteca Nacional criada pelo rei português D. João no início do século XIX até hoje, há um déficit extraordinário de bibliotecas no país inteiro. Com acervos reduzidos e, não raras vezes, desatualizados, sobressaem apenas as bibliotecas públicas estaduais e algumas particulares e especializadas. Nas escolas, ainda que previstas em lei, as bibliotecas constituem apenas 55% do total necessário.

Embora a Fundação Biblioteca Nacional, a mais antiga e mais prestigiada das instituições do gênero no país, conte, em seu acervo, com obras raras e valiosas, com programas e projetos de leitura, os resultados ficam aquém do esperado. Uma das razões é que, apesar de necessárias, há estatisticamente uma biblioteca para cada 30 mil habitantes no país; porém, olhando-se o mapa do Brasil, percebe-se que sua distribuição é irregular, e muitos estados brasileiros apresentam uma carência maior de bibliotecas para atender à população.

Desse modo, as pesquisas contínuas e relevantes sobre o estado da leitura no Brasil não revelam números animadores. Ao contrário, chegam a constatar que, em um período de 4 anos (2016-2020), houve uma perda de 4 milhões de leitores no Brasil, conforme dados da confiável pesquisa *Retratos da leitura no Brasil*, do Instituto Pró-Livro e do Itaú Cultural. Entretanto, nada disso abala a crença dos leitores na importância do livro e da contribuição da leitura para o crescimento individual e coletivo nos campos intelectual, cultural e de relações humanas.

Atividades de autoavaliação

1. Complete as lacunas corretamente:

   "(...) não existe uma _____ (sete letras) "correta" ou "oficial" de nada. Um texto _____ (sete letras) tem vida própria, de um século ao outro, de um milênio ao outro, _____ (dez letras) e redescoberto em sua _____ (oito letras) de modo _____ (nove letras) em cada _____ (nove letras) transformada e em cada indivíduo modificado. Nenhum texto é _____ (dez letras), pois o leitor o _____ (nove letras) a cada leitura." (Fischer, 2006, p. 314).

2. Analise as afirmativas a seguir e indique V para as verdadeiras e F para as falsas:
   (　) O livro digital nasceu do livro impresso.
   (　) A Fundação Biblioteca Nacional teve origem na Imprensa Régia.
   (　) Ler é adquirir condições de comparar e julgar.
   (　) A leitura visa exclusivamente à identificação do leitor.
   (　) As bibliotecas são locais de armazenamento de livros.
   (　) Aprender a ler é superar a cultura oral.

3. Leia o parágrafo a seguir, extraído deste capítulo, e depois assinale as alternativas que apresentam os comentários mais apropriados ao sentido da informação:

> Também foi criado, em 1772, um imposto para subsidiar o pagamento dos professores, denominado *subsídio literário*. Era cobrado sobre transações com carne fresca e bebidas, como o vinho e a aguardente, e vigorou até 1839 (Lajolo; Zilberman, 1996).

a. O imposto escolar era equivalente aos impostos sobre bebidas e sobre carne fresca.
b. A existência do subsídio literário indicava que o governo não tinha condições de sustentar as escolas.
c. A existência do subsídio literário indicava que a escola se confundia com um livro de literatura.
d. Cobrar o subsídio literário equivalia a privatizar o ensino, já que o governo não podia pagar os professores.
e. Esse imposto mostrava que a profissão do magistério era tão relevante que todos os consumidores deveriam pagar para sustentá-la.

4. Analise as afirmativas a seguir e indique V para as verdadeiras e F para as falsas:
( ) A base da educação jesuítica consistia em um currículo dividido em dois blocos: o *trivium* (gramática, retórica e a lógica) e o *quadrivium*.
( ) O *quadrivium* era composto pelas disciplinas de aritmética, geometria, astronomia e lógica.
( ) Nas escolas jesuíticas, o método de aprendizagem era a memorização.

( ) As escolas jesuíticas ficaram responsáveis pelas aulas régias após a migração dos jesuítas para o ensino público.

( ) Os jesuítas foram responsáveis por estudar, registrar e sistematizar a língua tupi, tornando-a a língua oficial do Brasil Colônia.

5. Analise as afirmativas a seguir e indique V para as verdadeiras e F para as falsas:

( ) No século XIX, o Brasil tinha muitas editoras e livrarias, mas poucos leitores, se considerada a população brasileira na época.

( ) Na capital do país, os livros eram comercializados em livrarias, porém, no interior, eram vendidos no mesmo local em que se vendiam cobertores, chapéus, porcelana, rapé e artigos de subsistência.

( ) Para melhorar as vendas de livros, as livrarias criaram um sistema de subscrição: o usuário pagava uma mensalidade e recebia o livro em casa.

( ) Todos os editores pagavam pouco e mal aos escritores brasileiros.

( ) As livrarias faziam campanha publicitária para vender exclusivamente livros estrangeiros.

Atividade aplicada: prática

1. Converse com seus familiares, principalmente os idosos, e descubra como aprenderam a ler e em quais livros. Depois, elabore, por escrito, um resumo dessas biografias de leitores e guarde-o para reler no futuro, para seus filhos e netos. Serão registros históricos, acredite!

considerações finais

UMA HISTÓRIA SOBRE livros nunca acaba. Também nunca estará completa, porque sua vida secular sempre foi cheia de nomes, datas, pessoas, causas, consequências, versões diferentes, detalhes ainda não descritos, narrativas interrompidas, documentos a descobrir, análises a concluir.

Principalmente não estará terminada porque ainda vive, respira, metamorfoseia-se, problematiza-se e encontra saídas não previstas e portas para abrir.

No entanto, este livro precisa encontrar seu ponto final. Antes de colocá-lo, é recomendável rever o caminho percorrido, reencontrar personagens e seus feitos, relembrar momentos marcantes e identificar faltas e lacunas.

Foram quatro capítulos densos em informações, uma tentativa de reduzir a algumas dezenas de páginas uma história que começa 17 mil anos atrás. Talvez mais, talvez menos. Talvez logo ali adiante surjam novos documentos, provas, entrelaçamentos de informações e a cronologia se altere.

No momento em que este livro se fez, as cavernas com as inscrições em Lascaux ainda são um ponto de partida. Dessa informação viemos palmilhando datas e acontecimentos. Das imagens passamos aos caracteres cuneiformes, às línguas consonantais, aos hieróglifos, depois ao aparecimento das vogais. A escrita remanescente em argila, metal, pedra, couro, conchas, papiros, pergaminhos, madeiras e papel conta uma história que vai se afirmando, tornando-se mais complexa, mais rica em variedades e provas, incluindo povos, culturas, intenções e realizações.

Viemos de um mundo antigo separado pelas dificuldades da comunicação da época, mas já inventando materiais, como o papel, já inventando tecnologia, como a tipografia com tipos móveis de madeira, já estabelecendo direções de escrita e leitura, já cunhando formas diferentes de agrupar conjuntos de partes de um mesmo texto: o livro sanfonado, o rolo, o códice.

Viajamos com os monges copistas de mosteiro a mosteiro, assistindo ao fazer de códices ilustrados e enriquecidos com ouro e prata – um trabalho árduo de minucioso labor e resultados que ainda encantam os usuários de bibliotecas da atualidade.

Acompanhamos as experiências de Johannes Gutenberg, que, no surgimento dos incunábulos, deu à luz o livro, que logo completará 600 anos de vida, mantendo uma base sólida com poucas alterações. E chegamos a um universo ainda a desbravar: o do livro digital.

Lemos histórias de pessoas, de renome e riqueza, de quase anonimato, operários e senhores, muitos leitores e escritores, gente que acreditou no livro como forma de erudição, poder e até felicidade.

Passeamos por bibliotecas lendárias ou ainda vivas, soubemos de seus acervos e de suas salas de leitura, pudemos apreciar os cuidados de preservação e lamentamos a morte de muitas delas: de causas naturais ou assassinadas nas guerras humanas. Lemos sobre a liberdade de pensamento ou sobre a censura mais severa e lamentável. Chegamos ao ponto em que aparecem novos caminhos de preservação pelo uso de meios digitais e tivemos uma espécie de reencontro: a Biblioteca Alexandrina, inaugurada em 2002, tenta ressuscitar a Antiguidade, a lendária e original Biblioteca de Alexandria, desaparecida em uma diversidade de explicações.

De alguns milhares de volumes (rolos ou códices ou livros), hoje contamos os acervos em milhões de exemplares, em um maremoto de criação e de provocação à inteligência, à memória e à capacidade de leitura e de armazenamento.

O livro cedeu um espaço maior ao leitor. De princípio, estabelecemos a indivisibilidade, a impossibilidade de separação – a não ser em uma atitude pedagógica – entre os elementos da tríade básica do tema deste livro: autor, texto/objeto e leitor.

Mas os leitores chegaram e foram contando suas dificuldades, suas limitações, seus modos de ler históricos – leituras feitas quase sempre com base em parâmetros ideológicos, a partir de condições específicas e de vontades individuais. Trata-se da leitura dos sacerdotes em rituais, dos monges em claustros e púlpitos, dos burgueses e dos operários, das mulheres e dos educadores. É a leitura de crianças, iniciada pelas orientações de pedagogos na alfabetização e depois direcionada por suas escolhas pessoais.

Conhecemos a narrativa de Sócrates sobre as restrições à escrita e somos testemunhas de que o deus Toth se enganou: a escrita e (por extensão) a leitura não impedem a memória de exercer sua função restauradora, emocional e preservacionista.

Entendemos o quanto o ensino, em sua tarefa de formar leitores, pode auxiliar ou pode prejudicar os aprendizes. Ao ensinarem a ler, as instituições formadoras também cerceiam com o objetivo de bem formar.

Estivemos em diferentes salas de leitura, com diferentes materiais, com educadores bem-intencionados e com acervos limitados: a tudo isso a história da leitura respondeu com uma ideia de futuro e de esperança. A leitura ganhou força no século XVIII com o Iluminismo e, nos séculos seguintes, desdobrou-se e diversificou-se, proclamando a importância do conhecimento e da imaginação para a evolução dos seres humanos.

E novamente chegamos à terceira revolução do livro e da leitura: a digital. São novos modos de ler, outros caminhos, uma relação diferente com os textos e que ainda está em tempo de infância. Provavelmente as mudanças serão intensas e transformadoras.

Então, nossa caravela do livro e da leitura aporta no Brasil – a terra que buscamos desde o título deste livro. Utilizando uma bibliografia ainda escassa, mas de excelente qualidade, pudemos traçar uma linha do tempo com datas, nomes, fatos, números, narrativas que formaram uma antologia de histórias curtas, porém de resultado eficiente na construção de um panorama compreensível das aventuras dos livros e de seus leitores.

Enfrentamos com outros brasileiros as dificuldades, os retrocessos, as boas práticas, as intenções solidárias, os mecenas, os empresários, os comerciantes e os heróis quase anônimos que colocaram marcos na estrada dos livros e das pessoas. Eles todos ajudaram a concretizar uma das frases do grande Monteiro Lobato: "um país se faz com homens e livros".

Desfilaram pelas páginas desta obra dezenas de editoras, que tiveram sua trajetória narrada com menos ou mais detalhes, mas sempre com a intenção de mostrar o quanto contribuíram para formar o leitor brasileiro. Nesse percurso também estão editores e/ou livreiros vindos de países como Portugal e França, que aqui se fizeram financeiramente e colaboraram para a edição de autores brasileiros hoje consagrados, ajudando a criar repertórios de leitura e a construir imagens do Brasil e de seus habitantes.

A mesma atenção foi dada ao tratarmos dos leitores e das bibliotecas brasileiras. Milhões de leitores e poucas bibliotecas; milhões de brasileiros e milhares de escolas para alfabetizar e ensinar modos de ler textos; milhões de leitores em todas as regiões do país, mas resultados ínfimos em leitura. Onde estão as dificuldades? Onde se escondem as metodologias e a participação da sociedade para construir um retrato mais positivo do Brasil leitor? As respostas e as soluções virão de pesquisas, de práticas, de projetos, de vontade política e social.

Talvez este livro possa dar uma humilde e pequena contribuição para chegarmos a soluções que aperfeiçoem as condições de leitura, que promovam o conhecimento sólido, que conquistem leitores ávidos, que conscientizem sobre a importância da cultura para a formação integral das pessoas e para sua capacitação para melhor enfrentar os momentos de dificuldade cívica e pessoal e usufruir de conquistas e vitórias de natureza múltipla.

{

linha do tempo

Datas	Eventos principais
15000 a.C. aprox.	Possível datação das pinturas neolíticas nas grutas de Lascaux, na França.
4000 a.C.	Surgimento na Suméria dos caracteres cuneiformes.
2500 a.C.-2250 a.C.	Criação da primeira biblioteca conhecida, a de Ebla, na Síria. Destruída por um incêndio.
Séc. XI-séc. X a.C.	Passagem do alfabeto fenício ao alfabeto grego.
Séc. VII a.C.	Criação da Biblioteca de Nínive, na Mesopotâmia.
323 a.C. ou 246 a.C.	Conclusão da construção da Biblioteca de Alexandria, no Egito.
48 a.C.	Destruição da Biblioteca de Alexandria por um incêndio.
Ano 1 d.C.	Predominância da literatura religiosa cristã no formato de códice.

(continua)

(Linha do tempo – continuação)

Datas	Eventos principais
105	Invenção do papel por T'Sai Lun, na China.
Séc. VII	Escrita do livro sagrado *Corão*, ou *Alcorão*, sob as ordens do califa Abu Bakr.
800	Criação do depósito de sutras de Toshodai-ji, no Japão.
868	Criação dos tipos móveis na Coreia e na China.
Séc. X	Chegada do papel à Espanha, por intermédio dos árabes.
Séc. XI	Invenção da prensa com tipos móveis de madeira pelos chineses.
1234	Invenção da superfície de metal para impressão pelo coreano Choe Yun-ui.
1251	Criação da biblioteca Tripitaka Koreana, na Coreia do Sul.
1450-1455	Impressão da *Bíblia* na Alemanha por Johannes Gutenberg – criação da imprensa.
1465-1489	Instalação de impressoras na Itália, na França, na Espanha, na Holanda, na Inglaterra, na Dinamarca e no México.
1500	Escrita da *Carta de Pero Vaz de Caminha* com as primeiras notícias sobre o Brasil.

(Linha do tempo – continuação)

Datas	Eventos principais
1559	Publicação do primeiro volume do *Index Librorum Prohibitorum* pela Igreja Católica.
1571	Construção da Biblioteca Laurenciana, em Florença, na Itália.
1581	Criação da biblioteca jesuítica do Mosteiro de São Bento, em Salvador.
1583	Construção da Biblioteca do Escorial, na Espanha.
1584	Publicação, em espanhol, quéchua e aimará, do primeiro livro publicado na América do Sul, a obra *Doctrina christiana y catecismo para instrucción de los indios*.
1602	Publicação do primeiro livro da *Bibliothèque Bleue*, com livros para a leitura das mulheres.
1605	Publicação do primeiro volume de *A vida e os feitos do engenhoso fidalgo Dom Quixote de la Mancha*, de Miguel de Cervantes Saavedra.
1612	Construção da Biblioteca Bodleiana, em Oxford.
1638	Instalação de impressoras em Cambridge, nos Estados Unidos.
1728	Publicação de *Compêndio narrativo do Peregrino da América*, escrito por Nuno Marques Pereira.

(Linha do tempo – continuação)

Datas	Eventos principais
1747	Fechamento, por ordem real, da oficina tipográfica de Antônio Isidoro da Fonseca, no Rio de Janeiro. Escrito, editado e impresso o livro de autoria de Luiz Antônio Rosado da Cunha que saudava a chegada de um bispo ao Rio de Janeiro.
1759	Expulsão dos padres jesuítas que atuavam no Brasil.
1800	Criação da Biblioteca do Congresso Americano dos Estados Unidos.
1808	Instalação da primeira impressora no Rio de Janeiro, na Imprensa Régia.
1808-1821	Período em que vigorou a censura sobre livros no Brasil, sob o comando de D. João VI.
1810	Fundação da Real Biblioteca, no Rio de Janeiro. Publicação de 25 livros pelo livreiro Paulo Martin Filho, às suas custas, no Rio de Janeiro.
1811	Inauguração da primeira biblioteca pública do Brasil, a Livraria Pública da Bahia.
1814	Abertura ao público em geral da Real Biblioteca.
1825	Inauguração da primeira biblioteca pública em São Paulo.

(Linha do tempo – continuação)

Datas	Eventos principais
1826	Publicação da primeira novela brasileira, intitulada *Statira e Zoroastes*, de autoria de Lucas José de Alvarenga, na Tipografia Imperial e Constitucional de Pierre Plancher, no Rio de Janeiro.
1832-1846	Edição da primeira revista feminina, *A Mulher do Simplício, ou A Fluminense exaltada*, na tipografia de Plancher.
1837	Criação do modelar Imperial Colégio D. Pedro II, no Rio de Janeiro. Fundação do Real Gabinete Português de Leitura, no Rio de Janeiro.
1838-1909	Criação da empresa E.&H. Laemmert, livraria-editora dos irmãos Laemmert.
1843	Publicação do primeiro romance de autor brasileiro, *O filho do pescador*, de Teixeira e Sousa.
1844	Publicação do primeiro número do *Almanack Administrativo, Mercantil e Industrial da Corte e Província do Rio de Janeiro*, título mais tarde reduzido para *Almanaque Laemmert*.
1877	Criação da indústria de fabricação de papel Melhoramentos.
1879	Criação da Livraria do Povo por Pedro da Silva Quaresma.

(Linha do tempo – continuação)

Datas	Eventos principais
1882	Fundação da Livraria Alves, de Francisco Alves.
1887	Instalação do Real Gabinete Português de Leitura.
1889	Alteração do nome da Real Biblioteca, que passa a denominar-se Biblioteca Nacional.
1890	Fundação da Sociedade dos Homens de Letras. Criação da Secretaria de Estado dos Negócios da Instrução Pública, no Rio de Janeiro.
1894	Lançamento, pela editora de Pedro Quaresma, de *Contos da carochinha*, o primeiro livro clássico para as crianças do Brasil.
1895-1911	Período em que circulam no Paraná 15 revistas literárias.
1896	Determinação da obrigatoriedade do ensino da língua nacional pela Lei n. 429, de 29 de dezembro. Lançamento de *Histórias da avozinha* e *Histórias da baratinha* pela editora de Pedro Quaresma.

(linha do tempo – continuação)

Datas	Eventos principais
1897	Criação da Academia Brasileira de Letras, no Rio de Janeiro. Surgimento de 27 novos jornais no Rio de Janeiro.
1902	Criação da Editora FTD pela Ordem dos Irmãos Maristas.
1903-1914	Período de vida do *Almanaque Brasileiro Garnier*.
1905	Início da circulação da revista infantil *O Tico-Tico*, a primeira publicação com quadrinhos na história do Brasil.
1910	Inauguração da nova e definitiva sede da Biblioteca Nacional.
1918	Primeira edição de *Urupês*, de Monteiro Lobato.
1920-1960	Período de publicação da Biblioteca das Moças, coleção editada pela Companhia Editora Nacional.
1920	Criação da Editora Monteiro Lobato & Cia, com o sócio Octalles Marcondes Ferreira. Lançamento da primeira edição de *A menina do narizinho arrebitado*, de Lobato. Edição do primeiro livro da Melhoramentos: *O patinho feio*.

(Linha do tempo – continuação)

Datas	Eventos principais
1925	Criação da Companhia Editora Nacional, tendo como sócios Monteiro Lobato e Octalles Marcondes Ferreira.
1926-1937	Edição dos livros infantis da Biblioteca de Educação, coleção da Editora Melhoramentos, sob a orientação de Lourenço Filho.
1928-1986	Fundação da Editora Globo, em Porto Alegre.
1931	Criação da Biblioteca Pedagógica Brasileira, da Companhia Editora Nacional, sob a orientação do educador Fernando de Azevedo. Fundação da livraria e editora José Olympio, de José Olympio Pereira Filho.
1931-1993	Criação da Coleção Brasiliana, da Companhia Editora Nacional.
1933	Início da edição da Coleção Terramarear, da Companhia Editora Nacional.
1935	Adoção dos princípios da Escola Nova, que recomendam a integração de bibliotecas ao espaço escolar.

(Linha do tempo – continuação)

Datas	Eventos principais
1937	Criação do Instituto Nacional do Livro (INL), no âmbito do Ministério da Educação e Saúde, no governo de Getúlio Vargas. Criação pelo INL do *Anuário Brasileiro de Literatura*.
1938	Início das atividades da Editora Saraiva na área de edição de livros.
1942	Orientação do Ministério da Educação e Saúde para a formação de acervos nas bibliotecas escolares.
1943	Publicação do último volume do *Almanaque Laemmert*.
1950	Criação da Editora Abril.
1955	Fechamento da Livraria José Olympio, no Rio de Janeiro, que continuou somente como editora. Criação da Editora da Universidade Federal de Pernambuco (UFPE).
1956	Criação da Editora Ática.
1961	Criação da Editora da Universidade de Brasília (UnB).
1962	Criação da Editora da Universidade de São Paulo (Edusp). Início das atividades da Distribuidora de Livros Record na área de edição de livros.

(linha do tempo – continuação)

Datas	Eventos principais
1963-1985	Direção da Editora Civilização Brasileira nas mãos de Ênio Silveira.
1971	Criação do livro em tecnologia digital por Michael Hart, na Universidade de Illinois (EUA).
1980	Lançamento da Coleção Primeiros Passos, da Editora Brasiliense.
1986	Fundação da Editora Companhia das Letras.
1990	Extinção do Instituto Nacional do Livro (INL) pelo Presidente Fernando Collor de Mello.
1993	Criação do Programa Nacional de Incentivo à Leitura (Proler). Lançamento do primeiro livro digital: *Do assassinato como uma das belas artes*, texto escrito em 1827 por Thomas de Quincey.
1998	Lançamento dos primeiros livros eletrônicos pela Rocket eBook e pela Softbook.
2001	Primeira edição da pesquisa *Retratos da leitura no Brasil*.
2002	Inauguração, em 16 de outubro, da nova Biblioteca Alexandrina, em Alexandria, Egito.

(Linha do tempo – conclusão)

Datas	Eventos principais
2007	Segunda edição da pesquisa *Retratos da leitura no Brasil*.
2010	Promulgação da Lei n. 12.244, de 24 de maio, que estabelece a obrigatoriedade de haver uma biblioteca escolar em cada escola brasileira até 2020.
2011	Terceira edição da pesquisa *Retratos da leitura no Brasil*.
2015	Quarta edição da pesquisa *Retratos da leitura no Brasil*.
2017	Inauguração da Biblioteca de Tianjin Binhai, na China.
2019	Quinta edição da pesquisa *Retratos da leitura no Brasil*.

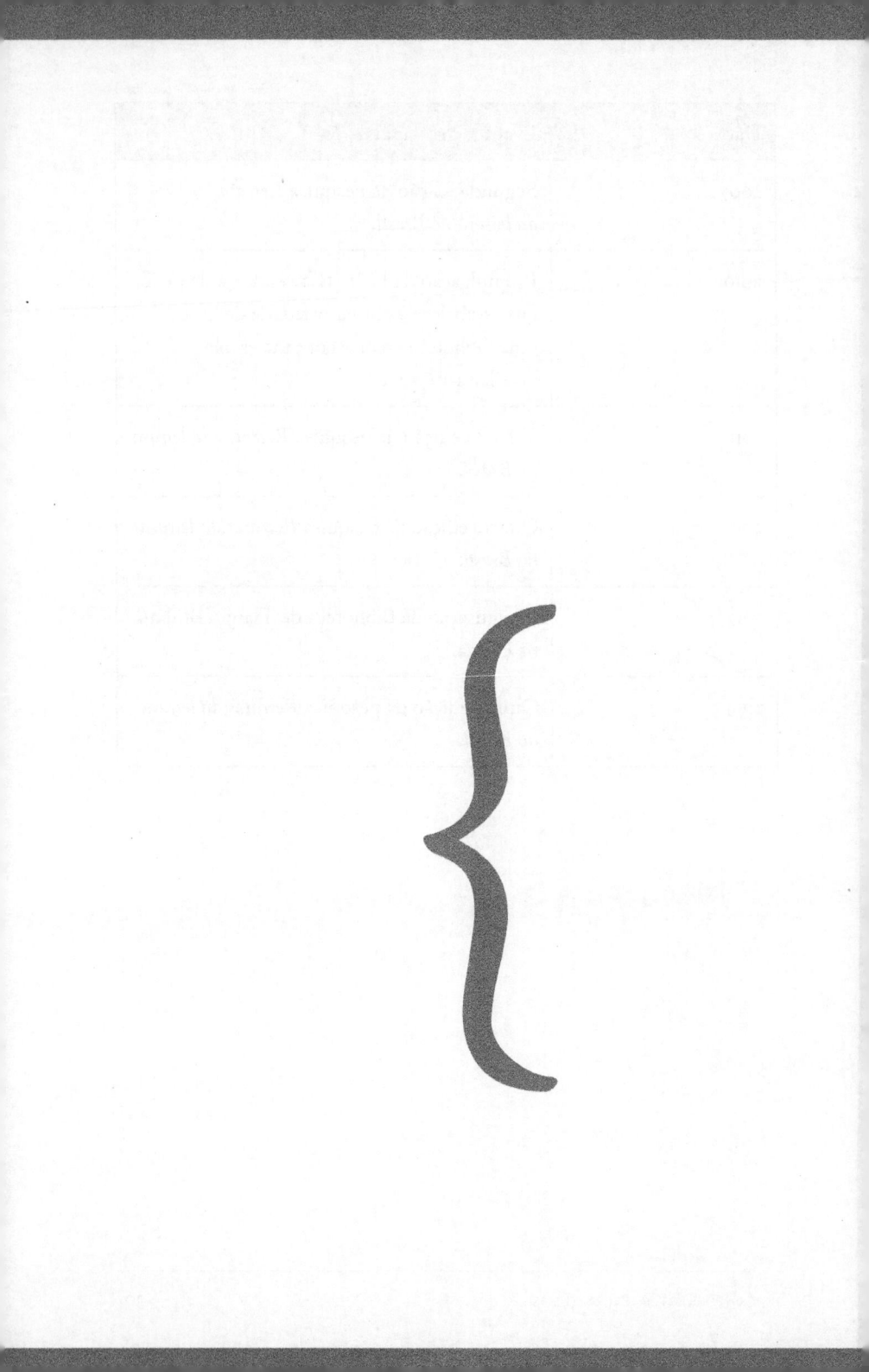

{

referências

ABREU, M. Duzentos anos: os primeiros livros brasileiros. In: BRAGANÇA, A.; ABREU, M. (Org.). **Impresso no Brasil: dois séculos de livros brasileiros.** São Paulo: Ed. da Unesp, 2010. p. 41-66.

ABREU, M. (Org.). **Leitura, história e história da leitura.** Campinas, SP: Mercado das Letras; Associação de Leitura do Brasil; São Paulo: Fapesp, 1999. (Coleção Histórias de Leitura).

ABREU, M. **Os caminhos dos livros.** Campinas, SP: Mercado das Letras, Associação de Leitura do Brasil; São Paulo: Fapesp, 2003.

BATISTA, A. A. G. B. Um objeto variável e instável: textos, impressos e livros didáticos. In: ABREU, M. (Org.). **Leitura, história e história da leitura.** Campinas, SP: Mercado de Letras; Associação de Leitura do Brasil; São Paulo: Fapesp, 1999. p. 529-575. (Coleção Histórias de Leitura).

BATISTA, K. R. **A trajetória da Editora Globo e sua inserção no campo literário brasileiro nas décadas de 1930 e 1940.** 226 f. Tese (Doutorado em Letras) – Pontifícia Universidade Católica do Rio Grande do Sul, Porto Alegre, 2008. Disponível em: <https://tede2.pucrs.br/tede2/bitstream/tede/1901/1/410952.pdf>. Acesso em: 17 nov. 2022.

BATTLES, M. A conturbada história das bibliotecas. Tradução de João Vergílio Gallerani Cuter. São Paulo: Planeta do Brasil, 2003.

BELO, A. História & livro e leitura. Belo Horizonte: Autêntica, 2002.

BIBLIOTECA NACIONAL. A Carta de Pero Vaz de Caminha. Disponível em: <http://objdigital.bn.br/Acervo_Digital/Livros_eletronicos/carta.pdf>. Acesso em: 17 nov. 2022.

BORGES, J. L. A biblioteca de Babel. In: BORGES, J. L. Ficções. Tradução de Carlos Nejar. São Paulo: Abril Cultural, 1972. p. 84-94.

BRAGANÇA, A.; ABREU, M. (Org.). Impresso no Brasil: dois séculos de livros brasileiros. São Paulo: Ed. da Unesp, 2010.

BRASIL. Decreto n. 91.542, de 19 de agosto de 1985. Diário Oficial da União, Poder Executivo, Brasília, DF, 20 ago. 1985. Disponível em: <http://www.planalto.gov.br/ccivil_03/decreto/1980-1989/1985-1987/D91542.htm>. Acesso em: 17 nov. 2022.

BRASIL. Decreto-Lei n. 93, de 21 de dezembro de 1937. Diário Oficial da União, Poder Executivo, Brasília, DF, 27 dez. 1937. Disponível em: <https://www.planalto.gov.br/ccivil_03/decreto-lei/1937-1946/del093.htm>. Acesso em: 17 nov. 2022.

BRASIL. Lei n. 12.244, de 24 de maio de 2010. Diário Oficial da União, Poder Legislativo, Brasília, DF, 25 maio 2010. Disponível em: <http://www.planalto.gov.br/ccivil_03/_ato2007-2010/2010/lei/l12244.htm>. Acesso em: 17 nov. 2022.

CAMPBELL, J. W. P. A biblioteca: uma história mundial. Tradução de Thais Rocha. São Paulo: Edições Sesc, 2016.

CAVALLO, G.; CHARTIER, R. História da leitura no mundo ocidental. Tradução de Fúlvia M. L. Moretto, Guacira Marcondes Machado e José Antônio de Macedo Soares. São Paulo: Ática, 1998.

CBL – Câmara Brasileira do Livro. Sindicato Nacional dos Editores de Livros. Nielsen. **Produção e vendas do setor editorial brasileiro: ano-base 2020.** maio 2021. Disponível em: < https://snel.org.br/wp/wp-content/uploads/2021/05/APRESENTACAO_Pesquisa_Producao_e_Vendas_-_ano-base_2020.pdf>. Acesso em: 7 dez. 2022.

CHARTIER, A.-M. 1980-2010: trinta anos de pesquisa sobre a história do ensino da leitura. Que Balanço? In: MORTATTI, M. do R. L. (Org.). **Alfabetização no Brasil:** uma história de sua história. 2. ed. São Paulo: Ed. da Unesp; Marília: Oficina Universitária, 2012. p. 49-67.

CHARTIER, R. **Cultura escrita, literatura e história.** Conversas de Roger Chartier com Carlos Aguirre Anaya, Jesús Anaya Rosique, Daniel Goldin e Antonio Saborit. Tradução de Ernani Rosa. Porto Alegre: Artmed, 2001.

CHARTIER, R. **Os desafios da escrita.** Tradução de Fulvia M. L. Moretto. São Paulo: Ed. da Unesp, 2002.

DARNTON, R. **A questão dos livros:** passado, presente e futuro. Tradução de Daniel Pellizzari. São Paulo: Companhia das Letras, 2010.

DEAECTO, M. M. A cidade e os livros: instituições de leitura e comunidades de leitores em São Paulo (1808-1831). In: BRAGANÇA, A.; ABREU, M. (Org.). **Impresso no Brasil:** dois séculos de livros brasileiros. São Paulo: Ed. da Unesp, 2010. p. 419-438.

DUTRA, E. R. de F. O Almanaque Garnier, 1903-1914: ensinando a ler o Brasil, ensinando o Brasil a ler. In: ABREU, M. (Org.). **Leitura, história e história da leitura.** Campinas, SP: Mercado de Letras; Associação de Leitura do Brasil; São Paulo: Fapesp, 1999. p. 477-504. (Coleção Histórias de Leitura).

EL FAR, A. Ao gosto do povo: as edições baratíssimas de finais do século XIX. In: BRAGANÇA, A.; ABREU, M. (Org.). **Impresso no Brasil:** dois séculos de livros brasileiros. São Paulo: Ed. da Unesp, 2010. p. 89-99.

EL FAR, A. O livro e a leitura no Brasil. Rio de Janeiro: Zahar, 2006. (Edição Amazon/Kindle).

FERRARO, A. R. Analfabetismo e níveis de letramento no Brasil: o que dizem os censos? Educação e Sociedade, Campinas, SP, v. 23, n. 3, p. 21-47, dez. 2002.

FISCHER, S.R. História da leitura. Tradução de Cláudia Freire. São Paulo: Ed. da Unesp, 2006.

FRADE, I. C. A. da S. Livros para ensinar a ler e escrever: uma pequena análise da visualidade de livros produzidos no Brasil, em Portugal e na França, entre os séculos XIX e XX. In: BRAGANÇA, A.; ABREU, M. (Org.). Impresso no Brasil: dois séculos de livros brasileiros. São Paulo: Ed. da Unesp, 2010. p. 171-190.

FRADE, I. C. A. da S. História da alfabetização e da cultura escrita: discutindo uma trajetória de pesquisa. In: MORTATTI, M. do R. L. (Org.). Alfabetização no Brasil: uma história de sua história. 2. ed. São Paulo: Ed. da Unesp; Marília: Oficina Universitária, 2012. p. 177-199.

FRANCHETTI, P. Editoras universitárias, até quando? Revista USP, São Paulo, n. 117, abr./jun. 2018. Disponível em: <http://jornal.usp.br/especial/revista-usp-117-editoras-universitarias-ate-quando/>. Acesso em: 17 nov. 2022.

GOOGLE ganha direito de digitalizar 20 milhões de livros. Veja, 14 nov. 2013. Disponível em: <https://veja.abril.com.br/tecnologia/google-ganha-direito-de-digitalizar-20-milhoes-de-livros/>. Acesso em: 7 dez. 2022.

HALLEWELL, L. O livro no Brasil: sua história. 3. ed. Tradução de Maria da Penha Villalobos, Lólio Lourenço de Oliveira e Geraldo Gerson de Souza. São Paulo: Ed. da Unesp, 2017.

HAMESSE, J. O modelo escolástico da leitura. In: CAVALLO, G.; CHARTIER, R. **História da leitura no mundo ocidental**. Tradução de Fúlvia M. L. Moretto, Guacira Marcondes Machado e José Antônio de Macedo Soares. São Paulo: Ática, 1998. p. 122-146.

INSTITUTO PRÓ-LIVRO; ITAÚ CULTURAL. **Retratos da leitura no Brasil**. 5. ed. São Paulo; 2020. Versão digital. Disponível em: <www.prolivro.org.br/wp-content/uploads/2020/12/5a_edicao_Retratos_da_Leitura-_IPL_dez2020compactado.pdf>. Acesso em: 17 nov. 2022.

KLINKE, K. A leitura no curso primário e o movimento escolanovista em Minas Gerais. In: REUNIÃO ANUAL DA ANPED, 23., 2000, Caxambu. Anais... Caxambu: ANPEd, 2000. Disponível em: <http://23reuniao.anped.org.br/textos/0204p.PDF>. Acesso em: 17 nov. 2022.

LAJOLO, M.; ZILBERMAN, R. **A formação da leitura no Brasil**. São Paulo: Ática, 1996.

LAJOLO, M.; ZILBERMAN, R. **A leitura rarefeita**: leitura e livro no Brasil. São Paulo: Ática, 2002.

LYONS, M. **Livro**: uma história viva. Tradução de Luís Carlos Borges. São Paulo: Senac, 2011.

MANGUEL, A. **Uma história da leitura**. Tradução de Pedro Maia Soares. São Paulo: Companhia das Letras, 1997.

MARTINS, W. **História de inteligência brasileira**. 2. ed. São Paulo: T. A. Queiroz, 1996. v. 7.

MATOS, F. Antigos tipos, novos leitores: circulação de cultura letrada e emergência da comunidade de leitores na Ilha de Santa Catarina (Florianópolis, século XIX). In: BRAGANÇA, A.; ABREU, M. (Org.). **Impresso no Brasil**: dois séculos de livros brasileiros. São Paulo: Ed. da Unesp, 2010. p. 457-472.

OLIVEIRA, A. Ensino da letra de mão é suspenso em escolas dos EUA. Revista Crescer, Porto Alegre: Globo, n. 233, 2013.

OLSON, D. R. O mundo no papel. São Paulo: Ática, 1997.

PARKES, M. Ler, escrever, interpretar o texto: práticas monásticas na Alta Idade Média. In: CAVALLO, G.; CHARTIER, R. História da leitura no mundo ocidental. Tradução de Fúlvia M. L. Moretto, Guacira Marcondes Machado e José Antônio de Macedo Soares. São Paulo: Ática, 1998. p. 103-122.

PLATÃO. Fedro. In: PLATÃO. As grandes obras de Platão: 23 diálogos. Tradução de Carlos Alberto Nunes, Maria L. de Souza e A. M. Santos. [S.l.: s.n., s.d.]. p. 841-842.

PROJETO Gutenberg. Wikipédia. Disponível em: <https://pt.wikipedia.org/wiki/Projeto_Gutenberg>. Acesso em: 17 nov. 2022.

RAZZINI, M. de P. G. São Paulo: cidade dos livros escolares. In: BRAGANÇA, A.; ABREU, M. (Org.). Impresso no Brasil: dois séculos de livros brasileiros. São Paulo: Ed. da Unesp, 2010. p. 101-120.

RODRIGUES, M. G. da S. Análise da indústria editorial brasileira e o papel do Programa Nacional do Livro Didático. 36 f. Trabalho de conclusão de curso (Graduação em Ciências Econômicas). Pontifícia Universidade Católica do Rio de Janeiro, Rio de Janeiro, 2020. p. 28-29.

SÃO PAULO. Lei Estadual n. 489, 29 de dezembro de 1896. Secretaria de Estado dos Negócios do Interior, São Paulo, 29 dez. 1896. Disponível em: <https://www.al.sp.gov.br/repositorio/legislacao/lei/1896/lei-489-29.12.1896.html>. Acesso em: 17 nov. 2022.

SILVA, J. L. C. Perspectivas históricas da biblioteca escolar no Brasil e análise da Lei 12.244/10. Revista ACB: Biblioteconomia em Santa Catarina, Florianópolis, v. 16, n. 2, p. 489-517, jul./dez. 2011.

SOARES, G. P. Os irmãos Weiszflog em busca dos mercados escolares: identidades das Edições Melhoramentos dos primórdios à década de 1960. In: BRAGANÇA, A.; ABREU, M. (Org.). **Impresso no Brasil**: dois séculos de livros brasileiros. São Paulo: Ed. da Unesp, 2010. p. 157-169.

UMA BREVE história dos livros 'pop-up'. **Domestika**, 10 jun. 2020. Disponível em: <https://www.domestika.org/pt/blog/3866-uma-breve-historia-dos-livros-pop-up>. Acesso em: 17 nov. 2022.

VETTORAZZO, L. Biblioteca nacional negocia com Google digitalização de acervo raro. **Veja**, 25 jun. 2021. Disponível em: <https://veja.abril.com.br/coluna/radar/biblioteca-nacional-negocia-com-google-digitalizacao-de-acervo-raro/>. Acesso em: 7 dez. 2022.

VILLALBA, L. C.; MORAIS, C. C. Posse de livros e bibliotecas privadas em Minas Gerais (1714-1874). In: BRAGANÇA, A.; ABREU, M. (Org.). **Impresso no Brasil**: dois séculos de livros brasileiros. São Paulo: Ed. da Unesp, 2010. p. 401-418.

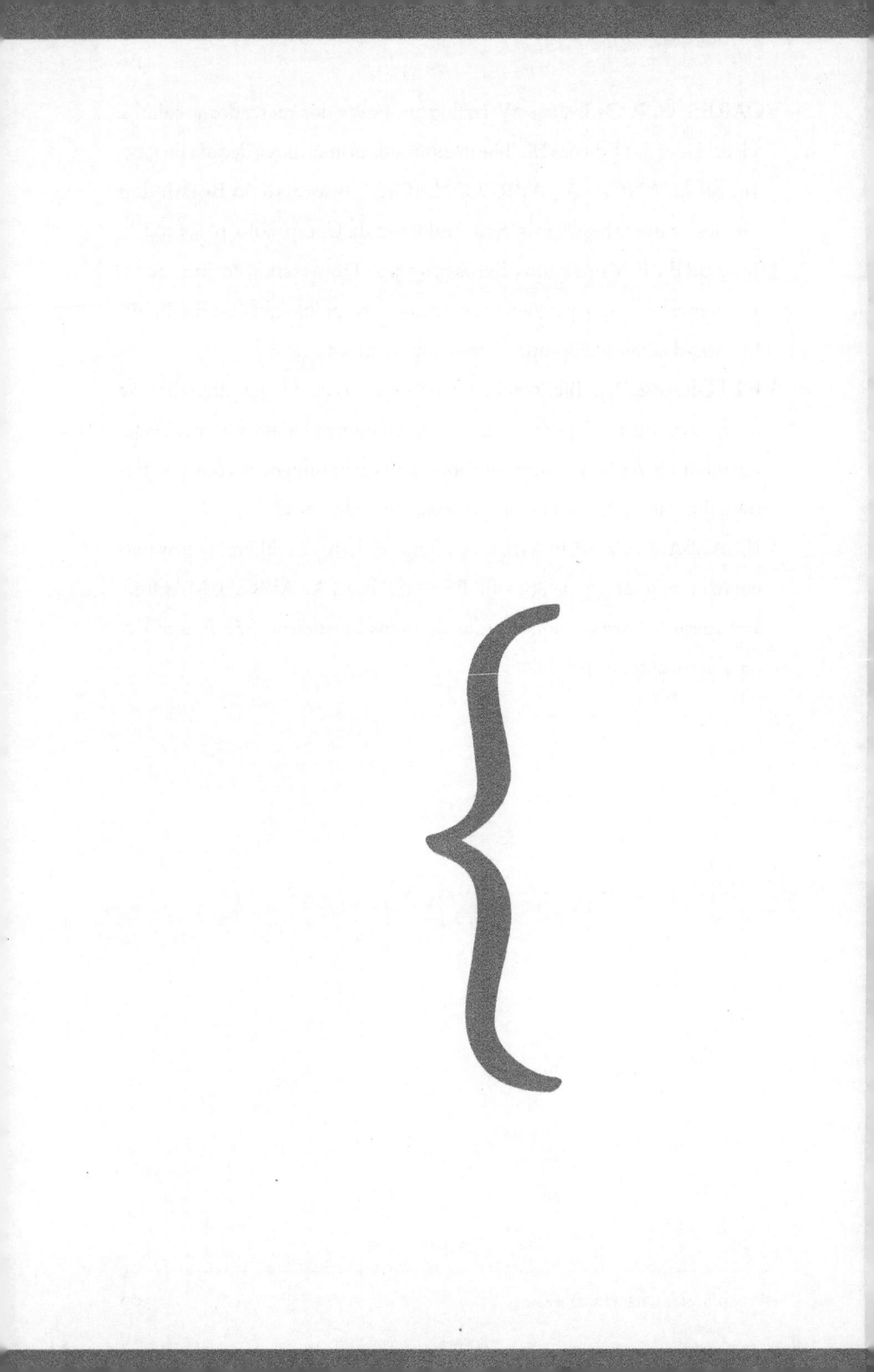

{

bibliografia comentada

BATTLES, M. **A conturbada história das bibliotecas**. Tradução de João Vergílio Gallerani Cuter. São Paulo: Planeta do Brasil, 2003.

A redação é fluida e prende a atenção do leitor. Há aspectos novos sobre o assunto, uma abrangência geográfica e histórica ampla. São muitas e precisas informações e exemplos.

BRAGANÇA, A.; ABREU, M. (Org.). **Impresso no Brasil**: dois séculos de livros brasileiros. São Paulo: Ed. da Unesp, 2010.

Trata-se de uma obra coletiva com estudos sobre vários aspectos, realizados com profundidade e ampla documentação. Os colaboradores consideram produções realizadas em várias regiões do Brasil, construindo uma história ampla e divesificada.

CAMPBELL, J. W. P. A biblioteca: uma história mundial. Tradução de Thais Rocha. São Paulo: Edições Sesc, 2016.

Este é um livro excepcional pelas imagens e pelo texto. A pesquisa é cuidadosa, e a documentação visual, deslumbrante. É possível viajar nas imagens e aprender muito sobre bibliotecas do mundo inteiro.

HALLEWELL, L. O livro no Brasil: sua história. 3. ed. Tradução de Maria da Penha Villalobos, Lólio Lourenço de Oliveira e Geraldo Gerson de Souza. São Paulo: Ed. da Unesp, 2017.

Rico em informações, extenso em detalhes, análises criteriosas, contextos pertinentes e registros documentados e minuciosos: é um livro indispensável para os estudos sobre editoras e livros no Brasil.

LAJOLO, M.; ZILBERMAN, R. A formação da leitura no Brasil. São Paulo: Ática, 1996.

Esse livro apresenta a leitura vista pelos olhos dos escritores e dos mediadores de leitura, uma pesquisa séria sobre textos a respeito do assunto disseminados em centenas de obras literárias e documentais. É um texto de grande amplitude e farta exemplificação.

LYONS, M. Livro: uma história viva. Tradução de Luís Carlos Borges. São Paulo: Senac, 2011.

Este é um livro indispensável. A edição é primorosa, reunindo texto e inúmeras ilustrações e fotos, e a abordagem é atraente e concisa, contemplando muitas informações e dados precisos.

respostas

um

Atividades de autoavaliação

1. F, V, F, F, V.

    Não foram os sacerdotes ou os escribas que determinaram essa ordem. Não havia uma hierarquia de valor no uso dos materiais para a escrita. A escrita não nasceu na Europa, e os escritos nativos não chegaram a ser destruídos totalmente.

2. 1, 1, 3, 2, 1, 1, 4, 2, 4, 3, 3.

3. e

    A escrita vai além da comunicação, pois é registro, criação e desafio de compreensão. Atualmente, a expressão de ideias se faz por múltiplas linguagens.

4. V, V, F, V, V, F.

    Atribui-se corretamente a invenção do papel a T'Sai (ou Chai) Lun, em 105 d.C., no Japão. Gutenberg não inventou o papel e a prensa com tipos móveis, ele aperfeiçoou invenções chinesas.

5. d

Os ambientes dos mosteiros medievais eram escuros e úmidos.

dois

Atividades de autoavaliação

1. d

Nem todas as bibliotecas foram destruídas; não há uma sistemática de destruição. Nem todos os leitores têm repertório inadequado e insuficiente. Há registros confiáveis de leitura, como diários, anotações marginais e crônicas. Qualquer um dos agentes de leitura que não cumpra seu papel é secundário e insuficiente para "recompor uma história de leitura". Há vários outros agentes que permitem a recomposição.

2. e

A afirmação contemplada na alternativa "a" não se refere às bibliotecas. O mercado muda rapidamente; leis do século XIX hoje não valem mais para definir o mercado. Não havia bibliotecas públicas para receber esses acervos indicados na alternativa "c". A força da Igreja não conteve as publicações censuradas, e as editoras têm catálogos variados.

3. V, V, F, F, F.

Mesmo a história de um único leitor pode ajudar a compreender o circuito do livro. Não há circuito do livro que exclua os leitores. O leitor como elemento do círculo vem desde Platão, na Antiguidade grega.

4. V, V, V, F, V.

Não houve crescimento da destruição de livros no século XVIII. Ao contrário, ele foi denominado *Século das Luzes*, em razão da racionalidade da reflexão produzida por meio dos livros.

5. 2, 4, 1, 5, 3.

três

Atividades de autoavaliação

1. 2, 2, 2, 3, 3, 1, 3, 2, 2, 3.

2. b

O argumento constante na alternativa "a" não justifica a situação atual, que não é de penúria de livros; ao contrário, há excesso. As editoras atualmente estão em todos os estados brasileiros, não apenas em São Paulo e no Rio de Janeiro. O público feminino consome todos os gêneros de publicações. Não houve substituição maciça de autores estrangeiros por brasileiros, portanto a atualidade não herdou uma situação de prestígio de autores brasileiros.

3. V, F, V, V, V.

O analfabetismo no período chegava a 80% da população brasileira.

4. 3, 4, 1, 5, 2.

5. F, V, V, F, F.

O ensino público no Brasil teve início depois da Proclamação da República, ao final do século XIX. A primeira metade do século XX viveu uma expansão extraordinária da publicação de livros didáticos e o consequente aumento da leitura entre os estudantes. O livro didático é descartável e efêmero, por isso sofre depreciação.

quatro

Atividades de autoavaliação

1. leitura – escrito – descoberto – essência – diferente – sociedade – definitivo – reinventa.

2. V, V, V, F, F, F.

A leitura visa à identificação do leitor, mas não exclusivamente, como a frase faz supor. As bibliotecas são instituições vivas, e o armazenamento é apenas uma de suas funções. A cultura oral continua viva no leitor, mesmo depois que ele está alfabetizado e letrado. A frase induz a pensar que a cultura escrita é superior à oralidade, o que não é verdade.

3. b, d

O imposto escolar era mais um imposto, mas não era equivalente. Quanto ao subsídio, embora o adjetivo seja *literário*, este não se refere à literatura, mas às letras; o professor ensinava a ler e a escrever prioritariamente. O imposto foi criado para pagar os professores, e não para lhes atribuir algum valor simbólico; era apenas uma questão de finanças do governo.

4. V, F, V, F, F.

A quarta disciplina era música, não lógica. As aulas régias eram ministradas por professores selecionados, que vieram substituir os jesuítas, expulsos do Brasil. A língua tupi nunca foi a língua oficial do Brasil.

5. V, V, V, F, F.

Alguns editores pagavam mal, mas não todos eles. As livrarias publicavam nos jornais anúncios de publicações tanto nacionais quanto estrangeiras, sem exclusividade.

… # sobre a autora

❦ MARTA MORAIS DA COSTA é doutora e mestre em Literatura Brasileira pela Universidade de São Paulo (USP). É professora aposentada da Universidade Federal do Paraná (UFPR), onde lecionou por 45 anos, e da Pontifícia Universidade Católica do Paraná (PUCPR). É cronista, ensaísta, palestrante, crítica literária, consultora de projetos de leitura e parecerista editorial. Também é pesquisadora da Rede Nacional de Pesquisadores em Leitura (Reler) e membro efetivo da Academia Paranaense de Letras, em que ocupa a cadeira n. 27. É autora de *Mapa do mundo: crônicas sobre leitura* (2006); *Palcos e jornais: representações do teatro em Curitiba* (2009); *Sempreviva, a leitura* (2009); *Teatro infantil* (2016) – obra em colaboração, vencedora do Prêmio Cecília Meireles da Fundação Nacional do Livro Infantil e Juvenil (FNLIJ); *Hoje se lê espetáculo? Lê, sim, senhor!* (2016); *Metodologia do ensino de literatura infantil* (Editora InterSaberes – várias edições); e da coleção *Almanaque do leitor* (de 1º a 5º anos, Editora Positivo) (2014-2016), entre outros títulos.

Os papéis utilizados neste livro, certificados por instituições ambientais competentes, são recicláveis, provenientes de fontes renováveis e, portanto, um meio **respons**ável e natural de informação e conhecimento.

FSC
www.fsc.org
MISTO
Papel produzido a partir de fontes responsáveis
FSC® C103535

Impressão: Reproset
Fevereiro/2023